Ge

LAO SHE
KEDİ GEZEGENİ

ÖZGÜN ADI
猫城记

SERTİFİKA NO: 40077

EDİTÖR: KORAY KARASULU

GÖRSEL YÖNETMEN: BİROL BAYRAM

DÜZELTİ: DEFNE ASAL

GRAFİK TASARIM VE UYGULAMA
TÜRKİYE İŞ BANKASI KÜLTÜR YAYINLARI

1. BASIM AĞUSTOS 2022, İSTANBUL
2. BASIM EKİM 2022, İSTANBUL

ISBN 978-625-429-197-5

BASKI: AYHAN MATBAASI Mahmutbey Mah. 2622. Sokak No:6/31 Bağcılar/İstanbul
Tel. (0212) 445 32 38 Sertifika No: 44871

TÜRKİYE İŞ BANKASI KÜLTÜR YAYINLARI
İstiklal Caddesi, Meşelik Sokak No: 2/4 Beyoğlu 34433 İstanbul
Tel. (0212) 252 39 91 Faks (0212) 252 39 95
e-posta: info@iskultur.com.tr
www.iskultur.com.tr

ÇEVİRENLER: GİRAY FİDAN (1980): AÜ Sinoloji Bölümü'nde lisans, yüksek lisans ve doktorasını tamamladı. Pekin Dil ve Kültür Üniversitesi ve Min Zu Üniversitesi'nde öğrenim gördü. Princeton Üniversitesi'nde misafir öğretim üyesi olarak bulundu. Çin klasiklerinden yaptığı çevirilerin yanı sıra *Cumhuriyet'in Çinli Misafirleri*, *Çevirizm* (Aslı Özlem Tarakcıoğlu ile birlikte) gibi çeşitli alanlarda verdiği telif eserleri de vardır. Halen Ankara Hacı Bayram Veli Üniversitesi Doğu Dilleri ve Edebiyatları Bölümü'nde öğretim üyesi olarak görev yapmaktadır.

TANG GUOZHONG (1972): Beijing Yabancı Diller Üniversitesi Türk Dili ve Edebiyatı bölümünde lisans, AÜ Tarih Bölümünde yüksek lisansını tamamladı. Halen Ankara Hacı Bayram Veli Üniversitesi Mütercim Tercümanlık Bölümünde doktora çalışmalarına devam etmekte ve Zhejiang Yuexiu Yabancı Diller Üniversitesi Türk Dili ve Edebiyatı Bölümünde program yürütücüsü olarak görev yapmaktadır.

Modern
Klasikler
Dizisi - 202

Lao She

Kedi Gezegeni

Çince aslından çevirenler:
Giray Fidan - Tang Guozhong

TÜRKİYE İŞ BANKASI
Kültür Yayınları

Sunuş

Lao She'nın beşinci eseri olan *Kedi Gezegeni* Çin edebiyatının en önemli ve en ünlü karşı-ütopyacı eseridir. Eser ilk defa bir seri olarak *Xiandai* dergisinde Ağustos 1932 ile Nisan 1933 arasında yayımlanmıştır.* Birçok yabancı dile çevrilen eser Çin dışında da büyük ilgi görmüştür. Karamsarlığı sebebiyle eleştiriler de alan *Kedi Gezegeni* modern Çin edebiyatının en önemli hiciv ve karşı-ütopyacı eserlerinden sayılmaktadır. Yazarı tarafından bir tür deney olarak tanımlanan eser sayesinde Lao She dünya edebiyatındaki en önemli çağdaş karşı-ütopyacı yazarlardan biri olmuştur. *Kedi Gezegeni* yazarının ifadesiyle ülkesinde yaşanan dönemin başarısızlıklarına bir tepki olarak ortaya çıkmıştır.**

İngiltere'de beş yıl yaşadıktan sonra altı ay Singapur'da kalıp dersler veren Lao She Çin'deki durumdan endişe etmektedir. Bu endişenin onu *Kedi Gezegeni*'ni yazmaya iten en önemli neden olduğunu söylemiştir. Bunun dönemin siyasi kriziyle ilgili olduğu açıktır. Lao She, ünlü yazar Lu Xun dışında Çin kültürünü en sert eleştirenlerdendir ve *Kedi Gezegeni* eseri de bunun bir yansımasıdır. Lao She

* Nathaniel Isaacson, Celestial empire: the emergence of Chinese science fiction, 2017, sayfa 125-146.

** KOON-KI TOMMY HO, "Cat Country: A Dystopian Satire", Modern Chinese Literature, Vol. 3, No. 1/2 (Spring/Fall 1987), sayfa 71-72.

daha sonra edebiyat ile Çin'in sosyal sorunlarına çözüm bulma çabalarının başarısızlıkla sonuçlandığını söylemiştir. Tıpkı Lu Xun gibi Lao She'nın eserlerinde de umut gelecek nesillere bağlanmıştır.

Kedi Gezegeni'nde uzay gemisi Mars'a düşen anlatıcı, Büyük Akrep isimli Kedi İnsan ile karşılaşır. Kedi İnsanların üst sınıfından olan Büyük Akrep afyon benzeri bir bitki olan "büyülü yaprak" yetiştirmektedir ve bütün Kedi Ülkesi de bu yapraklara bağımlıdır. Büyük Akrep ve oğlu Küçük Akrep, anlatıcıyı Kedi Ülkesinde bir geziye çıkarırlar, bu gezide ülkenin hasta ve geri kalmış ekonomisi ile kurumlarını gözlemler. Büyük Akrep ve Küçük Akrep iki farklı nesli temsil etmektedir. Büyük Akrep yaşlı ve idealizmden tamamen kopuktur, buna karşın Küçük Akrep ise gerçekleştirilmesi imkânsız olumlu değişim ve dönüşümlere karşı karamsardır. Anlatıcı Kedi Şehri'ne gider gitmez çöken bir uygarlıkla karşı karşıya olduğunu anlar.

Çin edebiyatının en ünlü karşı-ütopyacı eseri *Kedi Gezegeni* özgün dili Çinceden yapılan çevirisiyle Türkçede ilk kez yayımlanıyor.

Yazarın Önsözü

Genellikle eserlerime önsöz yazmam. Çok zahmetli olacağından çekinirim. Bu da makul bir bahane sayılabilir. Ayrıca söylemek istediğim her şeyi eserde zaten söylemiş olurum. Bunları tekrar etmeye gerek var mı? Üstelik kendini övmek iyi bir şey değildir. Kendime küfür etsem de olmaz. En iyisi hiçbir şey söylememek. Her şeyi oluruna bırakmak en iyisidir.

Xiandai Yayınevi *Kedi Gezegeni* için bir önsöz istedi, oysa bu benim için gök kubbeden daha büyük bir sorundu! Shakespeare'in sözlerinden bahsetmeye kalksam kitaplarını karıştırmam gerekirdi çünkü hafızam hiç iyi değildir. Kendi hayatımı anlatsam kesinlikle çok uzun ve tatsız bir hikâye ortaya çıkardı çünkü yarısı şikâyet olurdu. Oturup ağlamak hiç tarzım değildir, ayrıca yakışıklı da değilim. Peki ne yapmalıydım?

Şöyle ifade edeyim: *Kedi Gezegeni* bir kâbustur. Öyleyse bu kitabı neden yazdım? Bunun en önemli nedeni obur olmamdı. Ancak çok iyi bir kitap yazdığımı biliyorum çünkü ablam ve kuzenim okuduktan sonra başparmaklarını kaldırarak iyi olduğunu söylediler buna rağmen eser beni tamamen memnun etmedi. Hiç komik de değildi. Fakat çok yiyip kahkaha atsam ve karnım patlasa bir daha nasıl yemek yiyebilirim? Hiç memnun değildim ama başka çarem de yok. İnsan sadece ekmek için dünyaya gelmez. Hem salam ve ekmek kaç paradır ki zaten?

Ablam kitabın çok karamsar olduğundan yakındı. Ben de ona şöyle dedim: kedi insanlar kedi insanlardır ve bizimle hiçbir alakaları yoktur. Kitabın karamsar olması ya da olmamasından bize ne? Ablam başını sallayarak bu fikrimi kabul etti.

Kuzenim benim hangi yazar grubundan olduğumu sordu. Hangi sınıftansın diye sordu. Kimlerin sesi olmak için yazıyorsun diye sordu. Omurgalı bir hayvan mısın ve ne kadar ücret aldın diye sordu. Ben de ona iki kilo elma alıp çenesini kapattım. Bir daha bana soru sormadı. Ben de büyük bir keyifle gidip uyudum. Eğer rüya görebilseydim belki de bir *Köpek Gezegeni* yazar ve onu bu kitap için önsöz yapabilirdim.

Tarih:
Yeni uyandım, o yüzden günü ve saati bilmiyorum.

1. Bölüm

Kedi İnsanlar

Uzay gemimiz paramparça oldu.

Arkadaşımdan –çocukluğumuzdan beri birlikteydik, Mars'a ulaşana kadar tam on beş gün benim için uzay gemisini kullanmıştı– geriye tek bir kemik bile kalmadı.

Ben? Hâlâ hayatta mıyım? Nasıl oldu da ölmedim? Bunu ancak tanrılar bilir herhalde. Üzülmeye bile zamanım yoktu.

Hedefimiz Mars'a ulaşmaktı. Ölen arkadaşımın hesaplarına göre uzay aracımız paramparça olmadan önce Mars'ın atmosferine girmiş olmalıydık. Öyleyse Mars'ta mıydım? Eğer öyleyse, arkadaşımın ruhu huzura kavuşabilirdi: çünkü Mars'ta ölen ilk Çinli olmuştu ve boşuna ölmemişti! İyi ama burası "gerçekten" neresiydi? Mars olduğuna "inanıyordum". Olmasa da önemli değildi çünkü zaten bunu ispatlayacak durumda değildim. Elbette astronomik olarak buranın hangi gezegen olduğu tespit edilebilirdi. Yazık ki astronomi bilgim Mısır Hiyeroglifleri bilgim kadardır, yani hiç anlamam! Arkadaşım hiç tereddüt etmeden beni yönlendirebilirdi, ama o, o... Ah! Canım arkadaşım, çocukluktan beri ayrılmadığım, okula birlikte gittiğim iyi arkadaşım!

Uzay gemimiz paramparça olmuştu. Dünya'ya nasıl dönecektim? Bunu düşünmek bile istemiyordum! Üzerimde sadece kurutulmuş ıspanaklar gibi lime lime olmuş bir elbise ve midemde de kuru yiyecekler vardı. Geri dönmek bir yana, nasıl hayatta kalacağımı bile düşünecek cesaretim yoktu! Buranın dilini bilmiyor, burayı hiç tanımıyordum. Mars'ta insana benzer canlılar var mıydı acaba? Aklımda o kadar çok soru vardı ki... Düşünmemeliydim. "Mars'taki serseri" ismini alsam bu beni teselli etmeye yetmez miydi? Endişe yüzünden cesaretin kaybolması ne kadar aşağılık bir şey!

Elbette bu sözler o anı düşününce hissettiklerim. O sırada sarsıntı yüzünden bayılmışım. İnsan bayılınca kafasının içinde birbiriyle bağlantısı olmayan fikirler ortaya çıkabilir ama ben hiçbir şey hatırlamıyordum. Kafamda sadece şunlar vardı: nasıl geri döneceğim ve burada hayatımı nasıl sürdüreceğim? Bunlar ayıldıktan sonra hatırladığım şeylerdi. Bu düşünceler tıpkı dalgalarla birlikte sahile vuran tahta parçaları gibiydi ama gemi çoktan batmıştı.

Ayıldım. İlk işim arkadaşımı –bir kemik ve et yığını haline gelmiş cesedini– gömmek olacaktı. Uzay aracımıza bakmaya cesaret edemedim. O da benim arkadaşımdı. Bizi buraya kadar o getirmişti. Ne sadık bir makine! Arkadaşlarım ölmüştü. Sadece ben hayatta kalmıştım. Talihsiz ölümlerinden ben sorumluydum! İki becerikli ölmüş geriye tek beceriksiz olan ben kalmıştım. Salaklar daha şanslı olur. Kendimi teselli etmek için düşündüklerim aslında ne utanç vericiydi! Okul arkadaşımı kendi ellerimle gömmeliydim ama uzay aracını gömemezdim. Bu yüzden ona bakmaya çekiniyordum.

Önce bir çukur kazmam lazımdı fakat bunu yapmadım ve sadece aptal aptal etrafa baktım. Gözlerimde yaşlarla etrafa baktım. Neden onun cesedine sarılıp ağlamadım? Neden hemen bir çukur kazmaya başlamadım? Bir rüyadan uyanmış gibiydim ve hareketlerimi kontrol edemiyordum. Şimdi tekrar düşününce belki de durumun en mantıklı izahı ve kendimi affetmemin yolu budur.

Aptal aptal etrafıma bakıyordum. Çok tuhaf ama o sırada gördüğüm her şeyi çok net hatırlıyorum. Ne zaman gözümü kapatsam o manzarayı bütün canlılığıyla görebiliyorum hatta öyle ki renklerin birleştiği noktadaki gölge halindeki çizgiyi bile çok net görebiliyorum. İki sahneyi hayatım boyunca hiç unutamadım. Birincisi bu sahne, ikincisi de çocukken annemle birlikte babamın mezarını temizlemeye gitmemiz.

Aslında özellikle nelere dikkat ettiğimi açıklayamıyorum. Etrafımdaki her şeye karşı bir "kayıtsızlık" içindeydim ki bu tanımın bir anlamı var mı bilmiyorum. Yağmur altında kalmış küçük bir ağaç gibiydim. Yağmur damlaları üzerime düşüyordu. Bir damla düşüyor ve bir yaprak kımıldıyordu.

Gri bir gökyüzü gördüm. Ama hava kapalı ve bulutlu değil de gri renkliydi sadece. Güneş ışığına hiç de zayıf denemezdi çünkü sıcağı hissedebiliyordum ama ısı, parlaklıkla orantılı değildi. Çok sıcaktı ama göz kamaştıran bir ışık yoktu. Etrafımdaki kalın, ağır, yoğun ve donuk gri havaya dokunabilecek gibiydim. Havada hiç toz olmadığını anladım çünkü uzaktaki nesneler bile çok net görülüyordu. Güneş ışığı sanki bu gri havada kaybolmuş, sanki her yere eşit olarak dağılmıştı. İşte bu nedenle her yer gri, her yer aydınlıktı. Gümüş grisi bir dünya. Çin'in kuzeyinde yazın kuraklık zamanlarında gökte işe yaramaz gri bulutlar olur, bu bulutlar güneş ışığını engeller ama hava yine de çok sıcak olur. İşte burası da böyleydi ancak buranın havası biraz daha karanlık, basık ve ağırdı. Gri renkli ağır bulutlar sanki yüzüme yapışacak gibiydi. Geceleri çok sıcak olan, bir yağ lambasının sıcak havada hayalet gibi bir ışık verdiği tofu atölyeleri bu evrenin iyi bir modeli olabilir. Bu hava beni rahatsız ediyordu. Uzakta küçük tepeler vardı ve onlar da griydi. Gökten biraz daha koyu griydiler. Hiç güneş ışığı yok değildi, bu nedenle de tepelerin griliği üzerinde açık kırmızı bir renk görülüyordu. Tıpkı yabani güvercinlerin boynundaki göz alıcı renkler gibi.

Gri bir ülke! Böyle düşündüğümü hatırlıyorum ama orada bir ülke olup olmadığını bile bilmiyordum henüz.

Uzaklara bakmayı bırakınca önümde geniş bir düzlük gördüm, o da griydi! Ağaç, ev, tarla hiçbir şey yoktu. Düzlük, düzlük... Her şey nefret uyandıracak kadar düzdü. Yerde otlar vardı, yere çok yakındılar. Yaprakları çok büyüktü ama gövdeleri yoktu. Buranın toprağı verimli olabilirdi. Kendi kendime neden tarım yapılmıyor acaba diye sordum.

Benden pek uzak olmayan bir yerden kartala benzeyen kuşlar havalandı. Hepsi gri renkliydi, sadece kuyrukları beyazdı. Beyaz kuyrukları bile bu tamamen gri dünyaya bir değişiklik getiriyordu ama kasvetli ve endişe verici havanın etkisini azaltamıyordu. Bulutlu ve kasvetli havada uçuşan kâğıt paralar gibiydiler!

Kartala benzeyen kuşlar bana yöneldi. Onlara baktım ve birden ürperdiğimi hissettim. Arkadaşımı görmüşlerdi, yani cesedini... Uzaklardan birkaç kuş daha havalandı. Endişelendim, içgüdüsel olarak yerde bir şeyler aradım ama hiçbir şey yoktu! Uzay gemisine gitmek zorunda kaldım. Metal bir çubuk bulabilirsem yavaş da olsa bir çukur kazabilirdim. Ama o sırada kuşlar tepemde dönmeye başlamıştı. Onlara bakamıyordum ama gittikçe alçaldıklarını hissedebiliyor, uzun, acı ve keskin çığlıklarını duyabiliyordum. Dikkatle bir şeyler aramak için zaman yoktu, uzay gemisinden hangi parça olduğunu bilmeden bir şey tutup deli gibi koparmaya çalıştım. Kuşlardan biri yere kondu. Bütün gücümle bağırdım. Sert kanatları birkaç kez titredi. Ayakları tam yere değmek üzereyken beyaz kuyruğunu dikip tekrar havalandı. O kuş uçup gittikten sonra iki üç tane daha geldi. Bu kuşlar yiyecek bulmuş saksağanlar gibi ötüyordu. Havadakiler ise uzun çığlıklar atıyor, sanki yerdeki kuşlar onları beklesin diye yalvarıyorlardı. Sonunda onlar da "ca-ca" diye sesler çıkarıp yere indiler. Uzay gemisinden bir parçayı çekiştirirken avucumda bir yapışkanlık hissettim. Kesinlikle kanamış olmalıydı ama hiç acı hissetmemiştim. Çekiyordum, çekiyordum ama boşuna! Kuşlara saldırdım, tekme attım, bağırdım. Kanatlarını açarak kaçıştılar ama hiçbiri uçup gitmedi. Aralarından biri cesetten... Bir parça ısırdı! Gözüm döndü, yakalamak için ona doğru bir hamle yaptım. Ben ona saldırırken diğerleri de bana saldırdı ve ben de onlara bilinçsizce tekmeler savurdum. Çığlıklar atıyor, kanatlarını açıp kaçışıyorlardı ama tekme atmayı bırakır bırakmaz bana saldırdılar. Yaklaştıkça yaklaşıyorlardı. Geri çekilmeye niyetleri yoktu, ayağımı da ısırmaya çalışıyorlardı.

Birden aklıma belimdeki tabanca geldi. Durup tabancayı yoklarken başımı kaldırdım ve karşımda onları gördüm, bunlar ne ara gelmişti? Tam karşımda, yedi sekiz adım ötemde bir grup insan vardı: Kedi yüzlü insanlar!

2. Bölüm

Tabancamı çekmeli mi yoksa biraz beklemeli miydim? Aklımdan geçen onca fikir sonunda iki seçeneğe dönüşmüştü. Hemen sakinleşmeye çalıştıysam da kafam iyice karışmıştı. Nihayet elime aldığım tabancayı indirdim. Kendi kendime güldüm. Macera yaşama arzusuyla Mars'a gelmek istemiştim ama bu kedi yüzlü insanlar beni öldürebilirdi. Elbette bu sadece bir varsayımdı. Kim bilir, belki de iyiliksever insanlardı... Hem seçim yapma şansım varken neden tabancamı onlara doğrultacaktım ki? Samimiyet insanı cesaretlendirir. Artık hiçbir şeyden korkmuyordum. Lütuf mu yoksa lanet miydi? Artık bunu da oluruna bırakmıştım. Her ne olacaksa başlatan ben olmamalıydım.

Kımıldamadığımı görünce iki adım öne çıktılar. Adımları yavaş ama kararlıydı. Fare görmüş kediler gibi.

Bu sırada kuşlar hep birlikte havalandı, ağızlarından parçalar düştü... Gözlerimi kapadım!

Gözlerimi kapar kapamaz –ki çok kısa süreliğine kapamıştım– iki elimi de tuttuklarını hissettim. Kedi İnsanların bu kadar hızlı hareket edebileceğini tahmin edememiştim. Üstelik öyle sessizlerdi ki bana yaklaştıklarını bile duymamıştım.

Tabancamı çekmemek bir hataydı. Ama hayır! Vicdanım buna elvermezdi. Tehlike maceranın suyu ve ekmeğidir. Artık daha sakindim, gözlerimi de açmak istemiyordum. İçimde bir huzur vardı artık ama bu sonradan ilerlemek için o anda geri adım atmayacağım anlamına gelmiyordu. Kollarımı tuttular ve gitgide daha da sıktılar. Kurtulmaya çalıştım ama izin vermediler. Bu şeyler galiba iyi niyetliydi. Manevi üstünlüğü elde etmiş olmam beni gururlandırdı ve onlarla bir güç yarışına girmek istemedim. Her kolumun üzerinde dört beş tane el vardı. Yumuşacık ama sımsıkı yapışmış, son derece esnek eller. Aslında buna tutmak yerine sarmak demek daha doğru olur. Deri kayışlar gibi etimi sarmışlardı. Direnmenin bir faydası yoktu. Kollarımı zorla kurtarmaya çalışsam da elleri etimi sımsıkı sarmıştı. İşte bunlar böyle insanlardı: sebepsiz yere birini yakalayıp tepkisine aldırmadan acımasızca fiziksel acı veriyorlardı. Fiziksel acı ruhsal ışığı zayıflatabilirse, kusura bakmayın ama gerçekten biraz pişman olurum. Bu tür insanlara, "ilk vuran kazanır" ilkesi uygulamalıydı. Tabancadan çıkan "dan" sesini duyar duymaz hepsinin kaçacağından emindim. Ama iş artık bu noktaya gelmişti ve pişmanlığın da bir faydası yoktu. Dürüst ve açık olmak kendime kurduğum bir tuzakmış aslında, en azından kendi aydınlığımda ölmeliydim! Gözlerimi açtım. Hepsi sanki önceden planlanmış gibi arkamda duruyordu, yani gözlerimi açmış olmama rağmen onları göremiyordum. Böyle gizli hareketleri içten içe onlardan nefret etmeme neden oluyordu. Ölümden korktuğum falan yoktu, içimden kendi kendime şöyle dedim hatta: "Elinize düştüm, isterseniz beni öldürün ama bu gizliliğe ne gerek var?" Kendimi tutamayıp bunu dile de getirdim: "Buna gerek yok..." başka bir şey söylemedim. Dediklerimi kesinlikle anlamıyorlardı zaten. Kollarımı daha da sıktılar, yarım kalan sözlerimin karşılığı bu olmuştu! İçimden şöyle geçirdim: "Söylediklerimi anlıyorlarsa bile boşuna konuştum!" Arkama dönüp bakmadım. Bana ne yaparlarsa yapsınlar mücadele etmeyecektim. Bir iple beni bağlamalarını umuyordum. Ruhum da tıpkı bedenim gibi bu yumuşak ama sıkı ve can sıkıcı sarılmalara dayanamıyordu!

Havadaki kuşlar çoğalmıştı. Kanatlarını açıp başlarını aşağı eğiyorlardı ve fırsatını bulunca pike yapıp çocukluk arkadaşımdan geriye kalanların tadını çıkarıyorlardı...

Arkamdaki şeyler ne dolaplar çeviriyordu acaba? Böyle şeylere tahammül edemiyorum, kör bir bıçakla kesilmek gibiydi! Başımı kaldırıp kuşlara baktım. Birkaç dakikada arkadaşımdan kalanları yiyip bitirebilirlerdi. Ah! Birkaç dakikada bir insan yenir mi? Aslında kuşlar çok da acımasız sayılmazlardı. Ben de ölen arkadaşıma gıpta ediyordum, ah arkadaşım! Aniden öldün, birden yok oldun, benim çektiğim acılarla karşılaştırınca seninki eşsiz bir mutluluk!

"Acele edin!" Birkaç defa bu söz dilimin ucuna geldi ama söylemedim. Kedi İnsanların karakterlerini, huylarını hiç bilmesem de bu birkaç dakikada bu dünyadaki en zalim insanlar olduklarını fark etmiştim. Zalim insanlar "acele etmek"ten anlamazlar. Yavaş yavaş testereyle doğramak onlar için bir tür eğlencedir. Konuşmanın ne faydası olacaktı? Tırnak diplerime iğneler sokulmasına, burnuma mazot dökülmesine hazırım – tabii Mars'ta iğne ve mazot varsa.

Gözyaşlarımı tutamadım. Korktuğum için değil memleketimi hatırladığım için ağlıyordum. Aydınlık Çin, Yüce Çin, şiddetin ve işkencenin olmadığı, kuşların cesetleri yemediği yer. Belki de o aydınlık toprakları bir daha asla göremeyecektim. Bir daha asla mantıklı bir hayat yaşayamayacaktım. Eğer Mars'ta hayatta kalabilirsem... Korkarım buranın eğlencesi bile acıydı!

Bacağıma da birkaç el yapıştı. Hiç ses çıkarmıyorlardı ama sıcak nefeslerini sırtımda ve bacağımda hissedebiliyordum. Bir yılan beni sarmış gibiydi, çok rahatsız oldum.

"Çat" diye bir ses duyuldu, sanki uzun yıllar süren bir sessizliğin ardından çıkan bu ses çok net duyulmuştu. Bugün bile bu ses hâlâ kulaklarımda. Bacaklarımı zincirlediler. Böyle bir şey yapacaklarını tahmin ediyordum zaten. Ayak bileklerimi hissedemez oldum, tek hissettiğim bir tür sıkışmaydı.

Ne suç işlemiştim? Niyetleri neydi? Anlayamamıştım. Düşünmeye de gerek yoktu gerçi. Kedi İnsanların dünyasında mantık yararsız bir şeydir, insanlıktan bahsetmeye gerek yoktur, fikir diye bir şey zaten yoktur.

Ellerimi de zincirlediler. Ama beklentimin aksine elleri kol ve bacaklarımı sıkmaya devam ediyordu. Aşırı dikkat etmek –ki genellikle sıradışı zalimliğin kaynağıdır– karanlık bir hayatın önemli bir parçasıdır. Beni zincirleyip üzerimden şu sıcak ellerini çekmelerini umuyordum ama bu gerçekleşmeyecek bir şeydi.

O anda boynuma iki sıcak el sarıldı. Bu kafamı çevirmemem için bir mesajdı. Aslında onlara dönüp bakacak durumda değildim zaten! İnsanın –ne kadar kötü biri olursa olsun– çok az da olsa kendine saygısı olur. Onları fazla küçümsemiştim. Belki de aşırı dikkatli oldukları için böyle yapıyorlardı. Bilmiyordum. Belki de arkamda ışıldayan bir bıçak boynumu kesmek için bekliyordu.

"Gitme zamanı gelmedi mi?" diye düşünüyordum. Bunu düşünürken onlar da sanki kasten abartarak, bir şeyler göstermek için hızla hareket ediyor, bacağıma vuruyorlardı. Bu yürümem için bir talimattı. Ayak bileğimi hissetmiyordum, vurduklarında az kalsın düşecektim ama elleri yumuşak, sımsıkı kancalar gibi beni göğsümden tuttu. O sırada arkamda kedilerin birbirlerine güç gösterisi yaparken çıkardıkları sesleri duydum. Bu sesleri birkaç defa çıkardılar. Bu sanki Kedi İnsanların gülüşüydü. Bana böyle eziyet etmekten memnun gibiydiler. Ne kadar terlediğimi hatırlamıyorum.

Daha hızlı hareket etmek için beni omuzlarında taşıyabilirlerdi, aslında ben de bunu umuyordum. Gerçekten adım atamıyordum ama bu onların beni yürütmesi için bir bahane olmuştu – eğer "bahane" kelimesini kullanmak utanılacak bir şey değilse.

Terden gözlerimi açamıyordum, ellerim de arkadan zincirlenmişti. Başımı sallayarak da terden kurtulamıyordum çünkü boynumu tutuyorlardı! Dimdik yürüyordum, hayır, aslında yürümüyordum ama zıplıyor, dönüyor, düşüyor, bükülüyordum. Yaptığım hareketleri tanımlamak için bir kelime bulamıyorum aslında.

Birkaç adım attıktan sonra bir ses duydum –iyi ki henüz kulaklarımı tıkamamışlardı– kuşlar hep birlikte "ca, ca!" diye sesler çıkarıyorlardı. Tıpkı savaş meydanlarındaki "şa"* nidaları gibi... Elbette hep birlikte yemeğin tadını çıkarmak için yere konmuşlardı... Kendimden nefret ediyordum. Eğer erken davransaydım belki de arkadaşımı çoktan gömmüş olacaktım. Neden salak gibi durup bakmıştım ki sadece! Arkadaşım! Eğer ölmezsem ve tekrar buraya gelirsem korkarım ki senden geriye hiçbir şey kalmamış olacak! Hayatımın bütün tatlı anıları bile bu üzüntü ve pişmanlığı gideremez. Bunu ne zaman hatırlasam kendimi insan türünün en değersizi gibi hissediyorum!

Sanki bir kâbustaydım: vücudum acı içindeydi ama yine de başka şeyler düşünebiliyordum. Düşüncelerim hayatını kaybeden arkadaşımla ilgiliydi. Gözlerimi kapatınca kuşların onun etlerini kopardıklarını ve benim de kalbimi ısırdıklarını görüyordum. Ne kadar yürümüştük? Gözlerimi açabilsem bile bakamıyordum. Yolu ezberleyip buradan kaçmak için plan mı yapmalıydım? Yürüyor muydum? Zıplıyor muydum? Yuvarlanıyor muydum? Bunu Kedi İnsanlar biliyordu. Bunları düşünmüyordum çünkü vücudum artık bana ait değildi. Sadece başımdan aşağı terler boşanıyordu. Sanki çok ağır yaralanmışım da hislerim yok olmuş gibiydi. Dağılmış bir haldeydim ve vücudumu hissedemiyordum. Sadece terlediğimi biliyordum. Kaderim artık kendi ellerimde değildi ama bunu acı verici bulmuyordum.

Gözlerim kararmıştı. Bir süre sonra gözlerimi açıyor ve sarhoşluktan ayılmış gibi oluyordum. Ayak bileklerim acıyordu. Kalbime kadar bütün vücudumda acı vardı. İçgü-

---

* Şa [Sha], Çincede "öldür" anlamına gelir. (ç.n.)

düsel olarak acıyan yerlerime dokunmak istiyordum ama ellerim zincirliydi. Gözlerim uzun süredir açık olsa da ancak o zaman bir şeyler görmeye başladım. Küçük bir sandaldaydım. Ne zaman bu sandala bindim, nasıl bindim, hiçbir şey hatırlamıyordum. Sandala bineli çok uzun zaman geçmiş olmalıydı çünkü ayak bileklerimdeki acıyı artık daha çok hissedebiliyordum. Başımı çevirmeye çalıştım. Boynumdaki iki sıcak el artık yoktu. Başımı çevirip baktım ama hiçbir şey yoktu. Yukarıda gümüş gri gök, aşağıda da ılık, yoğun ve koyu renkli bir nehir vardı. Hiç ses çıkarmadan hızla akıyordu nehir. Nehrin ortasında sandalın üzerinde akıntıyla birlikte ilerliyordum.

3. Bölüm

Hiçbir tehlike umurumda değildi. Tehlike kelimesi o anda aklımın ucundan geçmiyordu. Sıcak, açlık, susuzluk, acı; bunların hepsi yorgunluktan daha hafif geliyor – on beş günden uzun süre bir uzay gemisindeydim! Uyuyup kalmışım. Sırtüstü yatmak mümkün değildi çünkü ellerimin zincirlenmesi düz yatmamı engelliyordu. Kendimi bu sessiz, hızlı nehrin akışına bırakarak uykuya daldım. Fakat böyle bir ortamda güzel bir rüya görmek ne mümkün!

Gözlerimi açtığımda küçük bir odanın köşesinde oturuyordum. Aslında bir odadan çok mağaraya benziyordu. Penceresi ve kapısı yoktu. Dört duvar ve ortasında çimleri kesilmemiş bir alan. Çatısı da yoktu. Sadece gümüş gri gökyüzü görünüyordu. Ellerim artık serbestti ama belime kalın bir ip bağlanmıştı ki böylesine kalın bir kemere hiç ihtiyacım yoktu. Kalın ipin diğer ucunu göremiyordum. Belki duvarın dışında bir yere bağlıydı. Gökten inmiş bir iple bağlanmış olmalıydım. Tabanca kucağımda duruyordu. Bu çok tuhaftı!

Bunun anlamı neydi? Kaçırılmış mıydım? Dünyadan benim için fidye mi isteyeceklerdi? Bu çok zahmetli olurdu doğrusu. Yoksa bir canavar yakaladıklarını mı düşünüyorlardı? Beni eğitip bir hayvanat bahçesinde mi sergileyeceklerdi? Ya da beni biyoloji bölümüne gönderip üzerimde deney mi yapacaklardı? Bu en mantıklısıydı sanki. Güldüm çünkü artık delirmek üzereydim. Çok da susamıştım. Neden tabancayı almamışlardı? Bu şaşırtıcı ve bir o kadar da rahatlatıcı durum ağzımda daha fazla tükürük oluşmasına neden olmamıştı. Etrafıma baktım ve umutsuz bir durumda olmama rağmen bir anda umutlandım. Oturduğum yerin karşı köşesinde taştan bir kap vardı. İçinde ne vardı acaba? Hiçbir şey umurumda değildi. Mutlaka gidip bakmalıydım. İçgüdüler mantıktan güçlüdür. Ayak bileklerim zincirli olduğu için zıplamak zorundaydım. Ağrıya dayanarak ayağa kalkmaya çalıştım ama ayakta duramadım. Birkaç defa denememe rağmen ayaklarıma söz geçiremedim. O zaman oturayım dedim kendi kendime. Susuzluktan göğsüm patlayacak gibi olmuştu. Ama vücudumun ihtiyacı gururlu ruhumu tüketmişti. Madem öyle, sürüneyim! Küçük mağara çok geniş değildi. Yere uzandım, elimi uzatıp hayatımın o an için en büyük umudu olan şeye – o değerli kaba ulaşabilirdim. Ancak kemer tamamen yere uzanıp sürünmeme engel oluyordu. Öne eğilsem de beni yukarı çekeceği için asılı kalacaktım. Umudumu kaybetmiştim.

Ağzımdaki yanma hissi sayesinde aklıma yeni bir fikir geldi: ayaklarım önde sırtüstü ilerleyebilirdim. Bunu yerde ters döndüğünde kendini çeviremeyen bir böcekten öğrenmiştim. İp çok sıkı bağlanmıştı ama biraz uğraşırsam göğsüme kadar çekebilirdim. Göğüs kafesim belimden daha dardır benim. Böylece o kaba ulaşabilirdim. Göğsüm biraz zedelenecek olsa da susuz kalmaktan iyidir. Göğsüm acıyordu ama aldırmayıp ilerledim. Çok canım yanıyordu ama aldırmıyordum ve sonunda ayağım kaba değdi!

Ayaklarımı o kadar sıkı zincirlemişlerdi ki onları dikine uzatsam belki kaba ulaşabilecektim ama ayaklarımı iki yana açamıyor, kaba bir türlü ulaşamıyordum. Yine umudumu kaybetmiştim.

Sırtüstü yatıp göğü izlemekten başka bir şey gelmiyordu elimden. Farkında olmadan tabancayı elime aldım. Çok susamıştım. Güzel ve hafif tabancaya baktım. Gözlerimi kapatıp pürüzsüz yuvarlak namluyu şakağıma dayasam ve tetiği çeksem sonsuza kadar susuzluk hissinden kurtulmuş olacaktım. Birden aydınlandım hızlıca kalkıp oturdum ve dönüp kalın ipe iki el ateş ettim. İpin ateş ettiğim yeri yandı. İpimi elimle çektim, ısırdım ve sonunda koptu. Sevinçten ayaklarımın zincirli olduğunu unutmuştum. Birden ayağa kalkmaya çalışınca yere düştüm sonra taş kaba doğru sürünmeye çalıştım. Kabı kaldırdım. Evet, içinde su vardı! Belki suydu, belki de... Şüphelenecek vaktim yoktu. Taş kap çok kalın olduğu için suyu içmek kolay olmadı, ama bir yudum içmeyi başardım. Su buz gibiydi. Her çabanın bir karşılığı vardır, sanki bu yaşadıklarımdan hayata dair bir gerçeği kavramıştım.

Fazla su yoktu. Hepsini içtim.

Değerli kabı tutuyordum. Biraz rahatlayınca hayal kurmaya başladım. Dünyaya dönebilirsem bu kabı da mutlaka yanımda götürecektim. İyi ama bunun için hiç umut yoktu... Öylece kalakalmıştım. Şaşkınlıkla kabın ağzına bakıyordum, ne kadar zaman geçtiğini fark etmemiştim.

Başımın üzerinden bir kuş sürüsü geçti ve çığlıkları beni kendime getirdi. Başımı kaldırıp baktım. Gökyüzünde açık şeftali kırmızısı renginde bulutlar vardı. Gökyüzünün gri rengini tamamen kapatamamışlardı ama gökyüzü sanki biraz daha yüksek görünüyordu artık: sanki biraz daha netleşmişti ve duvarın üzerinde de güçlü bir ışık vardı. Hava kararmak üzere diye düşündüm.

Ne yapmalıydım?

Dünyada işe yarayan planlar buraya uygun olmazdı herhalde. Çünkü karşımdakileri hiç anlayamıyordum, yapabileceğim hiçbir şey yoktu. Robinson Crusoe bile benim yaşadığım zorlukları yaşamamıştır. O kendi kararlarını verip uygulayabiliyordu. Bense Kedi İnsanların eline düşmüştüm ve kurtulmaya çalışıyordum.

Peki bunlara rağmen bir şey yapmayacak mıydım?

Ayaklarımdaki zincirlerden kurtulmalıydım. İlk işim bu olmalıydı. Ayaklarımı neyle bağladıklarına bakmamıştım aslında ama mutlaka demirden yapılmış bir şey olmalıydı. Hemen incelemeliydim. Hayır, bu şey demir değildi, çünkü kurşun beyazı rengindeydi. Tabancamı neden almamışlardı peki? Bu sorunun cevabını hemen bulmuştum: Mars'ta demir yoktu. Kedi İnsanlar çok temkinli davranmış ve daha önce hiç görmedikleri bir şeye dokunmaktan çekinmişlerdi. Dokundum, demirden yapılmasa da çok sertti. Çekmeyi denedim ama işe yaramadı. Hangi malzemeden yapılmıştı acaba? Merakım ve kendimi kurtarma isteğim birbirine karışmıştı. Tabancayla vurdum, metalik bir ses geldi ama demir sesi gibi değildi. Gümüş müydü? Yoksa kurşun mu? Demirden daha yumuşak bir şey olsaydı mutlaka kırabilirdim. Mesela taş kabı kırıp parçalarıyla onu ezebilirdim – taş kabı dünyaya götürme planımı çoktan unutmuştum. Taş kabı alıp duvara atacaktım ama çekindim çünkü dışarıdakiler sesi duyup gelebilirdi. Dışarıda mutlaka bekçiler olmalı diye düşündüm. Hayır, dışarıda bekçiler olamazdı çünkü biraz önce ateş etmiştim ve gelen olmamıştı. Sonra hemen pişman oldum çünkü ateş etmemden sonra içeri birileri girebilirdi! Ama kimse gelmemişti, rahat olabilirdim. Kabı duvara fırlattım. Çok küçük bir parça kaptan ayrıldı. Küçük olduğu için çok keskindi. İşe koyuldum.

Eğer yeterince uğraşılırsa demir kolonlar bile ezilerek iğne haline getirilebilir ama çok kısa bir sürede bir taş parçası ile metal kırma fikrim fazla iyimserdi. Tecrübe çoğu zaman hataların çocuğudur, iyimserlikle hata yapmaya devam etmekten başka çarem yoktu. Dünyadaki tecrübelerim de burada beş para etmiyordu. Çok uzun bir süre ezmeye çalıştım ama işe yaramadı, bir taş parçasıyla bir pırlantayı ezmeye çalışmak gibiydi.

Üzerimdeki yırtık elbiseye dokundum, ayakkabıma dokundum, saçıma dokundum, bana faydası olabilecek bir şeylere dokunmayı umdum, artık mantıksız bir hayvan haline gelmiştim. Hah! Kemerimin altındaki ufak cepte bir kutu kibrit vardı. Küçük demir bir kutunun içindeydi. Eğer dikkatle aramasaydım orada olduğunu hatırlayamazdım. Ben sigara içmem, yanımda kibrit taşımak gibi bir alışkanlığım da yoktur. Peki, neden yanımda kibrit vardı? Nedenini hatırlayamamıştım. Ha sahi, sonradan hatırladım: bunu bana bir arkadaşım hediye etmişti, benim bir maceraya atıldığımı duyunca beni yolcu etmeye gelmiş ve bana hediye edecek başka bir şeyi olmadığını söyleyip bu kutuyu cebime sokuşturmuştu. “Bu küçücük kutunun uzay aracının ağırlığını artırmayacağını umuyorum!” demişti. Bunu şimdi hatırladım. Bu olay çok uzun yıllar önce yaşanmış gibi geliyordu bana. On beş günden uzun süren uçuş insanı sakinleştiren, zihnini berraklaştıran bir deneyim değildi.

Kutuyla oynamaya başlamıştım, on beş gün önce yaşananları hatırlamaya çalıştım. İleriye umutla bakamadığım için eski tatlı ve güzel şeyleri hatırlamaktan başka çarem yoktu, hayat bir şekilde, birçok açıdan kendini rahatlatma bahaneleri sunar insana.

Hava kararmıştı. Karnım acıkmıştı. Etrafta yiyecek bir şeyler var mı diye bakmak için bir kibrit yaktım. Kibrit sönünce bir tane daha yaktım. Komik ama kibritin ufacık ateşiyle ayağımdaki prangayı yakmaya da çalıştım. Çince kaligrafide “dört” yazar gibi çabucak yanıp tükendi* ve ayak bileğimde sadece biraz beyaz kül kaldı. Birden burnuma çok kötü bir koku geldi neredeyse kusacaktım.

Kedi İnsanlar kimya biliyordu, bunu gerçekten tahmin etmemiştim!

---

* Yazar çok hızlı anlamında bu benzetmeyi kullanmaktadır. 4 sayısı (四) Çin kaligrafisinde en hızlı yazılan karakterlerdendir. (ç.n.)

4. Bölüm

Eğer özgür değilsen el ve ayaklarının prangadan kurtulmasının anlamı var mıdır? Ama bunun cesaretimi kırmasına izin veremezdim. Hem Kedi İnsanlar için bu küçük mağarayı korumak gibi bir sorumluluğum da yoktu. Tabanca ve kibrit kutusunu yanıma aldım ve kopmuş kalın iple duvara tırmandım. Başım duvarı geçince her yerin keskin bir griye boyanmış olduğunu gördüm. Galiba gece değildi ve hava da dumansız sıcak bir sisi andırıyordu. Duvardan atladım. Nereye gidecektim? Duvarın diğer tarafındaki cesaretimin onda sekizi gitmişti. Görünürde ne bir ev ne bir ışık ne de ses vardı. Uzakta –belki o kadar uzakta olmayan bir yerde, uzaklıktan emin olamıyordum– sanki bir orman vardı. Ormana girmeye cesaretim var mıydı? Kim bilir içinde ne tür hayvanlar vardı?

Başımı kaldırıp yıldızlara baktım, sadece birkaç büyük yıldızı görebildim. Gri gökyüzünde hafif kırmızı ışıklar gibi görünüyorlardı.

Yine susamış ve çok acıkmıştım. Gece avlanmak benim becerebileceğim bir şey değildi. Şansıma hava çok soğuk değildi. Burada çıplak bile gezsem ne gece ne de gündüz üşürdüm herhalde. Küçük mağaranın duvarının köşesine oturdum. Gökyüzündeki yıldızlara vc uzaktaki ağaçlara baktım.

Hiçbir şey düşünmeye cesaretim yoktu. Böyle zamanlarda en komik düşünceler bile insanı ağlatabilir: yalnızlığa dayanmak, acıya dayanmaktan zordur.

O halde çok uzun bir süre oturdum, gözlerim yavaş yavaş gücünü kaybetmeye başladı ama uykuya dalmaya da cesaret edemedim. Gözlerimi kısa süreliğine kapattım, aklımdan bir şey geçti, kendimi zorlayarak gözlerimi açtım ve sonra tekrar kapattım. Sanki bir gölge gördüm ama net bir şekilde göremeden hemen kayboldu. Bir hayalet gördüğümden şüphelendim, kendi kendimi azarladım ve yine gözlerimi kapattım. Henüz gözlerimi kapamıştım ki hemen tekrar açtım çünkü rahat değildim. Of! Sanki bir gölge geçmişti ve tam onu gördüğüm anda kaybolmuştu. Tüylerim diken diken oldu. Mars'a gelip hayalet yakalamayı planlamıyordum. Bir daha gözlerimi kapamaya cesaret edemedim.

Çok uzun bir süre geçti ama hiçbir şey olmadı. Gözlerimi kapamaya çalıştım. Gözlerimi hafifçe aralık bırakarak kapar gibi yaptım ve gölge tekrar geldi! Korkmuyordum, bu kesinlikle bir hayalet değildi. Bir Kedi İnsandı. Kedi İnsanların gözleri kesinlikle çok gelişmiş olmalıydı, uzaktan benim gözlerimi açıp kapamamı görebiliyordu. Hem telaşlanmış hem de sevinmiştim. Neredeyse nefesim kesilecekti, onu bekliyordum. Önüme gelirse onun hakkından gelebilirdim. Sanki Kedi İnsanlardan daha güçlüymüşüm gibi... Böyle düşünmemin nedenini bilmiyordum, tabancam olduğu için miydi acaba? Bu çok komikti.

Zamanın burada en ufak bir değeri yok gibiydi, sanki birkaç yüzyıl beklemiştim ama bana biraz yaklaşmıştı sadece. Sanki tarihten gelen bir dikkatle her adımını on beş dakika ya da bir saatte atıyordu. Doğuya doğru bir adım, batıya doğru bir adım, sonra eğiliyor, hafifçe doğruluyor, sola gidiyor, geri çekiliyor, bir kar tanesi gibi yere düşüyor, ileri doğru sürünüyor, beli yay gibi geriliyordu... Yavru kediler de geceleri fare yakalamak için bu tür hareketler yapar, gerçekten de çok ilginçti.

Hiç hareket etmedim çünkü gözümü bile açsam çok uzağa kaçabilirdi. Hiç kımıldamadan sadece gözlerimin aralığından onu izliyordum.

Anlamıştım, benimle ilgili kötü bir niyeti yoktu ve benim ona zarar vermemden korkuyordu. Elinde silah da yoktu ve tek başınaydı. Beni öldürmeye gelmiş olamazdı. Ona zarar vermeyeceğime nasıl inandırabilirdim? Hiç kımıldamamak en iyisiydi. Bunun en azından onu kaçırmayacağını düşünüyordum.

Daha da yaklaştı. Onun sıcaklığını hissedebiliyordum. Hemen yanıma geçti ve elini iki defa gözümün önünde salladı. Ben de hafifçe başımı salladım. Hızla elini geri çekti ve her an kaçabileceği bir pozisyon aldı ama kaçmadı. Kımıldamadı. Çok yavaş bir şekilde ellerimi kaldırıp avuçlarımı açarak ona gösterdim. Sanki bu "işaret dili"ni anlamış gibi o da başını salladı ve kaçmak için öne doğru uzattığı bacağını geri çekti. Avucum yukarı bakarken selam vermek için parmağımı biraz büktüm. O da başını salladı. Biraz doğrulup ona baktım, kaçmaya niyeti yoktu. Bu trajikomik durum en az yarım saat sürdü sonra ayağa kalktım.

Eğer zaman öldürmek bir iş olsaydı Kedi İnsanların işlerini çok iyi yaptıkları söylenebilirdi. Bir başka deyişle, o ve ben birlikte ne kadar zaman öldürdük bilmiyorum, el işaretleri yapmak, baş sallamak, dudakları büzmek, burun çekmek dâhil vücudumuzdaki her bir kası çalıştıracak hareketler yapmıştık. Bütün bunları yapmamızın tek nedeni de birbirimize zarar verme niyetimiz olmadığını göstermekti. Buna bir saat daha devam edebilirdik elbette. Belki de bir hafta bile devam edebilirdik, tabii Kedi İnsan uzakta başka gölgeler görmemiş olsaydı. Gölgeleri ilk o görmüştü. Ben ondan sonra gördüm. Kedi İnsan dört beş adım koştu, koşarken de bana el sallıyordu. Ben de koşarak onu takip ettim.

Kedi İnsan hızlı koşuyor, hiç ses çıkarmıyordu. Hem susamış, hem de acıkmıştım. Fazla uzağa koşamadan gözlerimin önünde yıldızlar görmeye başladım. Ama içgüdüsel olarak şunu kavramıştım: Arkamızdan gelen Kedi İnsanlar bize yetişirse, ben ve yanımdaki Kedi İnsana bunun bir faydası olmayacaktı. Yeni arkadaşımın yanından hiç ayrılmamalıydım, o benim Mars maceramdaki en iyi yardımcım olacaktı. Arkamızdakiler bize mutlaka yetişecekti çünkü arkadaşım daha hızlı koşmaya başlamıştı. Bir süre daha koştum ama sonra gücüm tükendi kalbim ağzımdan fırlayacak gibi oldu. Arkamdan bir ses geldi, bir tür uzun ve tiz çığlık. Kedi İnsanlar herhalde sinirlenmişlerdi yoksa bu sesi kolay kolay çıkarmazlardı. Yere düşmekten kurtulamayacağımı biliyordum, bir adım daha atsaydım hayatım ağzımdan fışkıracak kanla sona erecekti.

Son gücümle tabancamı çektim. Yere düştüm ve ateş ettim ama nereye doğru ateş ettiğimi bilmiyordum, tabancanın sesini duyamadan bayılmışım.

Gözlerimi açtım: oda, gri renk, kırmızı ışık, yer... uzay gemisi, kan, ip... Gözlerimi tekrar kapattım.

Ancak birkaç gün sonra anlayabilmiştim: o Kedi İnsan beni ölü bir köpek gibi sürükleyerek evine getirmişti. Eğer bana anlatmasaydı buraya nasıl geldiğimi çözemezdim. Mars'taki toprak o kadar ince ve yumuşaktı ki hiçbir yerimde yara bere yoktu. Beni kovalayan diğer Kedi İnsanlar tabancanın sesinden çok korkmuştu. Herhalde üç gün hiç durmadan koşmuşlardır. On iki kurşun alan bu küçük tabanca beni Mars'ta meşhur bir kahraman yapmıştı.

5. Bölüm

Büyülü Yapraklar

Uyumuşum. Bir sinek beni uyandırmasaydı öylece sonsuza kadar uyurdum herhalde. Beni affedin, "sinek" kelimesini kullandım ama isimlerini bilmiyordum. Ufak yeşil kelebeklere benziyorlardı ve çok güzellerdi ama hareketleri sineklerden çok daha beterdi. Çok fazlaydılar, elimi ne zaman kaldırsam yeşil yapraklar gibi uçuşuyorlardı.

Her yerim kaskatı olmuştu çünkü bütün gece yerde yatmıştım. Kedi İnsanların dilinde galiba "yatak" diye bir kelime yoktu. Bir elimle yeşil sinekleri kovalıyor diğer elimle vücudumu ovalayıp etrafı inceliyordum. Odada pek bir şey yoktu. Yatak yoktu ve yer doğal alarak yatak işlevi görüyordu ki böylece yatak odası eşyalarına da gerek kalmamıştı. Bir tas bulmayı umuyordum böylece vücudumu temizleyebilecektim, bütün gün ve gece kan ter içinde kalmıştım. Ama yoktu. Hiçbir şey göremedim, duvara ve çatıya baktım hepsi çamurdan yapılmıştı. Dört duvar kötü kokulu havayı kuşatıyordu, işte oda bu kadardı. Duvarda bir metrelik bir delik vardı, kapı buydu. Pencere gerekirse pencere de buydu.

Kedi İnsan tabancamı almamıştı, yolda da kaybolmamıştı ki bu gerçekten bir mucizeydi. Tabancamı yanıma aldım ve tırmanarak bu küçük mağaradan dışarı çıktım.

O anda anladım ki aslında pencereler gereksizdi. Ev bir ormanın içindeydi: bir gece önce gördüğüm sık yapraklı orman. Güneş ışığı çok güçlü olmasına rağmen yapraklar ve gri hava ışığın geçmesini engelliyordu. Kedi İnsanların çok iyi görmesinin nedeni bu olmalıydı. Ormanda hava serin değildi, nemli ve çok sıcaktı hatta. Güneş ışığı olmamasına rağmen sıcaklık gri havayı sarmıştı, hiç rüzgâr da esmiyordu.

Etrafıma baktım, bir dere ya da kanal bulup yıkanmak istiyordum. Hiçbir şey yoktu. Sadece yaprakları görüyordum, her şey nemli ve pis kokuluydu.

Kedi İnsan bir ağacın üzerinde oturuyordu. Elbette beni çoktan görmüş olmalıydı. Ama ben onu görünce hemen yaprakların ardına saklandı. Bu beni çok öfkelendirdi. Böyle misafir ağırlanır mı: ne yiyecek ne de içecek ikram etti ve bana sadece pis kokan bir oda verdi. Kendimi onun misafiri sayıyorum ama buraya gelmeyi ben istemedim. O beni davet etti. En iyisi ben de hiç çekinmeyeyim diye düşündüm. Ona doğru yürüyünce ağacın en tepesine çıktı. Ben de nezaketi bir yana bırakıp ağaca tırmandım, büyük bir dalı tutup bütün gücümle ağacı salladım. Bir ses çıkardı ama dilini anlamıyordum, yine de sallamayı bıraktım. Aşağı atlayıp onu bekledim. Benden kurtulamayacağını anlamış gibiydi kulaklarını kısarak yenilmiş gibi yavaş yavaş aşağı indi.

Ona ağzımı gösterdim. Ağzımı kapatıp açtım. Ondan yiyecek ve içecek bir şeyler istedim. Beni anladı ve ağacı gösterdi. Meyve yememi söylediğini sandım. Kedi İnsanlar tahıl yemiyordu galiba. Kendi kendime çok akıllıca bir tahmin yürüttüğümü düşündüm. Ağaçta hiç meyve yoktu. Kedi İnsan ağaca tekrar çıktı ve dikkatle dört beş yaprak kopardı, kendi ağzına bir tane koydu, diğerlerini de yere bıraktı. Sonra eliyle önce beni ardından da yerdeki yaprakları gösterdi.

Böyle koyun gibi beslenmeye dayanamazdım. Yaprakları almadım. Kedi İnsan yüzünü astı, galiba sinirlenmişti. Neden sinirlendiğini anlayamamıştım. Benim neden sinirlendiğimi de o anlayamamıştı. Böyle mücadele etmenin bir anlamı olmadığını düşündüm çünkü birbirimizi anlamıyorduk.

Ama o yaprakları alıp yiyemezdim. Ellerimle ona yaprakları alıp bana getirmesini işaret ettim. Anlamış gibiydi. Sinirim şüpheye dönüşmüştü. Acaba Çin geleneklerindeki erkeğin kadına dokunmaması alışkanlığı Mars'ta da var mıydı? Bu Kedi İnsan acaba bir kadın mıydı? Emin değildim. Of! Kim bilir belki de erkekler arasında da aynı kural vardı? (Bu tahminimin doğru olduğu birkaç gün sonra ispatlanacaktı.) Neyse, birbirimizi anlamadığımız için sinirlenmeye gerek yoktu. Yaprakları aldım. Aslında elim çok pisti, uzay gemisinin demir parçaları yüzünden kesilmişti ve kurumuş kan lekeleri hâlâ duruyordu ama bu benim için artık sıradan bir şeye dönüştüğü için yaprakları elime almıştım. Bir yaprağı ağzıma attım, çok lezzetli ve suluydu. Daha önce bu yaprakları yeme tecrübem olmadığı için yaprağın suyu ağzımın köşesinden aktı. Kedi İnsanın eli ve ayağı kımıldadı, sanki gelip ağzımdan akan suyu temizlemek ister gibiydi. Bu yapraklar mutlaka çok değerli olmalı diye düşündüm ama kocaman bir ormanda bir iki yaprağa neden bu kadar önem veriyordu acaba? Bunu düşünmeye gerek yoktu çünkü burada her şey tuhaftı. Nefes almadan iki yaprağı yedim, başım dönmeye başladı ama hiç rahatsız olmamıştım. Yaprağın o değerli suyu sadece mideme gitmekle kalmamış uyuşma hissi bütün vücuduma yayılmıştı, bütün vücuduma bir rahatlama hissi gelmişti. Karnım da doymuştu. Büyülenmiş gibiydim, uyumak istiyor ama uyuyamıyordum. Bir karıncalanma başlamıştı, çakırkeyif olma hissine benziyordu. Elimde bir yaprak tutuyordum, elim sanki uykudan yeni uyanmışım gibi gevşek ve rahattı. Elimi kaldıracak gücüm de yoktu. Gülmek istedim ama gülebildim mi bilmiyorum. Büyük bir ağaca yaslanıp gözlerimi bir süre kapattım. Sarhoşluk hissi kaybolmuştu, vücudumdaki her bir tüy rahatlıktan gülüyordu sanki. Susuzluk ve açlık hissetmiyordum. Yıkanmama gerek kalmamıştı. Çamur, ter ve kan tenime yapışmıştı ama bu tatlı bir his veriyordu bana. Ömür boyu yıkanmasam da rahatsız olmazdım artık.

Orman daha da yeşillenmişti sanki. Etraftaki gri hava ne soğuk ne de sıcak, ne fazla ne de azdı. Tam olması gerektiği gibiydi. Gri hava ve yeşil ağaçlarda şiirsel bir güzellik vardı. Nemli havayı kokladım, kötü kokmuyordu, koyu bir tatlılık vardı, olgunlaşmış meyve gibiydi. "Keyif" kelimesi duygularımı ifade etmeye yetmez. "Sarhoşluk" evet bu "sarhoşluk"tu! O iki yaprak bana görünmez bir güç vermiş, bütün bedenimi bu gri havayla bütünleştirmişti sanki, öyle ki suya dalan bir balık gibi kendimi gri havaya bırakmıştım.

Ağacın yanına çömeldim. Gerçi çömelmeyi sevmem ama o anda çömelmek beni rahatlatmıştı.

Kedi İnsana tekrar dikkatle baktım. Ona olan nefretim azalmıştı, hatta sevimli olduğunu düşünmeye başlamıştım.

Kedi İnsan derken dik yürüyebilen ve elbise giyen büyük bir kediden bahsetmiyorum. Elbisesi yoktu. Güldüm, üstümdeki yırtılmış kumaş parçalarını çekip attım, hava zaten soğuk değildi. Yırtık kumaşı üzerimde taşımanın bir anlamı yoktu. Pantolonum kalacaktı. Utandığımdan değil, tabancayı taşıyabilmek için kemere ihtiyaç duyduğumdan. Aslında çıplak olsam da tabancayı taşıyabilirdim ama kibrit kutusunu bırakamazdım. O nedenle pantolonu çıkaramazdım çünkü küçük cebinde kibrit kutusunu saklayabilirdim, belki bir gün ayaklarıma yine pranga vurabilirlerdi. Botumu çıkarıp bir kenara attım.

Konumuza dönelim, Kedi İnsanlar elbise giymez. Belleri çok uzun ve ince, elleri ve ayakları çok kısadır. Hızlı koşarlar ama çok yavaş iş yaparlar (şimdi gözümün önüne ayaklarıma pranga vurdukları sahne geldi). Boyunları kısa değildir, kafalarını sırtlarına kadar eğebilirler. Yüzleri çok büyüktür. Yusyuvarlak iki gözleri vardır ama biraz aşağıda kaldıkları için alınlarını geniş gösterir. Alınlarının üzerinde ince tüyler vardır – bu tüyler saçlarıyla birleşir. Burunları da ağızlarına çok yakındır ve kediler kadar güzel değillerdir. Kulakları da çok küçüktür. Vücutları ince tüylerle kaplıdır. Bu tüyler parlak ve yumuşaktır. Uzaktan bakınca yeşil renktedir ama yakından yeşile çalan gri bir renkte oldukları sanılır. Tıpkı gri renkli ipliklerin parlaması gibi. Vücut hatları yuvarlaktır. Muhtemelen bu sayede kolayca yuvarlanabilmektedirler. Göğüslerinde dört çift ufak memeleri vardır – yani sekiz tane siyah nokta.

İç organları nasıldır hiç bilmiyorum.

Bu Kedi İnsanın hareketleri çok tuhaftı, bana göre yavaş olan hareketleri arasında hızlı olanlar ve hızlı olanlar arasında da yavaş olanlar vardı. Bu yüzden niyetini önceden kestiremiyordum, sadece kolayca şüphelendiğini sezebiliyordum. Elleri ve ayakları asla durmuyordu. Ayakları da elleri de çok çevikti. Diğer organlarına göre el ve ayaklarını daha fazla kullanıyor, her yere dokunuyor ve sürekli hareket ediyordu. Dokunmak da değil sanki karıncaların antenlerini bir şeylere değdirmesi gibiydi.

Beni buraya kadar getirip bana yaprak yedirmesinin anlamı neydi acaba? Belki de o iki yaprağın etkisiyle bu soruyu sormak istiyordum ona. Ama nasıl sorabilirdim ki? Birbirimizin dilini anlamıyorduk.

6. Bölüm

Üç dört ayda Kediceyi öğrendim. Malay dili altı ay içinde öğrenilebilir. Kedice ondan çok daha basittir. Dört ya da beş yüz kelimeyle her şey ifade edilebilir. Elbette birçok olay ve felsefi konular bu dille anlatılamaz ama bunun için Kedi İnsanların çözümü çok basittir: bu konuları konuşmamak. Dillerinde sıfat ve zarf azdır. Kelimeler de zengin değildir. Büyülü Ağaca benzeyen bütün ağaçlara büyülü ağaç derler: büyük büyülü ağaç, küçük büyülü ağaç, yuvarlak büyülü ağaç, sivri büyülü ağaç, yabancı büyülü ağaç, büyük yabancı büyülü ağaç... Aslında bu ağaçlar birbirinden çok farklıdır. Büyülü ağaçların yaprakları insanları sarhoş eder. Zamirleri pek kullanmazlar, ilgi zamiri ise hiç yoktur. Bu dil bebeklerin diline çok benzer. Aslında bazı kelimeleri ezberlemek sohbet etmek için yeterlidir. Fiillerin birçoğu el kol işaretleriyle anlatılabilir. Yazıları da vardır. Yazıları küçük kuleler ve pagodaları andırır, okuması çok zordur. Sıradan Kedi İnsanlar en fazla on küsur harf bilirler.

Büyük Akrep –Kedi İnsan arkadaşımın ismi buydu– çok fazla kelime biliyordu ve şiir yazabiliyordu. Kulağa hoş gelen kelimeler bir araya getirilince hiçbir düşünce katmaya gerek kalmadan bir Kedi Şiiri yazılabilirdi.

Güzel yaprak,
Güzel çiçek,
Güzel dağ,
Güzel kedi,
Güzel göbek...

Bu dizeler Büyük Akrep'in *Tarihimizi Okuduktan Sonraki Hislerim* adlı şiirinden alıntı. Kedi İnsanların bir tarihi, yirmi bin yıldan uzun süredir devam eden bir uygarlıkları vardır.

Konuşmayı öğrendikten sonra her şeyi anlamıştım. Büyük Akrep, Kedi Ülkesinin önemli kişilerinden biriydi. Hem toprak sahibi, hem bir politikacı, hem şair, hem de bir komutandı. Geniş toprakların ve çok büyük bir büyülü ağaç ormanının da sahibiydi. Büyülü ağaçların yaprakları Kedi İnsanlar için en önemli yiyecekti. Beni beslemesinin nedeni de büyülü ağaç yapraklarını korumakla ilgiliydi. Söylediklerini ispatlamak için birkaç tarih kitabı gösterdi – bu kitaplar taştan yapılmıştı. Yaklaşık altmış santim genişliğinde ve bir buçuk santim kalınlığındaydılar. Her kitabın üzerinde on küsur çok zor okunan harf vardı – beş yüz yıl önce tahıl yetiştiriyorlarmış ve büyülü yapraklardan haberleri bile yokmuş. Bir gün bir yabancı çıkagelmiş ve büyülü yaprağı Kedi Ülkesine getirmiş. Başlangıçta büyülü yaprakları sadece üst sınıftan olanlar yiyebiliyormuş daha sonra büyülü ağaçları da ülkeye getirmişler ve herkes büyülü yaprak müptelası olmuş. Elli yıl bile geçmeden büyülü yaprak yememek istisna haline gelmiş. Büyülü yaprakları yemek hem keyifli hem de kolaydı ama kötü etkileri de vardı. Yedikten sonra insan kendini çok dinç hissederdi ama elini ayağını kımıldatamaz hale gelirdi. İşte bu yüzden de çiftçiler tarlada çalışamaz, işçiler de iş yapamazdı. Herkes tembel olmuştu. Bunun üzerine hükümet büyülü yaprak yemeyi yasaklayan bir yasa çıkarmış. Yasanın çıkarıldığı ilk gün öğle saatlerinde imparatoriçe krize girip imparatorun suratına üç tokat atmış –Büyük Akrep kitapta bir sayfayı açtı– imparator da krize girmiş ve ağlayıp durmuş. Aynı gün öğleden sonra yeni bir yasa çıkarılmış: Yapraklar "devlet yiyeceği" ilan edilmiş. Kedi tarihinde bundan daha gurur verici ve daha iyi bir şey hiç olmamıştı Büyük Akrep'in söylediğine göre.

Büyülü yaprakların "devlet yiyeceği" olarak belirlenmesinden sonra dört yüz yıl boyunca Kedi Ülkesi uygarlığı birkaç kat daha hızlı gelişmiş. Büyülü yaprakları yedikten sonra fiziksel işler yapmayanlar doğal olarak kendilerini ruhani işlere vermişler. Şiir de bunlardan biriymiş. Eskiye göre şiir sanatı çok ilerlemiş ama son yirmi bin yılda hiçbir şair "güzel göbek" kelimesini kullanmamış.

Ancak bu siyasette ve toplumda çatışma olmadığı anlamına gelmiyordu. Üç yüz yıl önce büyülü ağaç dikmek çok yaygınmış. Fakat büyülü yaprakları yedikçe tembellikten ağaç bile dikmemeye başlamışlar. Aynı yıl büyük seller yaşanmış –burada Büyük Akrep'in gri yüzü bembeyaz olmuştu. Kedi İnsanlar en çok sudan korkar– sel yüzünden birçok ağaç yok olmuş. Başka şeylerin yokluğuna aldırmazlardı ama Kendi İnsanlar buna dayanamazdı. Büyülü yapraklar olmayınca tembellik de ortadan kalkmış. Her yerde soygunlar başlamış. Vakalar artınca hükümet de bir emir çıkarmış: Büyülü yaprak için soygun yapmak cezalandırılmayacak. İşte bu üç yüz yıl bir soygun çağı olmuş. Bu kötü bir şey değildi aslında çünkü soygun kişisel özgürlüğü temsil ediyordu ve Kedi İnsanların tarihinde en yüksek ideal, özgürlüktü.

(Not: Kedice "özgürlük" kelimesinin anlamı ile Çincedeki özgürlük aynı değildir. Kedi İnsanlar için özgürlük diğer insanları kandırmak ve ezmek, işbirliği yapmamak, düzeni bozmaktır... Erkeklerin birbirlerine dokunmama âdeti de buradan çıkmıştır. Özgür kişi başkalarının ona dokunmasına izin vermez, başkalarıyla karşılaştığında el sıkışmaz ve öpüşmez, sadece başını sallayarak selam verir.)

"Öyleyse neden hâlâ ağaç dikiyorsun?" diye sordum Kedice. Kedicede bu soru şöyle sorulur: boyun bükülür (bu "öyleyse" anlamına gelir), elle karşı taraf gösterilir (bu "sen" demektir), gözler iki defa çevrilir (bu "neden" demektir), "dikmek" fiil olarak eklenir ve en son ağaç denir. "Hâlâ" kelimesi yoktur.

Büyük Akrep bir süre ağzını hiç açmadı. Kedi İnsanların ağzı her zaman açıktır, burunlarından nefes alamazlar. Eğer arada sırada ağızlarını kapatırlarsa bu ya çok keyifli olduklarından ya da derin düşüncelere daldıklarındandır. Şöyle cevap verdi: "Şimdi çok az kişi ağaç dikiyor ve hepsi güçlü kuvvetli kişiler: politikacılar, askerler, toprak sahipleri ve şairler. Ağaç dikmekten başka çareleri yok çünkü dikmezlerse bütün güçlerini kaybederler. Siyaset yapmak isteyenlerin büyülü yapraklara ihtiyacı var, aksi takdirde imparatorla görüşemezler. Komutan olmak isteyenler büyülü ağaçlara muhtaçtır çünkü askerlere maaş olarak bunları veriyorlar. Şiir yazmak için zaten kesinlikle büyülü yapraklar gerekir çünkü hayal kurmayı sağlar. Özetle büyülü yapraklar her işe yarar, ona sahip olan dünyaya hükmeder."

Hükmetmek üst düzey Kedi İnsanlar arasında kullanılan en yüce kelimedir.

Büyülü ağaçları korumak Büyük Akrep ve diğer toprak sahiplerinin en önemli işiydi. Hepsinin askerleri vardı ama bu işi yapamıyorlardı. Kedi Askerler özgürlüklerine çok önem verirler, büyülü yaprakları yer ama emirlere uymazlar. Kendi askerleri sık sık toprak sahiplerini soyardı. Büyük Akrep bunları söylerken yüz ifadesinden bunun gayet olağan bir şey olduğunu anlıyordum. Peki büyülü ağaçları kim koruyordu? Elbette yabancılar. Her toprak sahibi mutlaka birkaç yabancı beslerdi ve koruma işini onlar yaparlardı. Kedi İnsanlar yabancılara korkuyla karışık bir saygı duyardı, bu onların doğasının bir parçasıydı. Özgürlüğe düşkünlükleri nedeniyle beş asker üç günden fazla aynı yerde kalırsa mutlaka aralarından biri öldürülürdü. Yabancı bir orduyla savaşmaları imkânsızdı. Büyük Akrep sözlerine gururla devam etti: "Birbirimizi öldürme yeteneğimiz her geçen gün daha da artıyor, öldürme yöntemlerimizdeki gelişme şiirdeki ilerlememiz kadar iyi."

Ben de, "Öldürmek bir tür sanat haline gelmiş," dedim. Kedicede "sanat" kelimesi yoktur. Bu kelimeyi ona izah etmek için uzun süre uğraştım ama anlayamadı, yine de kelimeyi ezberledi.

Eski çağlarda onlar da yabancı ülkelerle savaşmış ve zaferler kazanmışlardı ama son beş yüz yılda kendi aralarındaki çatışmalar yüzünden dışardan gelen düşmanlarla savaşma fikrini tamamen unutmuş, birbirleriyle mücadele etmeye odaklanmışlardı. Bu nedenle yabancılardan korkarlardı. Yabancılar olmasa imparatorları büyülü yaprak bile bulamazdı.

Üç yıl önce bir uzay gemisi gelmişti. Nereden geldiğini bilmiyorlardı ama o uzay gemisini bir tür tüyü olmayan büyük kuş olarak hatırlıyorlardı.

Benim uzay gemim geldiğinde Kedi İnsanlar benim yabancı olduğumu biliyorlardı. Benim Mars'ta yaşadığımı sanmışlardı. Mars dışında başka gezegenler olduğunu bilmiyorlardı.

Yabancı korumaları bilmediğim bir nedenle ülkelerine dönmüştü ve bu yüzden yeni yabancılar bulmak zorundaydılar.

Aralarında anlaşmışlardı: Bana yapılan iş teklifini kabul ettikten sonra sırayla beni besleyeceklerdi çünkü son zamanlarda yabancı bulup çalıştırmak çok zorlaşmıştı. Bana iş "teklif etmek" onların asıl amacıydı ama benim kediye benzer bir yüzüm yoktu ve onlar da daha önce benim gibi bir yabancı görmemişlerdi. İlk başta beni görünce çok korkmuşlardı. Sonra benim çok uysal olduğumu fark edince teklif etmek yerine yakalamaya karar vermişlerdi. Beni yakalamaya karar verenler Kedi Ülkesinin önemli kişileriydi. Çok akıllıydılar ve gerektiğinde risk alırlardı. O anda ilk başta onlara karşı güç kullansaydım korkudan kaçacaklarını anlamıştım ama güç kullanmamıştım. Gerçi başta onları kaçırsam bile peşimi bırakmazlardı ve ben de yiyecek bulamazdım. Ayrıca bu şekilde sonradan yakalanmış olsaydım benden korkacak ama saygı duymayacaklardı. Tahmin ettiğim gibi, hep beraber sırayla beni beslemek yerine tek başlarına sahip olmak istediler. Büyük Akrep ve diğer toprak sahipleri şöyle bir kolaylığı fark etmişlerdi: yakaladıktan sonra benimle pazarlık etmelerine gerek yoktu, sadece biraz yemek vermeleri yeterliydi ve bu nedenle başlangıçta aralarında yaptıkları anlaşmaya sadık kalmadılar. Anlaşmaları bozmak "özgürlüğün" bir parçasıdır, Büyük Akrep başarısıyla çok gurur duyuyordu.

Beni bağlayıp küçük bir sandala koymuş, onlarsa bir patikadan çatısı gökyüzü olan küçük binaya gidip beni beklemişlerdi. Sudan korktukları için sandala binmemişlerdi. Eğer yolda sandal alabora olsaydı bu benim şanssızlığım olurdu, onlarla hiçbir ilgisi olmazdı. Küçük bina kumsala yakındı, nehir bu kumsalın olduğu yerde bitiyordu, sandal da buradaydı.

Beni küçük binaya koyduktan sonra evlerine büyülü yaprak yemeye gitmişlerdi. Yanlarında değerli şeyler taşımazlardı. Dışarıda yanlarında büyülü yaprak taşımaları çok tehlikeliydi. Bu yüzden dışarı da pek çıkmazlardı. Bu sefer risk almışlardı ve bu büyük bir fedakârlıktı.

Büyük Akrep'in ormanı küçük binaya en yakın olandı ama yine de çok uzun bir süre sonra gelip beni görmek aklına gelmişti. Büyülü yaprak yedikten sonra bir süre uyurlardı. Diğerlerinin ondan daha hızlı gidemeyeceğini biliyor olmalıydı, o geldiğinde diğerleri de gelmişti ki bu onun tahmin etmediği bir şeydi. "İyi ki şu sanat var" dedi ve tabancamı gösterdi sanki tabancaya minnettardı. Artık tanımlayamadığı şeylere "sanat" demeye başlamıştı.

Her şeyi anlamıştım, ona şöyle sordum: "Ayak prangası hangi maddeden yapılmıştı?"

Başını salladı ve yabancı ülkeden geldiğini söyledi. "Yabancı ülkelerden çok şey geliyor," dedi ve devam etti: "Çok kullanışlı şeyler ama biz kopyalamayı sevmiyoruz. Çünkü biz bütün ülkeler arasındaki en eski ülkeyiz!" Ağzını kapattı ve bir süre sonra şöyle dedi: "Yürürken el ve ayak prangaları takmak çok kullanışlı!" bunu ciddi mi söylemişti yoksa benimle dalga mı geçiyordu anlayamamıştım.

Ona nerede yaşadığını sordum çünkü ormanda benim kaldığım küçük mağara vardı sadece, mutlaka başka bir yerde uyuyor olmalıydı. Cevap vermek yerine benden bir "sanat" istedi, onu alıp imparatora verecekti. Ona bir kibrit çöpü verdim ve nerede uyuduğunu tekrar sormadım. Özgürlüğe önem verilen bu toplumda herkesin mutlaka bazı sırları olmalıydı.

"Bir ailen var mı?"

Başını salladı. "Büyülü yaprakları toplayıp birlikte evime gideriz". Benden faydalanmak istiyor diye düşündüm ve şöyle sordum: "Evin nerede?"

"Başkentte. Yüce imparatorun yaşadığı yerde. Orada çok yabancı var sen de orada arkadaşlarını görebilirsin."

"Ben dünyadan geldim ve Mars'ta hiç kimseyi tanımıyorum."

"Ne de olsa yabancısın ve yabancılar birbirlerinin arkadaşıdır."

Ona izah etmeme gerek yoktu. Sadece bir an önce büyülü yaprakları toplayıp Kedi Şehri'ne gidip gezmek istiyordum.

7. Bölüm

Büyük Akrep'le ilişkim bana göre asla samimi arkadaşlık mertebesine gelemezdi. İyi niyetliydi ve gerçekten arkadaş olmak istiyordu ama o ya da herhangi bir başka Kedi İnsan iyi niyetli de olsalar, sadece kendi çıkarlarını düşünürler ve arkadaşlık etmelerinin temel nedeni de kendilerine fayda sağlamaktır. Üç dört ay boyunca bir gün bile ölen arkadaşımı unutmadım ve onu görmek istedim ama Büyük Akrep beni engellemek için elinden geleni yaptı. Bu da onun bencilliğini göstermenin yanı sıra, Kedi İnsanlar için "arkadaş" diye bir kavram olmadığının kanıtıydı. Bencildi çünkü Mars'a geldiğimden beri büyülü yapraklarını korumak dışında bir anlamım yoktu onun için. "Arkadaş" diye bir kavramı da bilmiyordu çünkü bana sürekli, "zaten öldü onu görüp ne yapacaksın?" diyordu. Bana uzay aracının düştüğü yeri ve yönü söylemiyordu, gözü sürekli üstümdeydi. Aslında arasam (nehri takip etsem yeterdi herhalde) orayı mutlaka bulabilirdim ama büyülü ağaç ormanının birkaç yüz metre bile dışına çıksam sanki gökten inmiş gibi hızla gelip beni durduruyordu. Beni durduruyor ama zorla geri de götürmüyordu. Mağdur olduğu hikâyeler anlatıp üzülmeme neden oluyordu, tıpkı dul bir kadın gibi hiç durmadan sorunlarını anlatırken ağlamaya başlıyor, böylece ben de kendi derdimi unutuyordum. Şüphesiz arkamdan dudaklarını büzerek kıs kıs benim salaklığıma gülüyordu ama buna rağmen ona kızamıyordum. Aslında neredeyse onu takdir edecek hale gelmiştim.

Söylediklerine inanmıyordum. Gidip her şeyi kendi gözlerimle görmek istiyordum ama bunu yapacağımı bildiği için önlem almıştı. Büyülü ormanın dışındakilerin bana yaklaşmasına asla izin vermiyordu. Onları sadece uzaktan görmüştüm: onlara doğru koşunca hemen ortadan kayboluyorlardı, bu da Büyük Akrep'in talimatı olmalıydı.

Bir daha büyülü yaprak yememeye karar verdim. Büyük Akrep beni ikna etmek için her yöntemi kullandı: yemezsen olmaz, yemezsen susarsın, su bulmak zor. Bir de su bulursan banyo yapmalısın ki bu da çok zahmetli. Yemelisin çünkü diğer yiyecekler çok pahalı. Pahalı olması bir yana lezzetli de değiller. Yemezsen olmaz çünkü hava zehirli ve eğer büyülü yaprak yemezsen ölürsün... Yine de ben bir daha yememeye kararlıydım. Yine ağlamaya başladı. Bunun onun son taktiği olduğunu biliyordum. Taviz veremezdim çünkü büyülü yaprak yedirerek beni de Kedi İnsanlar gibi yapmak Büyük Akrep'in planıydı. Onun beni kontrol etmesine izin veremezdim, zaten ona karşı çok yumuşaktım. İnsan gibi yaşamaya dönmek istiyordum, yemek, içmek, yıkanmak. Yarı ölü bir insan olmak istemiyordum. Eğer büyülü yaprakları yemeden hayatımı sürdürebilirsem, mantıklı bir şekilde yaşayabilirsem on, on beş gün bile hayatta kalacak olsam buna değerdi. Ama yarı ölü bir halde hayatıma devam edeceksem on sekiz bin yıl daha hayatta kalacak olsam da bunu istemezdim. Bunu Büyük Akrep'e anlatsam da anlayamazdı, taş kafalı olduğumu düşünürdü. O ne düşünürse düşünsün ben kararımı vermiştim.

Üç gün pazarlık ettik ama bir sonuca varamadık. Tabancama davranmak zorunda kaldım ama adaleti unutmamıştım. Tabancamı yere koyup Büyük Akrep'e şöyle dedim:

"Beni öldürebilirsin, ben de seni öldürebilirim, eğer beni büyülü yaprak yemeye zorlayacaksan ikisi de aynı şey benim için!" Büyük Akrep hemen birkaç metre uzağa kaçtı. Beni öldüremezdi, tabanca da onun elinde bir yabancının elindeki bir ot sapı gibiydi, işe yaramazdı. Onun istediği bendim, tabanca değil.

Sonunda bir anlaşmaya vardık: her gün sabah bir büyülü yaprak yiyecektim, "bir tane, havanın zehrini alabilir," dedi Büyük Akrep, sonra tabancamı almamı istedi ve karşıma oturdu. Kısa parmaklarından biriyle işaret ederek söylemişti bunları. Bana akşam yemeği verecekti. İçecek su ise büyük bir sorundu. Şöyle bir öneride bulundum: her gün nehre gidip yıkanayım ve gelirken yanımda su getireyim. Kabul etmedi. "Neden her gün banyo yapmak için o kadar uzağa gideceksin? Bu akıllıca değil, hem de buraya su getireceksin? Neden rahat rahat büyülü yaprak yemek varken bunu yapmak istiyorsun? Mutluluğun tadını çıkarmayı bilmiyorsun," bunu söyleyeceğini de tahmin etmiştim. Onun gerçek niyeti benimle birlikte gidip gelmekti. Aslında benimle gidip gelmesine gerek yoktu, sadece kaçmamdan korkuyordu ki tek ilgilendiği şey de buydu. Gerçekten kaçmayı planlasam, yanımda olsa bile bir şey yapabilir miydi zaten? Ona da sordum bunu, on dakikadan uzun bir süre ağzı kapalı öylece durdu. Korkudan öldüğünü sandım.

"Bana eşlik etmene gerek yok, yemin ederim kaçmayacağım!" dedim.

Başını ağır ağır salladı: "Yemin etmek çocukların eğlence için yaptıkları bir şeydir!"

Sinirlendim çünkü bana hakaret etmişti. Kafasının üzerindeki ince tüylere yapıştım, ilk defa ona karşı güç kullanıyordum. Bunu beklemiyordu yoksa çoktan koşup kaçmış olurdu. Gerçekten beklemiyordu çünkü gerçeği söylemişti. Birkaç ince tüy kaybetmişti ve belki de kafa derisinden küçük bir parça. Sonra bana bir şey anlattı: Kedi İnsanların tarihinde yemin çok yaygındı ama son beş yüz yılda yeminini tutan çok az kişi olmuştu. O nedenle sadece eğlencesine yemin edilir, bunun dışında hiç kimse yemin etmezdi. Güvenilir olmak kötü bir şey değildir ama çıkarlar açısından bakıldığında bunun getirdiği bir kolaylık yoktur. Bu belli ki bir tür ilerleme sağlayan reform olmuştur. Büyük Akrep bunu söylerken başını ovuşturuyordu ama hiç sinirli gibi görünmüyordu. Yemin onun için saygı duyulacak bir şey değildi, çocukların yemin etmeyi bir tür oyun olarak gördüklerini anlattı ve gerçek de buydu.

"Güvenilirlik beni ilgilendirmiyor, benim yeminim yemindir!" sonra sert bir şekilde şöyle söyledim: "Ben kaçmam, eğer ayrılmak istersem zaten sana söylerim."

"Sana eşlik etmeme izin vermeyecek misin?" dedi Büyük Akrep tereddütle.

"Nasıl istersen!" Sorun çözülmüştü.

Akşam yemeği kötü değildi. Kedi İnsanlar iyi yemek yapıyorlardı. Sadece etrafta çok fazla yeşil sinek vardı, dışarı çıkıp birkaç ot kopardım ve onlardan kapaklar yaptım sonra da yemekleri getiren Kedi İnsana verdim ki yemeklerin üzerini kapatabilsin. Kedi İnsan bunu pek ciddiye almadı ve komik olduğunu düşündü. Büyük Akrep'in verdiği emir nedeniyle benimle konuşmaya cesaret edemiyordu, sadece hafifçe başını salladı. Temiz olmamanın Kedi İnsanların tarihinde bir gurur vesilesi olduğunu biliyordum. Onlara temizliği anlatmak mümkün değildi. Ne yazık ki güç kullanmak gerekiyordu. Yemeklerin üzerinin kapatılmadığını görünce hemen Büyük Akrep'e şikâyet ediyordum. Bu büyük bir hataydı: şikâyetlerimden birinin ertesi günü getirdikleri yemeğin üstü, kapak yerine bir kat yeşil sinekle örtülüydü. Büyük Akrep'e onları şikâyet ettiğim için iki hizmetçi de bana sinirlenmişti. Elini kaldırıp vurmak üst sınıftan Kedi İnsanların ayrıcalığıdır. Alt sınıf Kedi İnsanlar da bunu doğal karşılar. Ne yapmalıydım? Hiç kimseye vurmak istemiyordum. İnsan benim için en asil kavramdır. Fakat ona vurmazsam sadece bana yemek getirmemekle kalmayacaklardı, Mars'ta artık güvende olmayacaktım. Başka çarem olmadığı için hizmetçiden küçük bir parça kopardım (çok ufak bir parça, bütün yüreğimle yemin ederim ki çok ufak bir parça) ama kafa derisi gitmişti. Artık tamamdı, yemeklerin üzerinde ottan yapılmış bir kapak olacaktı her zaman. Az kalsın ağlayacaktım. Ne çeşit bir tarihi süreç insanın gururunu unutturabilirdi?

Sabah nehre gidip banyo yapmak Mars'a geldiğimden beri keyifle yaptığım tek şeydi. Güneş doğmadan büyülü ormandan sahile yürüyordum, arada beş yüz metre kadar mesafe vardı. Bu mesafe beni terletiyor ve eklemlerimi rahatlatıyordu. Su ancak bileklerime geliyordu. Bir yandan suyun içinde yürüyor, bir yandan da güneşin doğuşunu bekliyordum. Güneş doğmadan önceki manzara çok sakin ve güzeldi: gri havada hiç sis olmaz, bazı yıldızlar görülebilir, etrafta suyun kumun üzerinden akarken çıkardığı hafif ses dışında hiç ses olmazdı. Güneş doğduktan sonra nehrin ortasına doğru giderdim. Oraları daha derindi, iki yüz elli metre sonra su göğsüme kadar gelirdi, orada keyifle yüzerdim bir süre. Acıkana kadar yaklaşık yarım saat yüzerdim. Acıkınca nehrin kenarına çıkar ve kurumayı beklerdim. Yırtık pantolonumu tabancamı ve kibrit kutusunu büyük bir taşın üzerine koyardım. Bu gri dünyada çırılçıplaktım. Sanki hiçbir endişem ve kaygım yoktu, bu dünyadaki en özgür insan bendim. Güneş yavaş yavaş havayı ısıtırdı. Nehrin üzerini sis kaplar boğucu hissettirirdi. Evet, Büyük Akrep bu konuda yalan söylememişti, gerçekten de burada hava zehirliydi. Geri dönüp büyülü yaprak yeme zamanı gelmişti.

Bu keyif uzun süre devam etmedi ki bu da Büyük Akrep yüzünden olmuştu. Sanıyorum nehre yıkanmaya gittiğim yedinci günde sahile ulaşır ulaşmaz uzakta birkaç gölge fark ettim. Onları ciddiye almamıştım. Güneşin doğmasını bekliyordum. Doğudan yavaş yavaş gri kızıl renkler görünmeye başlamıştı. Az sonra dağılan kalın bulutlar koyu mor renkte çiçekler gibi olmuştu. Hava birden aydınlandı ve yıldızlar kayboldu. Bulutlar hızla birbirlerine yaklaştı, bulutların mor rengi portakal rengine dönüyordu. Üzerlerinde ince, gri-yeşil bir tabaka vardı. Ayrıca kenarları parlak gümüş grisiydi. Yatay bulutlar birbirlerinden uzaklaşmaya başlamıştı. Portakal rengi bulutların üzerinde büyük kara izler belirmeye başladı. Altın rengi bir ışık kara izlerin arkasından bulutları deldi. Daha sonra bulutların içinden tam yuvarlak olmayan, kan kırmızı renkli bir şey belirdi, birkaç defa sallanıp durdu. Bulutlar küçük parçalara ayrıldı. Altın sarısı renkliler bir aradaydı. Nehir altın sarısı bir ışıkla aydınlandı. Renkli bulutlar daha da küçük parçalara ayrılıp yavaş yavaş yok oldu, geriye sadece birkaç çizgiyi andıran şeftali kırmızısı renginde, ince duvağa benzeyen bulutlar kaldı. Güneş daha da yükselince gökyüzü griye döndü ve bazı yerlerde çok az mavilikler belirdi.

Aptal aptal bunları izlerken tesadüfen başımı çevirdim ve ne göreyim! Nehir kenarından otuz metre kadar uzakta çok sayıda Kedi İnsan vardı! Kafam karışmıştı. Belki bir işleri vardır dedim. Onlarla ilgilenmeden yıkanmaya devam ettim. Suyun derin olduğu yere doğru yürüdüm, onlar da oraya doğru yürümeye başladılar. Tamamen kendimi nehrin sularına bıraktığım anda acı bir çığlık duydum. Birkaç defa dalıp çıktım, nehrin daha sığ bir yerinde ayağa kalkıp bakınca yine bir çığlık duydum, Kedi İnsanların hepsi birkaç adım geri çekildi.

Yıkanmamı seyretmeleri eğer daha önce görmedilerse bile onlara pek bir şey ifade etmez diye düşünmüştüm. Kedi İnsanlar benim vücudumu görmeye gelmiş olamazlardı, çıplak vücut onlar için az görülen bir şey değildi. Zaten elbise giymiyorlardı. Kesinlikle benim nasıl yüzdüğümü görmek için gelmiş olmalıydılar. Yüzmeye devam edip onların vizyonlarının genişlemesini mi sağlamalıydım? Ya da durmalı mıydım? Karar vermek çok zordu. O sırada Büyük Akrep'i gördüm, nehrin kenarına en yakın duran oydu, diğerleriyle arasında birkaç metre mesafe vardı. Benden korkmadığını göstermeye çalışıyor diye düşündüm kendi kendime. Öne doğru birkaç adım attı sonra bana el salladı. Nehre atlamamı istiyordu. Üç dört aylık tecrübeme dayanarak şunu anlamıştım: Eğer onun el işaretiyle nehre atlarsam itibarı artacaktı. Ama bunu kabul edemezdim. Hayatta en nefret ettiğim şey yabancıların gücüne dayanarak kendi ülkesinin insanlarını ezenlerdir. Sahile doğru yürüdüm. Büyük Akrep de ilerledi, nehrin kenarında yaklaşık on, on beş metre mesafeye gelince taşın üzerinden silahımı alıp ona doğrulttum.

8. Bölüm

Büyük Akrep'i tuttum. Bana gülüyordu, bu kadar şiddetli güldüğünü daha önce hiç görmemiştim. Ona ne kadar kızarsam o da o kadar şiddetli gülüyordu. Bu Kedi İnsanların dayak yememek için geliştirdikleri bir tür savunma mekanizmasıydı galiba. Ona neden insanları yıkanmamı seyretmeye çağırdığını sordum. Hiçbir şey söylemedi, sadece güldü. Bir planı olduğunu biliyordum ama onun bu çirkin halini izlemek istemiyordum. Ona sadece şunu dedim: "Eğer bunu bir daha yaparsan kafa derini kolla!"

Ertesi gün tekrar nehre gittim. Daha sahile varmadan bir grup karaltı gördüm, sayıları önceki günden daha fazlaydı. Hiçbir şey olmamış gibi yıkanmaya karar verdim, ne olacağını görmek istiyordum. Dönünce de Büyük Akrep ile hesaplaşacaktım. Güneş doğdu, suyun sığ yerinde durdum, bir taraftan da suyla oynar gibi yapıyor, onları izliyordum. Büyük Akrep de dünkü yerinde, yanında başka bir Kedi İnsanla birlikte duruyordu. Diğer Kedi İnsan iki eliyle çenesinin altına kadar büyülü yapraklardan bir yığın tutuyordu. Büyük Akrep önde, yaprakları tutan Kedi İnsan da arkasındaydı, Büyük Akrep elini uzatınca diğer Kedi İnsan da elini ona uzatıyor, kalabalık boyunca yürüyorlardı. Elindeki büyülü yapraklar yürüdükçe azalıyordu. Sonunda anlamıştım,

Büyük Akrep bu fırsattan istifade büyülü yaprak satıyordu, elbette çok pahalıya.

Aslında mizahı severim ama aniden öfkelenmek insanın davranışlarını olumsuz etkiler ve sabrını kaybetmesine neden olur. Kedi İnsanlar bir yabancı olduğum için benden korkuyordu. Büyük Akrep'in kötü niyetli olduğuna da emindim. Fakat Büyük Akrep'i cezalandırmak için masum Kedi İnsanlara zarar vermek niyetinde de değildim. Ama o anda öfkem merhametime üstün gelmişti. Büyük Akrep'e ciddiyetimi göstermeliydim yoksa sonsuza kadar sessizlik içinde sabah sporu yapma ihtimalim kalmayacaktı. Elbette Kedi İnsanlar da sabah yüzmeye gelirlerse buna söyleyecek bir sözüm olmazdı çünkü bu nehir sadece bana ait değildi. Ama biri yüzerken yüzlerce kişinin onu seyretmesine ve bu sırada onlara bir şeyler satılmasına katlanamazdım.

Başta Büyük Akrep'i yakalamak istemedim çünkü bana gerçeği söylemeyecekti. Seyredenlerden birini yakalayıp ona sormalıydım. Şüphelenmemeleri için arkam onlara dönük şekilde sahile doğru hareketlendim. Şöyle düşünüyordum: sahile varınca hızla koşup dikkatleri dağınıkken bir Kedi İnsanı yakalayabilirdim.

Sahile varınca yüzümü çevirdim ve acı bir çığlık duydum. Öyle ki domuz boğazlarken bile böyle bir ses çıkmaz. Hızla koşmaya başladım, önümde sanki deprem oluyordu, Kedi İnsanlar sağa sola kaçışıyordu. Bazıları da aynı yere sığınmaya çalışıyordu. Koşanlar, yere düşenler, şok olup kaçamayanlar, yere düşüp kalkmaya çalışanlar. Bunların hepsi aynı anda oluyordu. Gözümü açıp kapayıncaya kadar hepsi rüzgârın sürüklediği yapraklar gibi kayboldu. Şurada küçük bir grup, orada bir başka küçük grup, doğuda bir tane, batıda iki tane, hem koşuyor hem çığlık atıyorlardı, hepsi panik içindeydi. Durunca yere kapaklanmış birkaç tane gördüm ve içlerinden birini yakaladım. Yüzüne bakınca gözlerinin kapalı olduğunu ve nefes almadığını gördüm! Pişmanlığım korkumdan büyüktü. Kendi üstünlüğümü kullanıp bu şekilde insan öldürmemeliydim. Yine de paniğe kapılmadan bir başkasını yakaladım, bacağı kırılmıştı ama henüz ölmemişti. Bu olayı hatırlayınca kendimden utanıyorum. Bacağı kırılmış birini yakalayıp onu sorguladım. Zaten birisi korkudan ölmüştü ve yarı ölü halde bir başkasını yakalamıştım. Eğer bu tür kasti olmayan davranışlar mazur görülürse, insan doğasının iyi olduğunu söylemek mümkün değildir.

Yarı ölü haldeki bir Kedi İnsanın bir yabancıyla konuşmasını sağlamak dünyanın en zor işidir. Biliyordum ki onu konuşturmaya çalışmak aslında onu öldürmek anlamına geliyordu. Kısa bir süre sonra onun da korkudan öleceğini biliyordum. Zavallı Kedi İnsanlar! Onu serbest bıraktım. Yere düşmüş birkaç Kedi İnsana baktım, yaralanmışlardı, yerde sürünüyorlardı, hem de hızla. Onları takip etmedim. İkisi hiç kımıldamıyordu.

Tehlikeden çekinmem ama gerçekten bir felakete yol açmıştım. Kedi İnsanların kanunları ne tuhaftı! Kanunlarına göre bir kişiyi korkutarak öldürmek ve doğrudan öldürmek birbirinden farklıydı ama vicdanen bunlar aynı değil midir? Hiçbir fikrim yoktu bu konuda. Büyük Akrep'i bulup ona sormalıydım. Beni bu duruma sokan ve bir çare bulması gereken de oydu elbette. Ancak Büyük Akrep asla gerçeği söylemezdi. Yalvarsam da söylemezdi. Onun gelip beni bulmasını beklemeliydim. Bu fırsattan yararlanıp uzay gemisini ve ölmüş arkadaşımın cesedini aramaya gitsem, Büyük Akrep'in büyülü ormanı tehlikeye girer ve mutlaka beni bulmaya gelirdi. O zaman ben de onu sorgulayabilir, eğer gerçeği söylemezse geri de dönmezdim! Bu bir şantaj mıydı? Güvenilir olmayan ve yalan söylemekten utanmayan birine başka ne yapılabilirdi ki?

Tabancayı yanıma aldım ve sahil boyunca yürümeye başladım, moralim çok bozuktu. Hava çok sıcaktı, bir şeyin eksik olduğunu fark etmiştim: şu melun büyülü yapraklar!

Onlar olmadan güneş ışığına ve nehrin üzerindeki zehirli sise dayanamazdım.

Kedi Ülkesinden bilge çıkmaz. Ben de Kedi İnsanlara söverek kendi utancımdan kurtulmuş oluyordum. Ölen iki Kedi İnsanın elindeki yaprakları almak için geri dönmek istedim! Gerçi büyülü ağaç ormanına dönsem kim büyükçe bir dal koparmamı engelleyebilirdi ki? Ama oraya koşmaya üşeniyordum! Tahmin ettiğim gibi ellerinde büyülü yapraklar vardı, birisinin yarısı yenmişti. Hepsini aldım. Bir tane yaprak yedikten sonra sahil boyunca yürüdüm.

Uzun bir süre yürüdükten sonra koyu gri bir tepe gördüm. Uzay gemisinin düştüğü yerin uzağında olmadığımı biliyordum ama oranın sahilden ne kadar uzakta olduğunu ve nehrin hangi tarafında kaldığını bilmiyordum. Gerçekten çok sıcaktı, iki büyülü yaprak daha yedim ama serinleyemedim. Etrafta ağaç yoktu, dinlenmek için gölge bir yer bulamadım. Devam etmeye karar verdim, uzay gemisini mutlaka bulmalıydım.

Tam o sırada arkamdan biri seslendi. Bu Büyük Akrep'in sesiydi. Cevap vermedim ve yürümeye devam ettim. Koşmada benden daha yetenekliydi, bana yetişti. Onun kafasını yakalayıp gerçeği söyleyene kadar sallamak istedim ama halini görünce vazgeçtim. Ağzı şişmişti ve kafasında bir yara vardı. Vücudunda da bir sürü yara bere vardı. İnce tüyleri suyla ıslatılmış gibi tenine yapışmıştı, suya düşmüş bir fareyi andırıyordu. Onları korkutup ölmelerine neden olmuştum ve Büyük Akrep de onlardan dayak yemişti. Kedi İnsanlar yabancıları ezmekten çekinirler ama kendi aralarında çatışmaktan çekinmezler. Kim oldukları beni ilgilendirmez ama korkudan ölenler, yaralananlar ve dayak yiyen Büyük Akrep için içim acımıştı gerçekten. Büyük Akrep birkaç kez ağzını açtı ve sonunda şöyle dedi: Geri dönelim, büyülü ormanı yağmalıyorlar!

Güldüm, ona duyduğum merhamet söylediği bu söz yüzünden uçup gitmişti. Dayak yediklerinden intikam almak istese ve beni bunun için çağırsaydı bir Çinli psikolojisiyle mutlaka onunla birlikte hemen dönerdim. Büyülü ağaç ormanı yağmalanıyormuş, kim bu kapitalistin köpekliğini yapmak ister ki! Yağmalanırsa yağmalansın bundan bana ne!

"Çabuk geri dönelim, büyülü ormanı yağmalıyorlar!" bunu söylerken az kalsın Büyük Akrep'in gözleri yuvalarından fırlayacaktı. Büyülü ağaç ormanı sanki onun için her şeydi ve hayatının beş kuruş değeri yoktu.

"Önce bana sabah ne olduğunu anlat, anlatırsan seninle birlikte dönerim," dedim.

Büyük Akrep neredeyse sinirden ölecek durumdaydı. Boynunu birkaç defa uzattı ve derin bir nefes aldı: "Büyülü ağaç ormanını yağmalıyorlar!" yeterince cesareti olsaydı beni oracıkta boğardı!

Kararımı vermiştim. Gerçeği söyleyene kadar kımıldamayacaktım.

Sonunda ikimizin de istediği oldu: hemen geri dönecektik ve o da yolda bana her şeyi anlatacaktı.

Büyük Akrep nihayet gerçeği anlattı: Seyircileri şehirden davet edip getirmişti, hepsi üst sınıftandı. Üst sınıftan olanlar aslında bu kadar erken bir saatte uyanmazdı ama yıkanan birini seyretme fırsatı nadiren karşılarına çıkıyordu ve Büyük Akrep de en etli, en güzel büyülü yapraklardan getirecekti. Karşılığında da her birinden on *ülke ruhu* alacaktı –Kedi Ülkesinin para birimine böyle deniyordu– bu seyretme parasıydı. Ayrıca Büyük Akrep seyredenlere ücretsiz, iyi kalite, etli ve güzel büyülü yaprak verecekti.

"Seni piç," dedim içimden, "beni özel mülkünmüşüm gibi sergiledin!" Ama Büyük Akrep benim sinirden patlamamı beklemeden dolaylı bir şekilde açıkladı: "Bak *ülke ruhu* bu, başkalarının *ülke ruhunu* elimizde tutabilmek çok gurur verici bir şey! Seninle bu konuda anlaşmamıştık," çok hızlı yürüyor ama yürürken konuşmaya devam ediyordu, "ama benim bu gurur verici işi yapmama itiraz etmeyeceğini düşündüm. Sen eskisi gibi yıkanırsın ben de fırsattan istifade biraz *ülke ruhu* kazanırım, onlar da nadir bir şey izleme fırsatı bulur, herkese faydası olur, bu faydalı bir iş!"

"Korkudan ölenlerin sorumluluğunu kim üstlenecek peki?"

"Önemli değil! Eğer ben birisini dayaktan öldürürsem," Büyük Akrep nefes nefese kalmıştı ama konuşmaya devam etti, "sadece biraz büyülü yaprak kaybederim, kanun dediğin taş üzerine yazılmış birkaç yazıdan ibarettir. Büyülü yaprağın varsa birini öldürmek önemli değildir. Sen birini öldürsen kimse bununla ilgilenmez, Kedi Ülkesi kanunları yabancılar için geçerli değildir, o nedenle tek bir büyülü yaprak harcamaya bile gerek yok. Keşke ben de yabancı olsaydım. Taşrada birini öldürsen onu öylece olduğu yerde bırakabilirsin böylece beyaz kuyruklu kuşlar için biraz yiyecek bırakmış olursun. Eğer şehirde birini öldürürsen mahkemeye bildirmen yeterlidir. Yargıç bile sana samimiyetle teşekkür eder."

Büyük Akrep bana imreniyordu sanki, gözleri dolmuştu. İyi ama adalet bunun neresindeydi?

"Ölen iki kişi de üst sınıftandı yani. Peki, aileleri senin peşini bırakır mı?"

"Elbette bırakmaz zaten büyülü yaprakları yağmalayanlar onlar. Haydi, çabuk gidelim! Uzun zamandır seni izlemeleri için birilerini gönderiyorlardı, senin büyülü ağaç ormanından uzaklaşmanı bekliyorlardı. Şimdi yağmalamaya geldiler. Ailelerinden biri öldü ve benim büyülü yapraklarımı çalarak intikam alıyorlar. Haydi, çabuk gidelim!"

"İnsan hayatı ve büyülü yapraklar aynı değerde öyle mi?"

"Ölmüşse ölmüştür, hayatta kalanlar da büyülü yaprak yemeli. Haydi gidelim!"

Belki Kedi İnsanlardan kötü yönde etkilenmiştim, belki de onun bu söyledikleri beni duygulandırmıştı; ondan biraz *ülke ruhu* istemeyi düşündüm. Eğer bir gün Büyük Akrep'in yanından ayrılırsam –samimi arkadaş değildik sonuçta– karnımı nasıl doyuracaktım? İnsanları davet edip benim yıkanmamı seyretmelerinden para kazanıyordu. O yüzden kârın bir kısmı da benim olmalıydı. Şayet bu durumda olmasaydım elbette bunu düşünmezdim ama benim de hazırlıklı olmam gerekirdi. Ölürsem ölürüm ama hayatta kalırsam büyülü yaprak yemek zorundaydım! Haklıydı!

Büyülü ağaç ormanından çok uzak olmayan bir yerde durdum. "Büyük Akrep, bu iki günde ne kadar kazandın?"

Büyük Akrep şaşırmıştı, yusyuvarlak gözbebekleri oldukları yerde dönmüştü: "Elli *ülke ruhu* ama ikisi sahte çıktı. Haydi, çabuk gidelim!"

Arkamı dönüp yürümeye başladım. Hızla bana yetişip bağırdı: "Yüz, yüz!" yürümeye devam ettim. Bine kadar çıktı. İki günde izlemeye gelenlerin sayısının birkaç yüz kişiden aşağı olmadığını biliyordum. Sadece bin kazanmış olamazdı ama böyle bir oyun oynamak için zamanım yoktu. "Tamam, Büyük akrep, bana beş yüz ver. Yoksa burada vedalaşalım!"

Büyük Akrep benimle bir dakika daha pazarlık yaparsa çok fazla büyülü yaprak kaybedeceğini gayet iyi biliyordu. Gözyaşları içinde "Tamam!" diyerek kabul etti.

"Bundan sonra bana haber vermeden benim üzerimden para kazanmaya çalışırsan büyülü ağaç ormanını yakarım." Kibrit kutusunu çıkarıp kafasına vurdum.

Bunu da kabul etti.

Büyülü ağaç ormanına geldiğimizde ortada hiç kimse yoktu. Birileri geldiğimizi haber vermiş olmalıydı. Hepsi kaçmıştı. Ormanın dış tarafındaki yirmiden fazla ağaçta hiç yaprak kalmamıştı. Büyük Akrep bir çığlık attı ve ağacın altına düştü.

9. Bölüm

Büyülü ağaç ormanı gerçekten çok güzeldi: yapraklar avuç içinden biraz daha büyük ve biraz daha kalındı. Koyu yeşil renkteydiler, kenarlarında altın kırmızısı çizgiler de olurdu. En etli ve en güzel yapraklar çiçek gibi görünürdü. Gümüş grisi havadan geçen güneş ışınları, yaprakların rengini daha huzur verici, daha güzel gösterirdi. Parlak ışık olmayınca insan bakmaya doyamazdı. Baktıkça insanın içi açılırdı. Sanki eski bir resme bakar gibi: resimdeki renkler çok taze görünür, ama kâğıdın aydınlığı zamanla solup gider.

Büyülü ağaç ormanının dışında bütün gün çok sayıda seyirci olurdu. Hayır, hayır aslında seyretmeye gelmezlerdi çünkü hepsinin gözleri kapalı olurdu: Burunlarını uzatır, yoğun ve güzel yaprak kokusunu içlerine çekerlerdi. Ağızları da açıktı ve farkına bile varmadan ağızlarından akan salyanın da en kısası yirmi santim olurdu. Hafif bir rüzgâr eserse kimse dönüp arkasına bakmaz sadece boyunlarıyla hafif esen rüzgârı takip eder ve tıpkı yağmurdan sonra salyangozların yaptığı gibi yavaş boyun hareketleriyle güzel kokuyu içlerine çekmeye çalışırlardı. Bazen olgunlaşmış bir yaprak yere düşünce gözleri kapalı olsa da sanki burunlarıyla sesi duyuyormuş gibi –evet yere düşen yaprağın sesini bile algılıyorlardı– hemen gözleri açılır, dudakları kımıldamaya başlardı. Fakat onlar gelip yaprağı alamadan Büyük

Akrep koşup yaprağı kapardı hemen. Bunu yapınca da etraftan derin bir iç geçirme sesi duyulurdu!

Büyük Akrep beş yüz askeri büyülü ağaç ormanını korumak için getirmişti ama askerler ormanın bir kilometre dışında kamp kurmuşlardı çünkü büyülü ağaç ormanına yakın olsalar onlar da ormanı yağmalayabilirdi. Onları getirmekten başka çaresi yoktu aslında. Kedi Ülkesinin geleneklerine göre büyülü yaprak toplamak çok önemli bir işti, mutlaka askerlerin koruması gerekirdi. Aslında askerlerin hiç kimseyi ve hiçbir şeyi koruma sorumluluğunu almadıklarını herkes bilirdi ama onları getirmemek onlara hakaret sayılırdı. Büyük Akrep işini bilirdi. Kimsenin de onu eleştirmesini istemezdi. Askerleri de bu yüzden getirmişti ama kargaşa çıkarmamaları için onları bir kilometre uzaklıkta bir yere yerleştirmişti. Rüzgâr şiddetlenip de askerlerin kampına doğru eserse, Büyük Akrep onların gelip ormanı talan etmemeleri için biraz daha uzaklaşmalarını isterdi. Askerlerin onun emirlerine uymasının nedeni benim orada olmamdı. Ben olmasam askerler çoktan ortalığı karıştırmış olurlardı. "Bir yabancının öksürüğü Kedi Ülkesinin beş yüz askerini kaçırır" diye bir atasözleri bile vardı.

Bu beş yüz asker dışında aslında Büyük Akrep gerçekten büyülü ağaç ormanını korumaları için yirmi korucu aile görevlendirmişti. Bu ailelerin başlarındaki yirmi kişi güvenilir ve sadıktı ama bazen mutlu olduklarında Büyük Akrep'i bağlar ve büyülü ormanı yağmalarlardı. Ben orada olduğum için mutlu olmaya cesaret edemiyorlardı. O yüzden sadık ve güvenilir olmaya devam etmekten başka çareleri yoktu.

Büyük Akrep çok meşguldü: Korucu ailelerin tek bir büyülü yaprak bile çalmamasını sağlamaya çalışıyor, askerlere geri çekilme emri verebilmek için rüzgârın yönünü kolluyor, tek bir yaprak bile kaybetmemek için ormanın dışındaki seyircileri de kontrol ediyordu. Tek seferde otuz büyülü yaprak yiyordu. Söylenenlere göre bir kişi bir seferde kırktan fazla büyülü yaprak yerse üç gün uyuyamaz, dördüncü gün de ölürdü. Büyülü yaprak işte böyle bir şeydi, az yenirse kişi kendini dinç hisseder ama tembelleşirdi. Çok yerse de kişi çok iş yapabilir ama çok geçmeden ölürdü. Büyük Akrep çaresizdi, büyülü yapraktan çok yerse öleceğini biliyordu ama ölmekten korktuğu için az da yiyemezdi. Oysa ölümden çok korkuyordu, zavallı Büyük Akrep!

Akşam yemeğim azalmıştı. Akşam az yemek yersem gece daha uyanık olabilirdim. Büyük Akrep bana diğer Kedi İnsanlara nasıl davranıyorsa öyle davranmaya başlamıştı. Bütün büyülü ağaç ormanının korumasını bana emanet etmişti, dolayısıyla gece de uyanık olmalıydım. İşte bu nedenle akşam yemeklerimi azaltmıştı. En başarılı olanlara en az ödül verilirdi. Kedi İnsanların mantığı böyleydi. Yemeği ve bütün eşyaları yere fırlattım. Ertesi gün yemeklerimi eskisi gibi getirmeye başladılar. Beni çok huzursuz etse de Kedi İnsanlarla nasıl başa çıkacağımı öğrenmiştim.

Gün boyunca hafif bir rüzgâr vardı. Böylesine ilk defa denk gelmiştim. Buraya ilk geldiğim zamanlarda hiç rüzgâr yoktu. Büyülü yapraklar kızardığı zaman hafif bir rüzgâr olurdu ama ilk defa bütün gün rüzgâr esmişti. Çeşitli renklere bürünmüş büyülü yapraklar sallanırken çok güzel görünürdü. Büyük Akrep ve korumaları büyülü ağaç ormanının ortasında bir gecede tahtadan büyük bir sunak kurdular. Yüksekliği en az on beş metreydi. Bunu benim için yapmışlardı. Bu hafif rüzgâr Kedi Ülkesinde çok meşhurdu, rüzgâr esmeye başlayınca havanın değişeceği anlaşılırdı. Kedi Ülkesinde iki mevsim vardı. Yılın ilk yarısı çok sakin bir mevsimdi ve hiç rüzgâr olmazdı. Yılın ikinci yarısındaki mevsimdeyse rüzgâr ve yağmur olurdu.

Sabah bir gürültüyle uyandım. Gürültü benim kaldığım küçük binanın dışından geliyordu. Binadan çıkınca Büyük Akrep'i ve arkasında sıraya girmiş yirmi korucu ailesinin reisini gördüm. Kulağının arkasına bir kuştüyü takmış olan Büyük Akrep elinde uzunca bir sopa tutuyordu. Yirmi korucu ailesinin reislerinin ellerinde de bir şeyler vardı. Sanki çalgılara benziyorlardı. Beni görünce sopayı yere indirdi, aile reisleri de çalgılarını kaldırdı. Sopayı havada salladıktan sonra çalgıları çalmaya başladılar. Bazıları üflüyor bazıları vuruyordu, yirmi çalgıdan da farklı sesler çıkıyordu ama aralarında hiçbir uyum yoktu. Tiz ve bas sesler can sıkıcı şekilde kötü ve uzundu. Aile reislerinin gözleri yuvalarından fırlayacak gibi oluyor ve nefes almaya çalışıyorlardı. Nefes almaya çalışırken vücutları öne arkaya birkaç defa eğiliyordu, müzik devam ederken kimileri nefes almayı bırakmıştı. Az kalsın boğulup öleceklerdi. İkisi nefesleri tükendiği için yere yığıldı ama üflemeye devam etti. Kedi Ülkesinin müziklerinde sesler hem uzun hem de yüksek olmalıdır. Vurmalı çalgı ahşaptandı ve "bangzi"ya* benzeyen ahşaptan yapılmış bir çeşit çalgıydı. Hiç durmadan vurulurdu. Üflemeli çalgıların sesleri tiz olurdu ve hızlı tempoda çalınırdı. Bu üflemeli ve vurmalı çalgıları çalarken ölmek çok keyifli ve gurur verici bir şey sayılırdı. Üç kez bu döngü devam edip bitince Büyük Akrep sopayı salladı ve müzik durdu. Yirmi reis hep birlikte diz çöktü, nefes nefese kalmışlardı.

Büyük Akrep kulağındaki tüyü çıkardı ve saygıyla yanıma gelip şöyle dedi: "Zaman geldi, lütfen sunağa çıkıp Büyük Ruh adına büyülü yaprakların hasadını gözet." Az önceki müzik beni neredeyse hipnotize etmişti, daha doğrusu sarsılmıştım, içimden gülmek geldi ama bilinçsizce Büyük Akrep'i takip ettim. Tüyü benim kulağımın arkasına yerleştirdi, onu takip ettim, yirmi müzisyen de peşimden geldi. Büyülü ağaç ormanının merkezindeki yüksek sunağa geldik. Büyük Akrep sunağa çıkıp göğe doğru bir süre dua etti. Bu sırada aşağıda müzik çalınıyordu. Sonra aşağı inip yukarı çıkmamı rica etti. Bir yetişkin olduğumu unutmuş, bir oyuncak tarafından büyülenmiş şımarık bir çocuğa dönmüştüm. Maymun gibi hızla yukarı tırmandım. Büyük Akrep benim en yüksek noktaya çıktığımı görünce sopasını salladı. Yirmi müzisyen hemen dört bir yana dağıldı ve aralarında belli bir mesafeyle

* Tahtadan yapılan bir çeşit müzik aleti. (ç.n.)

yüzleri ağaçlara doğru ayakta durdular. Büyük Akrep koşarak gitti. Uzun bir süre sonra çok sayıda asker getirdi. Her askerin elinde büyük birer sopa ve kulaklarının arkasında da birer kuştüyü vardı. Ormanın dışına yürüyüp orada durdular. Büyük Akrep yüksek sunağa işaret edince askerler sopalarını sallayarak galiba beni selamladılar. Sonradan anladım ki yüksek sunakta Büyük Ruhun temsilcisi bendim ve Büyük Akrep'in yerine geçmiştim –Büyük Akrep mutlaka Büyük Ruhun sevdiği değerli bir kişi olmalıydı,– büyülü yaprakları korurken askerlerden yaprakları koparan veya gizlice yiyen olursa Büyük Akrep benim ellerimden çıkaracağım şimşekle onları öldürebileceğimi anlatmış. Elden şimşek çıkarmak bir çeşit "sanat"tır. Yirmi müzisyen de elbette onları gözlemekteydi. Sahtekârlık yapan olursa hemen çalgılarını çalmaya başlayacaklar ve Büyük Akrep de müzik devam ederken benim elimden şimşek çıkarmamı isteyecekti.

Büyük Ruha saygılar sunulduktan sonra Büyük Akrep askerleri ikişerli gruplara ayırdı. Biri ağaca çıkıp yaprakları koparacak diğeri de aşağıda durup yaprakları düzenleyecekti. Bana yakın olan ağaçlardaki yapraklara hiç kimse dokunmuyordu çünkü Büyük Akrep onlara şöyle demişti: "Büyük Ruhun temsilcisine çok yaklaşmayın, onun burnundan çıkan nefes sizi yere yapıştırır ve bir daha ayağa kalkamazsınız." Yakındaki ağaçların yapraklarını Büyük Akrep kendisi toplayacaktı. Kedi askerler Büyük Akrep tarafından hipnotize edilmiş gibi etrafa dağılıp çalışmaya başladılar. Büyük Akrep bir nefeste otuzdan fazla birinci sınıf büyülü yaprağı yedi. Sonra etrafta dolaşmaya başladı. Elindeki sopayla her an askerlerin kafasına vuracakmış gibi hareketler yapıyordu. Sonradan duyduğuma göre büyülü yaprak hasadı yapılırken toprak sahibi, bir iki kedi askeri öldürür ve onları ağaçların altına gömermiş çünkü bir sene sonra bu sayede iyi bir hasat elde edilirmiş. Ancak bazen toprak sahibi Büyük Ruhun temsilcisi olacak bir yabancıyı getiremezse, askerler arazi sahibini öldürüp bir ağacın altına gömer ve ormanı da yağmalarlarmış. Ağaçları da kesip onlardan silah yaparlarmış. Bu silahları kullanan Kedi İnsanlar en güçlü ordu kabul edilirlermiş.

Büyük bir papağan gibi sunak üzerinde kıvrılıp duruyor ve kendime gülüyordum. Ben burada ne yapıyordum? Yine de Kedi Ülkesinin geleneklerini bozmak istemiyordum. Çünkü buraya gelmemin amacı onlarla ilgili her şeyi izlemekti. O yüzden duruma göre davranmak zorundaydım, davranışları bana ne kadar komik gelirse gelsin onların arasına karışmak zorundaydım. İyi ki hafif bir rüzgâr esiyordu ve sıcak hissedilmiyordu. Ayrıca Büyük Akrep'ten bana getirilen yemeklerin üzerini kapatmak için otlardan yaptığım kapaklardan istedim ve kafama şapka gibi taktım. Böylece güneşin altında bayılmayacaktım.

Askerler ve sıradan Kedi İnsanlar arasında hiçbir fark yoktu. Askerlerin asker olduğu ellerindeki sopalardan ve kulaklarının arkasındaki kuştüylerinden anlaşılıyordu. Sopa ve kuştüyü onları sıradan insanlardan daha üstün bir pozisyona getiriyordu ama Büyük Akrep tarafından hipnotize edilirken sıradan insanlardan daha fazla acı çekiyorlardı. Uykudan uyanan ipekböceklerinin dut yaprağı yemesi gibi kısa süre sonra yapraktan görünmeyen ağaçları yapraksız, çıplak halde görebildim. Biraz sonra bütün Kedi Askerler ağaçların üzerine çıktı. Bana yakın olanlardan biri bir eliyle yaprak topluyor diğer eliyle gözlerini kapatıyordu. Galiba bana bakarsa ona zarar verebileceğimi düşünüyordu.

Demek ki Kedi İnsanlar da iş yapabiliyordu. Şöyle düşündüm, eğer iyi bir lider büyülü yaprakların yenmesini yasaklarsa bu insanlar belki de çok işe yarar hale gelebilir. Eğer Büyük Akrep'i kovarsam ve onun yerine toprak sahibi ya da general olursam... Ama bu sadece boş bir hayaldi. Bunu yapacak cesaretim yoktu. Kedi İnsanları çok iyi tanımıyordum gerçekten. Bunları düşünürken Büyük Akrep sopasıyla bir askerin kafasına vurdu (yapraklar azaldığı için aşağıdaki durumu daha net görebiliyordum). Aşağı atlarsam sadece yaralanmakla kalmayacak, onu durdurmaya da yetişemeyecektim ama aşağı atlamak zorundaydım çünkü benim gözümde Büyük Akrep o askerlerden çok daha kötüydü. Askeri kurtarmaya yetişemesem bile Büyük Akrep'e bir ders vermeliydim. Yere birkaç metre kalana kadar indim ve sonra aşağı atladım. Koştum, asker yerde yatıyordu, Büyük Akrep onu gömmeleri için emir verdi. Eğer onun etrafındakilerin düşüncelerini çok iyi anlayamazsam iyi niyetli olsam bile onlara zarar verebilirdim. Aşağı atlayınca Kedi Askerler benim elimden "şimşek" çıkaracağımı zannettiler ve birçoğu ağaçlardan düştü. Herhalde düşüp yaralananların sayısı az değildi çünkü etraftan gelen çığlık seslerini duyabiliyordum. Onlara aldırmadan Büyük Akrep'i yakaladım. Benim Kedi Askerleri cezalandırarak ona yardım etmeye geldiğimi sanmıştı. Çünkü sabahtan beri o ne derse yapmıştım ve o da doğal olarak benim tamamen onun emrinde olduğumu zannetmeye başlamıştı. Onu yakalayınca şaşırdı. Bir Kedi Asker öldürmek onun için yanlış bir şey değildi.

Büyük Akrep'e şöyle sordum: "Neden onu öldürdün?"

"Çünkü gizlice bir yaprağın sapını yedi."

"Bir yaprağın sapını yedi diye onu öldürebildin..." başka bir şey söylemedim. Kedi İnsanların arasında olduğumu unutmuştum yine. Kedi İnsanlarla tartışmanın faydası yoktur! Etrafımdaki askerlere işaret ederek şöyle dedim: "Onu bağlayın." Hepsi bana baktı sonra da birbirlerine. Ne demek istediğimi anlamamış gibiydiler. "Büyük Akrep'i bağlayın!" Daha net bir şekilde söylemiştim. Ama hiçbiri kımıldamadı. Bu cesaretimi kırmıştı. Şayet gerçekten bu askerlerin lideri olursam sonsuza kadar onların beni anlamasını sağlayamam diye düşündüm. Öne çıkmaya cesaret edememeleri Büyük Akrep'i sevdiklerinden ya da onu korumak istediklerinden değildi. Bunun nedeni beni anlayamamalarıydı – ölen askerin intikamını almak onların aklının ucundan bile geçmeyecek bir şeydi. Bu da beni zor bir duruma düşürmüştü. Şayet Büyük Akrep'i serbest bırakırsam kesinlikle beni hafife almaya başlardı. İleride ona çok ihtiyacım olacağından öldüremezdim de. Ne kadar kötü olursa olsun Mars'ta benim için –en azından Kedi Ülkesi için– buradaki askerlerden çok daha yararlıydı. Çok sakinmiş gibi yaparak Büyük Akrep'e şöyle sordum: "Seni ağaca bağlamamı ve askerlerin ormanı yağmalamasını seyretmeyi mi tercih edersin yoksa seni cezalandırmamı mı?"

Askerler benim ormanı yağmalamaktan bahsettiğimi duyunca coşup hemen harekete geçtiler. Bir elimle Büyük Akrep'i tutarken tekme atıp iki askeri yere serdim. Herkes durdu. Büyük Akrep gözlerini bir çizgiye dönüşecek kadar kapattı. İçinden benden ne kadar nefret ettiğini biliyordum: davet ettiği Büyük Ruhun temsilcisi askerlerin önünde onu cezalandırıyordu. Rezil olmuştu. Elbette bir yaprak sapı için birini öldürmesini bir hata olarak görmüyordu. Benimle mücadele etmekten vazgeçti ve cezasına razı oldu. Ona şöyle sordum: "Askerlere büyülü yaprak hasadı için ne veriyorsun?" "Her birine iki küçük büyülü yaprak veriyorum" diye cevapladı. O sırada etraftaki askerlerin hepsinin kulakları dikilmişti. Galiba Büyük Akrep'e onlara daha fazla büyülü yaprak vermesi talimatını vereceğimi düşünüyorlardı. Büyük Akrep'ten yaprakları topladıktan sonra akşam onlara benim yediğim yemeklerden vermesini istedim. Askerlerin kulakları aşağı indi. Boğazlarına bir şey takılmış gibi sesler çıkardılar. Önerim onları hiç memnun etmemişti. Öldürdüğü askerin ailesine yüz *ülke ruhu* ödemesini istedim. Büyük Akrep kabul etti. Defalarca onlara askerin ailesinin nerede yaşadığını sordum. Hiç kimse sesini çıkarmadı. Başkasına faydası olacak bir şey için tek bir kelime bile etmezlerdi. Kedi İnsanların başkalarına yardım etmek gibi bir alışkanlıkları yoktur. Bunu Kedi Ülkesinde birkaç ay daha kaldıktan sonra öğrenmiştim artık. Büyük Akrep de böylece yüz *ülke ruhu* ödemekten kurtulmuştu.

10. Bölüm

Büyülü yaprak hasadı bittikten sonra her gün rüzgâr esmeye başlamıştı. Sıcaklık eskisine göre on derece düşmüştü. Gri gökyüzünde ara sıra kara bulutlar görünüyor ama yağmur yağmıyordu. Kış mevsimi toprak sahiplerinin büyülü yaprakları şehre götürme zamanıydı. Büyük Akrep benden hiç memnun olmamasına rağmen yine de bana samimi davranıyordu. Bunu onunla birlikte şehre gitmem için yapıyordu. Yanında olmazsam, oraya tek parça ulaşamayabilirdi. Büyülü yaprakları korumak için canından olabilirdi.

Büyülü yapraklar güneşte kurutulup büyük heybelere dolduruldu. Askerler ikişerli gruplar halinde sırayla heybeleri kafalarının üzerinde taşıyordu. Büyük Akrep en öndeydi. Dört asker onu kaldırıp dört Kedi İnsanın kafasının üzerine koydu. İki uzun boylu asker ayaklarını tutmuştu, arkada duran bir başkası da boynunu destekliyordu. Bu Kedi Ülkesinde en rahat olmasa da en gösterişli seyahat etme tarzıydı. Yirmi korucu aile reisi de ellerinde çalgılarıyla askerlerin iki yanına sıralanmıştı. Eğer askerlerden kurallara uymayan olursa, örneğin parmağıyla heybeyi delip büyülü yaprağı koklarsa hemen çalgılarıyla Büyük Akrep'i uyaracaklardı. Kedi Ülkesinde her şeyin bir faydası olmalıydı. Müzik de istisna değildi ve müzisyenler ispiyonculuk yapıyordu.

Benim yerim sıranın tam ortasındaydı. Böylece hem önü hem de arkayı görebiliyordum. Büyük Akrep benim için de yedi kişi görevlendirmişti. Ama ben yürümeyi tercih ettim. Bu tür bir ayrıcalığı kabul edemezdim. Büyük Akrep kesinlikle buna razı olamazdı. Bana klasik eserlerden örnekler verdi: imparatoru yirmi bir kişi, beyleri on beş kişi ve soyluları da yedi kişi taşır... Bunlar antik çağlardan kalan âdetlerdir. Kişinin sosyal statüsünü gösterir ve bozulmasına kesinlikle izin verilemez. Yine de kabul etmedim. "Soylular yürürse, atalar utanç duyar" deyimini kullandı Büyük Akrep. Ona atalarımın bu nedenle kesinlikle utanç duymayacağını söyledim. Neredeyse ağlayacaktı, klasik bir şiirden alıntı yaptı:

"Başını kaldırıp ye büyülü yaprağı ve ömür boyu bir soylu gibi davran."

"Lanet olsun sizin soylularınıza!" Buna karşılık verecek bir şiir aklıma gelmemişti ben de ancak bu şekilde kaba bir cevap verebilmiştim. Büyük Akrep iç geçirdi, içinden bana sövmüştü muhakkak. Yüzüme karşı sövmeye cesaret edemezdi.

Sırayı düzene sokmak için iki saat uğraştılar. Büyük Akrep tam yedi kez Kedi İnsanların kafalarına çıkıp tekrar yere indi. Kedi Askerler bir türlü düzenli bir sıra oluşturamıyordu. Askerler benim Büyük Akrep'e tamamen tabi olmadığımı biliyorlardı. Büyük Akrep de elbette onların kafasına sopayla vurmaya cesaret edemiyordu. Vuramadığı için de onlara küfrediyordu ama bir türlü sıraya girememişlerdi işte. Büyük Akrep sonunda vazgeçti. Sıraya dikkat etmeden ilerleme emri verdi.

Tam yola koyulduğumuzda gökyüzünden birkaç tane beyaz kuyruklu kuş geldi. Büyük Akrep hemen yere atladı ve şöyle emir verdi: yola çıkarken kuş görmek uğursuzluktur. Yarın yola çıkacağız! Ben de tabancayı çekip şöyle dedim: "Bugün gitmeyenler sonsuza kadar burada kalacak!" Büyük Akrep'in sinirden yüzünün rengi değişti. Durduğu yerde birkaç defa ağzını açıp kapadı ama hiçbir şey söyleyemedi. Benimle tartışmanın ona bir faydası olmayacağını biliyordu. Ayrıca risk alarak yola çıkmanın ne kadar tehlikeli olduğunu da biliyordu. On dakika titredi ve ancak ondan sonra tekrar kedilerin kafalarına tırmandı. Artık hareket etmiştik. Bana sinirinden mi yoksa onu taşıyan askerler onunla dalga geçmek için mi yapmıştı bilmiyordum ama Büyük Akrep birkaç defa yere düştü. Düşünce hemen tekrar kalkıp tırmanıyor atalarının âdetlerini koruma sorumluluğunu yerine getiriyordu.

Yol boyunca yazı yazılabilecek her yerde; ağaçlarda, taşlarda, yıkılmış duvarlarda beyaz renkle, koca koca harflerle şunların yazılı olduğunu gördük: "Hoş geldiniz Büyük Akrep", "Büyük Akrep ülke için uğraşan yüce bir kişidir", "Büyük Akrep'in askerlerinin elinde doğruluğun sopası vardır", "Büyük Akrep sayesinde bu yıl iyi bir hasat elde edildi"... Büyük Akrep yola çıkmadan önce birilerini gönderip bu yazıları yazdırmıştı. Böylece yol boyunca bunları okuyacaktı. Birkaç küçük köyden geçtik. Köylüler yıkık dökük duvarlara yaslanarak oturuyordu. Askerler önlerinden geçerken gözlerini kapıyor, askerlere göz ucuyla bile bakmıyorlardı. Eğer askerlerden korkuyorlarsa neden kaçmıyorlardı? Korkmuyorlarsa neden gözlerini açıp bakmıyorlardı? Anlayamamıştım. Fakat biraz daha dikkatle bakınca anladım: Bunlar aslında köyden Büyük Akrep'i karşılamak için gelen temsilcilerdi. Kafalarında ince gri tüylerinin arasından beyaz renkli yazılar görülebiliyordu. Her birinin kafasında bir tane harf vardı ve bir araya gelince bir cümle oluşuyordu. Kafalarında "Hoş geldiniz Büyük Akrep" gibi şeyler yazıyordu. Yazılar Büyük Akrep'in önceden gönderdiği adamlar tarafından yazıldığı için beyaz renk solmuştu ve harflerin bazıları anlaşılmıyordu. Hepsi gözlerini kapamış olmasına rağmen Büyük Akrep onlara doğru başını sallayarak şükranlarını sundu. Bu köylerin hepsi Büyük Akrep'in kontrolü altındaydı. Köylerdeki pejmürdelik ve pislik; köylülerin zayıf, pis ve güçsüz halleri burayı kontrol edenin nasıl biri olduğunu açıkça gösteriyordu. Büyük Akrep'ten nefret etmeye başlamıştım.

Eğer tek başıma yürüseydim herhalde yarım günde Kedi Şehrine varırdım. Kedi Askerlerle birlikte yürümek insanın sabrını geliştiren bir şeydir. Kedi İnsanlar aslında çok hızlı yürüyebilirlerdi ama asker olduktan sonra hızlı yürüyemiyorlardı çünkü hızlı yürürlerse savaşta daha hızlı ölürlerdi. Yani Kedi Askerlerin özelliği yavaş hareket etmeleriydi. Savaşa yavaş yavaş gider düşmanla karşılaştıklarında hızla geri çekilirlerdi.

Öğleden sonra saat bir civarında havada birkaç kara bulut vardı ama güneş ışığı çok güçlüydü. Kedi Askerler ağızlarını açabildikleri kadar açmış, vücutlarındaki ince tüyler terden bedenlerine yapışmıştı. Daha önce hiç bu kadar rezil halde askerler görmemiştim. Uzakta bir büyülü ağaç ormanı vardı. Büyük Akrep ormana doğru gitmeleri emrini verdi. Onun askerlere acıdığını sanmış, ormanda biraz dinlenmelerine izin verecek diye düşünmüştüm. Ormana yaklaşınca hemen aşağı indi ve bana ormanı yağmalamasına yardım etmek isteyip istemediğimi sordu. "Büyülü yaprakları yağmalamak önemli değil, askerlerin talim yapması gerek, bu da çok önemli," dedi Büyük Akrep. Ona cevap vermedim. Önce askerlere baktım hepsi ağızlarını kapamıştı. Sanki yorgunlukları bir anda kaybolmuştu. Rastgele soygun ve yağma yapmak onlar için doğal bir şey diye düşündüm. Ayrıca onları durdurmaya çalışırsam Büyük Akrep ve askerlerinin benden daha da nefret edeceklerini anlamıştım. Tabancamla onları korkutabilirdim ama kafalarına koyarlarsa bana zarar vermelerine engel olabileceğimi sanmıyordum. Dahası Kedi İnsanlar birbirlerinden bir şeyler yağmalamanın doğru bir şey olduğunu düşünüyordu. Kişisel güvenliğim için adalet ve doğruluktan vazgeçemezdim ama kim bu hareketimi takdir edecekti ki? Kedi İnsanların beni de kendilerine benzetmeye başladıklarını biliyordum çünkü kendi güvenliğimi düşündüğüm için cesaretim kalmamıştı. Büyük Akrep'e, ne yaparsan yap, dedim. Bu, ona taviz verdiğim anlamına geliyordu. Ben geri adım atınca hemen atılıp bana yağmaya liderlik etmek isteyip istemediğimi soracağını nereden bilecektim? Bu teklifi hiç tereddüt etmeden reddettim. "Yağmalayacaksanız yağmalayın, ben karşı çıkmam ama size katılmam," dedim.

Askerler ormana yaklaşınca kokuyu almışlardı. Büyük Akrep'in emrini beklemeden büyülü yapraklarla dolu heybeleri yere bırakıp sopalarını kaptılar ve ormana koştular. Büyük Akrep'i hiç bu kadar cesur görmemiştim. Yağmaya bizzat katılmıyordu ama hareketlerinden çok ciddi ve korkusuz olduğu anlaşılıyordu. Gözleri kocaman açılmış, kafasının üzerindeki ince tüylerin hepsi diken diken olmuştu. Sopasını savurdu. Askerler bağırarak ormana koştular. Büyülü ormana varınca hepsi delirmiş gibi hareket etmeye başlamıştı. Bunu ormanı koruyanları kaçırmak için yaptıklarını düşündüm. Bu şekilde üç tur attıktan sonra ormanda sessizlik oldu. Büyük Akrep güldü. Askerler tekrar bağırdı ve hep birlikte ağaçların arasına daldılar.

Bu sırada ormanın içinden de bir bağırış geldi. Büyük Akrep'in gözleri artık az önceki gibi yusyuvarlak değildi. Gözlerini hafifçe kısmıştı. Askerlerinin hepsi ormandan çıktı. Ellerinde sopaları yoktu. Elleriyle kafalarına vurarak sanki şeytan görmüş gibi çığlıklar atarak koşuyorlardı: "Yabancı var! Yabancı var!" diye çığlık atıyorlardı.

Büyük Akrep inanmamış gibiydi ama az önceki cesareti yoktu artık. Kendi kendine şöyle dedi: "Yabancı mı? Burada yabancı olmadığını kesin olarak biliyorum!" Ormandan birileri koşarak geldi. Büyük Akrep telaşlanmıştı: "Gerçekten yabancı var!" Ormandan çok sayıda Kedi Asker çıktı. Başlarıymış gibi görünen iki kişi uzun boylu ve beyaz tüylüydü.

Ellerinde parlayan sopalar vardı. Bu ikisi kesin yabancıdır diye düşündüm içimden. Belki yabancılar kimyasal metotlarla demire benzer malzeme üretebiliyorlardır. Ben de huzursuz olmuştum. Eğer Büyük Akrep o ikisini durdurmamı isterse ne yapacaktım? Ellerindeki o parlak şeyin ne olduğunu bilmiyordum. Onların büyülü ağaç ormanını soymak benim fikrim değildi ama Büyük Akrep'i koruyan kişi bendim. Onu kurtarmayıp mağlup olmasını izlersem itibarımı kaybederdim. Ayrıca gelecekte Kedi Ülkesinde yapacağım her şey de ona bağlıydı.

"Durdur onları!" dedi bana Büyük Akrep. "Çabuk durdur onları!"

Bunun benim görevim olduğunu biliyordum. O yüzden hiçbir şey düşünmeden tabancayı elime alıp onlara doğru yürüdüm. Beklediğim gibi olmadı. O iki beyaz Kedi Asker beni görünce durdu. Büyük Akrep de yanıma gelince bir tehlike olmadığını anladım. "Barış yapalım! Barış yapalım!" diyordu alçak sesle arkamdan Büyük Akrep. Kafam karışmıştı: Neden onlara saldırmamı istemiyordu? Barış yapmak? Nasıl? Beklediğimden çok daha kolay olmuştu ve gerçekten kafam karışmıştı. İki beyaz Kedi Asker şöyle dedi: "Altı heybe büyülü yaprağı ceza olarak biz üçümüz için vereceksiniz!" Baktım ama sadece iki beyaz Kedi Asker vardı. Neden üç kişi diyorlardı? Büyük Akrep arkamdan fısıldıyordu: "Onlarla pazarlık et!" Ne diyecektim? Aptal gibi ben de şöyle dedim: "Altı heybe büyülü yaprağı ceza olarak biz üçümüz için vereceksiniz." Beyaz Kedi Askerler söylediklerimi dinledikten sonra gülerek başlarını salladılar. Çok memnun olmuş gibiydiler. Kafam daha da karışmıştı. Büyük Akrep derin bir nefes almıştı. Altı heybe büyülü yaprak getirilmesini emretti. O zaman anladım. Onların bahsettikleri üç kişinin biri de bendim. Elbette ben de nezaket göstererek önce onların istedikleri yaprakları seçmesine müsaade ettim. Rastgele dört heybeyi alıp Kedi Askerlere verdiler sonra bana şöyle dediler: "Biz de yakında büyülü yapraklarımızın hasadını yapacağız. Şehirde görüşürüz." Ben de aptal gibi onlara, "şehirde görüşürüz" diye cevap verdim. Ormana döndüler.

Hiçbir şey anlayamamıştım. Bu ne çeşit bir oyundu acaba?

Kedi Şehrine vardıktan sonra oradaki yabancılarla konuşup işin aslını öğrendim. Kedi Ülkesinin insanları yabancılarla başa çıkamazdı. Tek umutları yabancıların kendi aralarında çatışmasıydı. Kedi İnsanların kendilerini güçlendirmek için çok çaba sarf etmesi gerekiyordu ama çok kurnaz oldukları için bu kadar zahmete katlanacak kadar aptal değillerdi. Yabancıların birbirlerini öldürmeleri, Kedi İnsanların zayıflıktan kurtulup güçlenmesi ve başka ülkelerin kendileri kadar zayıflamaları için Büyük Ruha yalvarırlardı. Yabancılar da bunu çok iyi bilirdi. Zaman zaman çıkarları için Kedi Ülkesinde çatıştıkları olurdu ama asla birbirlerine saldırıp Kedi Ülkesinin bundan faydalanmasına izin vermezlerdi. Çok iyi bilirlerdi ki aralarındaki çatışma çok sert ve şiddetli olurdu. Çatışmada galip gelen taraf da çok büyük zarara uğrardı. Tam aksine onlar bir araya gelip Kedi Ülkesine baskı uygularlarsa hiç zarar görmeden büyük faydalar elde edebilirlerdi. Sadece uluslararası siyaset böyle değildi, Kedi Ülkesinde iş yapanlar da bu şarta uyarlardı. Büyülü ağaç ormanlarını korumak yabancılar için çok iyi bir işti. Aralarında bir anlaşma yapmışlardı: sadece toprak sahipleri için Kedi Ülkesinin insanlarıyla savaşırlardı. İki taraf da yabancıların koruması altındaysa birbirlerine saldırmazdı. Bu şarta uymayan olursa, iki tarafın korucuları toprak sahibi veya başlarında kim varsa onu cezalandırmak için pazarlık yaparlardı. Böylece hem Kedi İnsanlar yüzünden yabancılar arasında olası çatışmalardan kaçınılır, hem de korucuların üstün durumu korunmuş olurdu. Kedi Ülkesi İnsanlarının bundan fayda sağlaması da engellenmiş olurdu.

Korucular açısından bu gerçekten de çok iyi bir yöntemdi. Peki Kedi Ülkesi İnsanları açısından? Kendimi tutamayıp Büyük Akrep gibilere sempati duymaya başlamıştım. Ama biraz daha düşününce şunu fark etmiştim: Büyük Akrep gibileri buna sabretmeyi ve katlanmayı seçmişti. Güçlenmeyi düşünmemişlerdi. Yabancıları kendi insanlarına saldırtmayı tercih etmişlerdi. Bunlar kimin hatasıydı peki? Sadece aynı düzeyde cesarete sahip olanlar birbirlerine saygı duyar. Kedi Ülkesinin İnsanları insanlıklarını kaybetmiştir. İşte bu nedenle başkalarının onlarla dalga geçmesine şaşmamak gerek. Bu olay yüzünden birkaç gün rahatsız olmuştum.

Geriye dönüp bakınca: Büyük Akrep cezayı kabul etti. Sonra yine geleneklere göre Kedi İnsanların başlarının üzerine çıktı ve zafer kazanmış gibi hiçbir utanç belirtisi göstermedi. Sadece, eğer o iki heybe dolusu büyülü yaprağı istemezsem –büyülü yaprak yemeyi sevmediğimi biliyordu– otuz *ülke ruhu* vererek onları benden geri alabileceğini söyledi. Bu iki heybe büyülü yaprağın en az üç yüz *ülke ruhu* edeceğini biliyordum ama ne satarım ne de satmam dedim ona. Ondan iğrendiğim için onunla konuşmak istemedim ve tek bir kelime bile etmedim.

Güneş batıdayken Kedi Şehrini gördük.

11. Bölüm

Kedi Şehri

Kedi Şehrini görünce neden bilmem aklımdan tek bir fikir geçti: bu uygarlık çok yakında çökecekti! Kedi Ülkesi'nin uygarlığı hakkında her şeyi bilmiyordum. Büyülü ağaç ormanındaki kısa tecrübem de sadece bu uygarlığı daha çok merak etmeme yol açmıştı. Tıpkı suların çekilmesiyle taşların ortaya çıkması gibi. Kafamdaki Kedi Ülkesi uygarlığı kesinlikle trajedilerin zaman zaman ortaya çıktığı bir sahne değildi. Bu uygarlığın birikimini anlamak istiyordum ve daha fazla deneyim edinme niyetindeydim. Uygarlıklar ve halklar yok olabilir. Dünyada da insanlık tarihi boyunca tarih kayıtlarının hepsi gül rengi değildir. Şayet tarihi okumak bizi gözyaşlarına boğabiliyorsa, gözlerimizin önünde son nefesini vermekte olan bir uygarlığı görmek çok üzücü bir şeydir!

Ölmek üzere olan bir insan son anlarında eski günlerine dönmeye çabalar. Tıpkı sonu gelen bir uygarlığın da sessiz sedasız sonunu beklememesi gibi. Bir uygarlığın yok olması bir insanın ölmesi gibi değildir. Uygarlık yok olduğunun farkına varamaz. Âdeta var oluş sürecinin devasa parmağı bu uygarlığın tepesine bastırır, iyiler –yok olmak üzere olan bir uygarlıkta mutlaka birkaç iyi kişi olacaktır– ve kötüler hepsi birden yok olup gideceklerdir. O birkaç iyi insan belki de nefes alış verişlerin hızlandığını hissetmiş olabilirler. Belki veda mektuplarını bile yazmış olabilirler ama onların acı çığlıkları ölümle gelen cenaze müziğiyle karşılaştırılınca güçlü sonbahar rüzgârlarına karşı durmaya çalışan birkaç ağustosböceğinden başka bir şey değildir.

Kedi Şehri hayat doluydu ancak bu canlılıkta yok oluşun elini de görebiliyordum. İnsanların derilerini yüzüp, etlerini tamamen sıyırarak bu Kedi Şehrini bembeyaz bir kemik yığını haline getirecek o eli.

Ah! Kedi Şehri gerçekten de çok canlıydı! Şehrin yapısı benim tecrübelerime göre dünyadaki en basit şehirleri andırmaktaydı. Sokak ve cadde yoktu. Çünkü bir sıra sonu görülemeyen konut dışında her yer sokak ya da boş meydanlardı. Asker kışlaları Kedi Şehri gibidir: çok geniş ve boş bir alanın ortasında renksiz bir bina, binanın dışında çok sayıda insan. İşte bu Kedi Şehriydi. Gerçekten çok kalabalıktı. Ne yaptıkları da belli değildi. Yolda doğru düzgün yürüyen tek bir kişi yoktu. Başkasının yürümesine engel olmayan tek bir kişi yoktu. Neyse ki sokaklar çok genişti o yüzden herkes düz yürümek yerine yatay yürüyordu. Sanki bir yere akın eder gibi. Konutları bir tür baraj gibi düşünürsek, Kedi İnsanlar da bu baraja çarpan dalgalar gibi görünüyordu. Henüz evlerinde numaralar olup olmadığını bilmiyordum. Eğer varsa ve bir kişi beş numaralı binadan on numaralı binaya gitmek isterse, yatay olarak en az bir buçuk kilometre yürümek zorundaydı. Kapıdan çıkar çıkmaz insan seline kapılır ve bu selle sürüklenirdi. Şansı yaver giderse sel yön değiştirir ve kalabalıkla birlikte hareket ederek belki on numaralı binaya ulaşabilirdi. Elbette her zaman şansı yaver gitmez, kalabalığın içinde mahsur kalıp on numaralı binaya asla ulaşamaması bir yana belki o gün evine bile dönemezdi.

Bu şehirde sadece tek bir sıra bina olması hakkında da şunları düşünüyordum: ilk zamanlarda mutlaka sıra sıra binalar vardı ve bunlar da çok dar sokakların oluşmasına neden olmuştu herhalde. Dar sokaklarda kalabalık hem zaman kaybına neden olur hem de insanlar hayatlarını kaybedebilir. Yol vermek Kedi İnsanlar için çok utanç verici bir şeydi. Yolun bir tarafında yürümek Kedi İnsanların özgürlüğü seven ruhlarına aykırıydı. Şayet bir sokağın iki tarafında da konutlar varsa insanların birbirine girmesi kaçınılmazdı ve bir sıra bina yıkılmadan bunu çözmek mümkün değildi. Bu nedenle konutlar uzunlamasına yapılmıştı ve sokaklar da sonsuza kadar genişlemişti. Buna rağmen kalabalığı önlemek mümkün olmamaktaydı ama en azından ölümler önlenmişti. Kalabalık insanı beş kilometre dışarı atar sonra da beş kilometre içeri çekerdi. Fazladan yürünür ama büyük bir tehlike oluşmazdı. Kedi İnsanlar bazen insanca davranırdı. Kalabalıkla yürümek çok rahatsız edici değildi. Diğerlerinin arasında sıkışarak hiç para vermeden arabaya binmiş gibi bir yerden bir yere gitmek mümkündü. Bu çıkarımımın doğru olup olmadığından emin değilim. Daha sonra bu çıkarımımı teyit etmek için gidip sokaktaki izleri görmem gerekmişti.

Buranın en önemli özelliği sadece kalabalık olması değildi. İnsan seli sadece sağa ve sola hareket etmez aynı zamanda yukarı ve aşağı da dalgalanırdı. Biri yolda ufak bir taş görünce aniden çöker ve kalabalık da onunla birlikte çökerdi. Böylece insan selinde bir girdap oluşurdu. "Taş, küçük bir taş, haydi durup seyredelim!" derlerdi. Dizleri üzerine çökenler yere oturur, onların etrafındakiler de diz çökerlerdi. Girdap gittikçe büyürdü. Arkada kalanlar taşı göremeyince önce gitmeye çalışır ve önde oturanları ittirerek yükseltirler, öyle ki kalabalık bir insan boyuna ulaşırdı. Birden taşı unuturlar ve başlarını kaldırıp yukarıdaki insanlara bakarlardı. Girdabın içi dolmuş olurdu. Bunlar olurken iki tanıdık birbiriyle karşılaşırsa hemen oturup sohbet etmeye başlardı. Etraftakiler de oturup onların sohbetini dinlerdi. Böylece bir girdap daha oluşurdu. Dinleyenler iki arkadaşın sohbetine müdahil olur ve elbette kavga başlardı. Böylece girdap birden genişlerdi. Kavga devam ederken sokağın kenarındaki iki yaşlı adam satranç oynamaya başlar ve bir başka girdap daha oluşurdu. İki girdap birleşirdi ve sonunda kavga biterdi. Yaşlıların oyununu izlemeye başlarlar ve aralarında satrançla ilgili konuşmaya başlamadan önce girdapta bir değişiklik olmazdı.

Kedi selinin dalgalanması nadir bir şey değildi. Kedi selinin ortasında aniden büyük bir boşluk ortaya çıkabilir. Tıpkı Antikçağda İsrailliler geçerken Kızıl Deniz'in yarılması gibi. Eğer böyle bir şey olmasaydı Büyük Akrep'in büyülü yaprak taşıma kafilesinin nasıl ilerleyebileceğini hiç bilmiyorum. Büyük Akrep'in evi Kedi Şehrinin ortasındaydı. Kedi Şehrine çok uzak olmayan bir noktada o insan denizini gördüm ve Büyük Akrep'in kafilesinin onların yanından yürüyüp geçeceğini düşündüm. Fakat Büyük Akrep, kedilerinin başlarının üzerinde yatar vaziyette kalabalığa doğru ilerledi. Müzik çalmaya başladı. Yayaların yol vermesi için bir mesaj olduğunu sanmıştım. Ama müziği duyanlar gelip kafileyi sıkıştırmaya başladılar. Balık istifi gibi olmuşlardı. "Eğer Büyük Akrep buradan çıkabilirse büyük bir sürpriz olur!" diye düşündüm. Elbette Büyük Akrep buna hazırlıklıydı. Pat küt sesler duydum. Askerlerin sopaları davul çalarcasına Kedi İnsanların kafalarına iniyordu. İnsan seli ikiye ayrılmıştı. Fakat tuhaftı çünkü insanların seyretme isteği hiç azalmamıştı. Yol açılmıştı ama hâlâ gülerek seyrediyorlardı! Sopalar hiç durmuyor, pat küt sesler çıkararak kafalarına iniyordu. Dikkatle bakınca şehirli ve taşralı Kedi İnsanlar arasındaki farkı da gördüm. Şehirli Kedi İnsanların kafalarının üzerinde tüysüz bir bölge vardı tıpkı davulların derisinin ortasında tüy kalmayan yerler gibi. Galiba bir şeyleri seyrederken askerlerin davula vurur gibi kafalarına vurmasından dolayı böyle olmuştu ve anladığım kadarıyla bu eskiden beri devam eden bir gelenekti. Deneyim öyle çabucak bir göz atmakla elde edilebilecek bir şey değildir. Askerlerin sadece yürürken yol açmak için sopalarla vurduğunu sanmıştım. Aslında bunun bir başka etkisi daha vardı: iki taraftaki seyirciler düzene girmiyor. Arkada duranlar öne gelmek istiyordu. Öndekileri itiyor, tekmeliyor, sıkıştırıyor hatta ısırıyorlardı ki öne geçebilsinler. Bu sırada öndekiler de onlara tekme atarak, dirsek vurarak ve arkalarına doğru yatarak karşılık veriyorlardı. Askerler sadece öndekilere vurmuyor sopalarını uzatarak arkadaki kedilerin de kafalarına vuruyorlardı. Kafaları gerçekten acıyordu. Böylece hem birbirlerini sıkıştırmıyor hem de kavga etmiyorlardı.

Onları seyrettim. Samimiyetle söylemek gerekirse bu sahnenin trajik bir çekiciliği vardı ve onları seyretmekten kendimi alamıyordum. Onları seyretmekten binalara bakamamıştım. Hoş binaların güzel olmadığından da emindim çünkü burnumda hiç kaybolmayan pis bir koku vardı. Eğer pislik ve güzellik arasında bir uyum oluşabilirse belki o zaman yanlış bir çıkarım yapmış olabilirim ama Epang Sarayı'nın* pis kokulu kara bir suyla kaplanmış olduğunu hayal bile edemezdim. Karşıma çıkanlar da başımı bir an olsun kaldırmama izin vermiyordu. Onlara yaklaşınca hemen çığlık atıp benden uzaklaşıyor, hemen ardından da üzerime geliyorlardı. Şehirli Kedi İnsanlar yabancılardan taşradaki Kedi İnsanlar kadar korkmuyordu bence. Onlar meraklarını çığlık atarak belli ediyor, sonra da yaklaşıp yakından inceliyorlardı. Eğer yolda hiç kıpırdamadan öylece dikilsem bir daha hareket etmeme asla izin vermeden, aramızdan su bile sızamayacak kadar beni sıkıştıracaklarına emindim. On bin parmak beni işaret ediyordu. Kedi İnsanlar son derece teklifsizdir. Yeni bir şey görürlerse hemen parmaklarıyla işaret ederler. Ama ben henüz dünyadaki insan türünün sahip olduğu gururdan kurtulabilmiş değildim ve gerçekten çok rahatsız olmuştum! On bin parmak ufak tabancalar gibi

* Çin'i tarihte ilk kez birleştiren imparator Qin Shihuang'ın (MÖ 259 – MÖ 210) sarayı. (ç.n.)

burnumun dibinde beni işaret ediyordu. Her ufak tabancanın arkasındaki iki büyük yuvarlak göz de bana bakıyordu. Ufak tabancaların bir kısmı yukarı doğru yüzümü işaret ederken bazıları da alt kısmıma işaret ediyordu. Çok huzursuz olmuştum. Keşke kanatlarım olsaydı da uçup sessiz sakin bir yerde bir süre oturabilseydim. Cesaretimi de yitirmiştim. Kafamı kaldırmaktan çekiniyordum. Ben bir şair değilim ama şairlerin hassasiyetine sahip biriyim: Bu parmaklarla gözler sanki beni eritiyor, kendimi artık insanlığı olmayan bir eşyaymış gibi hissetmeme neden oluyordu. Fakat elbette her şeyin iki tarafı vardır. Kafamı kaldırmaya cesaret edemememin bir faydası da vardı. Yol düz değildi; çukurlarla doluydu, çamurluydu ve eğer başımı kaldırıp yürüseydim belden aşağım bir domuz gibi pislik içinde kalabilirdi. Çok uzun bir tarihleri olmasına rağmen galiba Kedi İnsanlar hiç yol yapmamışlardı. Aslında ben tarihi küçümserim, özellikle de Eskiçağ tarihini.

Sonunda Büyük Akrep'in evine varınca anladım ki Kedi Şehrindeki binalar benim büyülü ağaç ormanında kaldığım yerden çok da farklı değildi.

12. Bölüm

Büyük Akrep'in evi şehrin merkezindeydi. Dört tarafı yüksek duvarlarla çevriliydi ve ne kapısı ne de penceresi vardı.

Güneş batmak üzereyken sokaktaki insanlar da yavaş yavaş dağılıyordu. Ancak o sırada net olarak görebilmiştim: sağ ve soldaki bütün binalar da dört tarafı yüksek duvarlı, kapısız ve penceresizdi.

Duvarın üzerinde birkaç kedi kafası belirdi. Büyük Akrep birkaç defa bağırınca kafalar bir anda kayboldu. Az sonra kafalar yine belirdi. Birkaç kalın ip aşağı sarktı ve büyülü yaprak heybelerini yukarı çektiler. Hava kararmıştı. Sokakta bir tek kişi bile yoktu. Büyülü yaprak heybelerinin yarısından fazlası yukarı çekildikten sonra askerler sabırsızlanır gibi oldular. Çok huzursuzlardı. Sonra fark ettim ki gözleri karanlıkta çok iyi görmesine rağmen Kedi İnsanlar karanlıkta çalışmayı sevmiyordu.

Büyük Akrep yine çok kibarca şöyle sordu: "Binanın dışında kalan henüz içeri taşınmamış büyülü yaprakları korur musun? Askerler evlerine dönecek, çok geç oldu."

Şöyle düşündüm: Eğer bir el fenerim olsaydı Kedi Şehrini tek başıma dolaşmak için bu çok iyi bir fırsat olabilirdi. Ne yazık ki iki el feneri de uzay gemisinde kalmıştı ve büyük ihtimalle paramparça olmuşlardı. Büyük Akrep'in isteğini kabul ettim. Aslında onun evini görmeyi çok istiyordum ama büyülü ağaç ormanında açık havanın içeride olmaktan daha rahat olduğunu tecrübe etmiştim. Büyük Akrep çok sevindi ve askerleri gönderdi. Sonra kalın bir iple duvarın üstüne çıktı.

Bir tek ben kalmıştım. Hafif bir rüzgâr esiyordu. Yıldızlar da normalden çok daha parlak görünüyordu. Sonbahar gelmişti ve çok rahat hissediyordum kendimi. Ne yazık ki binanın dışında çok kötü kokan bir kanal vardı ve bu sakin gecenin keyfini çıkarmama engel oluyordu. Bir büyülü yaprak heybesini yırtıp birkaç büyülü yaprak yedim. Hem açlığımı gidermek hem de pis kokuya dayanabilmek için yapmıştım bunu, sonra tek başıma volta atmaya başladım.

Aklıma birçok soru geldi: Kedi İnsanlar gündüzleri bu kadar hareketliyken geceleri neden hepsi saklanıyordu? Acaba bu toplumdaki huzursuzluğun bir işareti miydi? Bu kadar insan bir sıra binaya sıkışmışsa, havasız, ışıksız ve her yerde sineklerle... Buna yaşamak denir mi? Neden kapı yok? Neden pencere yok? Soyulmaktan korkuyor olmalılar! Güvenlik için temizlikten vazgeçilirse, pislikten hastalıklar baş gösterirse bu onların hayatlarını içten yok eder! Bir kez daha var oluşun o devasa yok edici parmağını gördüm ve titremeye başladım. Kolera ya da kızıl hastalığı gibi bir salgın olsa bu şehirde bir hafta içinde insanlardan geriye hiçbir iz kalmayabilirdi! Şehre baktıkça onun çirkin olduğunu düşünüyordum. Çok çirkin siyah bir gölge yıldızların ışığı altında hiç ses çıkarmadan duruyor ve sadece pis koku yayıyordu.

Birkaç büyülü yaprak heybesini alıp kötü kokulu kanala uzak bir yere götürdüm ve yere koydum. Sonra heybelerin üzerine sırtüstü uzanıp yıldızları seyrettim. Hiç de rahatsız bir yatak sayılmazdı. Kendimi yalnız ve üzgün hissediyordum. Kedi İnsanları kıskanmaya başlamıştım. Pis, kötü kokulu, havasız... Yine de onlar aileleriyle birlikteydi. Peki ya ben? Tek başıma Mars'ta yıldızların ışığıyla beraberdim! Üstelik Büyük Akrep için büyülü yapraklara göz kulak oluyordum! Kendimi tutamayıp güldüm. Gülerken gözlerimden iki damla yaş süzüldü.

Yavaş yavaş uykuya dalıyordum fakat aklımdaki birbirinin tam tersi iki fikir, huzurla uykuya dalmamı engelliyordu: Sadakatle Büyük Akrep için büyülü yapraklara göz kulak mı olmalıydım yoksa ne hali varsa görsün mü demeliydim? Uyku ile uyanıklık arasındayken biri omzuma dokundu. Hemen doğrulup oturdum. Rüya gördüğümü sanmıştım. Şöyle bir gözlerimi ovaladıktan sonra karşımda iki Kedi İnsan gördüm. Hiç kimsenin olmadığı bir yerde birileri ile karşılaşmak bana hayaletleri hatırlatmıştı. Eski insanların ilkel inançları ara sıra bizim gibi uygar insanları da korkutabilir.

Onlara çok dikkatli bakmamıştım ama sıradan Kedi İnsanlar olmadıklarını hemen fark etmiştim çünkü omzuma dokunmaya cesaret edebilmişlerdi. Tabancaya davranmak da aklımdan geçmedi, Mars'ta olduğumu unutmuş gibiydim. "Lütfen oturun!" Bu iki kelime nasıl oldu da aklıma geldi bilmiyorum. Belki de normalde bu kibar ifadeyi sık sık ve doğal olarak kullandığım için ağzımdan çıkıvermişti.

İki Kedi İnsan son derece rahat bir tavırla oturdular. Ben de kendimi çok rahat hissediyordum. Kedi İnsanların arasında çok uzun zaman geçirmiştim ve bu kadar rahat bir tavırla yanıma oturan olmamıştı.

"Biz yabancıyız," dedi daha şişman olanı: "Neden yabancı dediğimi biliyor musunuz?"

Ne demek istediğini anlamıştım.

"Siz de yabancısınız," dedi zayıf olan. İkisi de bu konuşmaya önceden hazırlanmamış gibiydi. Ayrıca birbirlerinin konuşmalarını saygıyla dinliyorlardı. Büyük Akrep gibi kendisi sürekli konuşup başkalarının ağzını açmasına izin vermeyenlerden değillerdi.

"Ben dünyadan geldim," dedim.

"Ah!" İkisi de çok şaşırmıştı: "Biz de çok uzun zamandır diğer gezegenlerle irtibat kurmak istedik ama bir türlü başaramadık. Çok şanslıyız! Dünyadan gelen bir insanla karşılaştık!" İkisi de aynı anda ayağa kalktı. Sanki bana saygı göstermek ister gibiydiler.

Tekrar insanlar arasına döndüğümü hissettim ama biraz üzülmüştüm. O yüzden onlara kibarca bir karşılık verememiştim.

Tekrar oturdular. Bana dünyayla ilgili birçok soru sordular. Çok kısa ve net konuşuyorlardı. Pek nazik kelimeler kullanmıyorlardı ama birbirlerine hep saygılı davranıyorlardı. Bunu ifade etmek için en iyi sıfat "dengeli" olmalı. Dengeli sözleri mutlaka net düşüncelerinden kaynaklanıyor olmalıydı. Bu ikisinin bilgisi kesinlikle Büyük Akrep'ten çok daha fazlaydı. Elbette diğer Kedi İnsanlardan bahsetmeye hiç gerek yok. Hepsinden fersah fersah ilerideydiler.

Onların ülkesi –Işık Ülkesi– söylediklerine göre bulunduğumuz yerden yedi günlük mesafedeydi. Benimle aynı işi yapıyorlardı: Kedi Ülkesindeki toprak sahipleri için büyülü ağaç ormanlarını koruyorlardı.

Onlara "Işık Ülkesi" ile ilgili birkaç soru sorduktan sonra bana şöyle dediler:

"Bay Dünya (bana büyük bir saygıyla böyle hitap ediyorlardı)," dedi şişman olan, "buraya gelmemizin iki amacı var: birincisi sizi bizim yerimize davet etmek ve ikincisi de biraz büyülü yaprak çalmak."

İkinci amaçlarını duyunca şaşırmıştım.

"Sen Bay Dünya'ya ikinci konuyu açıkla," dedi şişman olan zayıfa: "Çünkü söylediğimizi anlamamış gibi görünüyor."

"Bay Dünya," dedi zayıf olan gülerek, "sizi korkuttuk galiba? Lütfen rahat olun biz asla güç kullanmayız, buraya sizinle görüşmeye geldik. Büyük Akrep büyülü yaprakları size emanet etti. Siz de sadakatle yaprakları koruyorsunuz.

Büyük Akrep size asla minnettar olmaz ve yapraklara el koyarsanız da sizden nefret etmez. Kedi Ülkesi insanlarının bildiğiniz gibi çok farklı bir yaşam tarzları vardır."

"Hepiniz Kedi İnsansınız!" dedim içimden.

Sanki içimden söylediğim şeyi duymuş gibi gülerek şöyle dedi: "Evet, hepimizin ataları kedilerdir, tıpkı sizin..."

"Benim atalarım da maymunlardır," dedim gülerek.

"Evet, hepimiz kötü fikirlere sahip olabilen hayvanlarız çünkü atalarımız çok akıllı değildi." Bana tekrar baktı. Galiba maymuna benzediğimi fark etmişti, sonra şöyle dedi: "Büyük Akrep'i konuşalım. Siz sadakatle onun büyülü yapraklarına göz kulak oluyorsunuz ama o size minnettar olmaz. Tam tersine eğer yaprakların yarısına el koyarsanız her yerde soyulduğunu söyleyecek ve böylece büyülü yaprakların fiyatını yükseltecektir. Zenginler soyulur ve fakirler cezalandırılır ama Büyük Akrep asla zarar etmez."

"Ama işin o kısmı Büyük Akrep'i ilgilendirir," dedim. "Ben onun emanetini kabul ettim ve onu kandıramam. Başkalarına nasıl davrandığı da beni ilgilendirmez, ben vicdanımla hareket ederim."

"Evet Bay Dünya. Kendi ülkemizde biz de sizin bakış açınızla hareket ediyoruz ancak Kedi Ülkesinde biz dürüst davranırken onlar kurnazlık yapıyor ve bu hiç adil değil. Dürüst olmak gerekirse Mars'ta böyle bir ülke olması Marslılar için bir utançtır. Biz Kedi Ülkesi İnsanlarını insan yerine koymuyoruz pek."

"İşte tam da bu nedenle sadık ve dürüst olmalıyız: Onlar insan değil ama biz insanız," dedim kararlılıkla.

Şişman olan devam etti:

"Evet Bay Dünya. Biz sizi vicdanınıza aykırı bir şey yapmaya zorlamak istemiyoruz. Bizim amacımız zarar görmemeniz için sizi uyarmaktı. Biz yabancılar olarak birbirimize destek olmalıyız."

"Beni affedin," dedim ve şunu sordum: "Kedi Ülkesinin zayıf ve fakir olmasının nedeni diğer ülkelerin birleşip onları ezmesi olabilir mi acaba?"

"Olabilir. Ancak Mars'ta askeri açıdan güçsüz olmak bir ülkenin uluslararası durumunu etkilemez. Bir ülkenin halkı insanlığını kaybederse, ülke de saygınlığını yavaş yavaş kaybeder. Hiç kimse böyle bir ülkeyle işbirliği yapmak istemez. Biz de diğer ülkelerin Kedi Ülkesine çok haksızlık yaptıklarını kabul ediyoruz ama kim bir ülke olma özelliğini kaybeden bir ülkeyi savunup diğerleriyle kötü olmak ister ki? Mars'ta çok sayıda zayıf ve fakir ülke vardır ama fakir ve zayıf oldukları için uluslararası pozisyonları zarar görmemiştir. Bir ülkenin güçsüz olmasının birçok nedeni vardır. Doğal afetler, toprağın verimsizliği bir ülkeyi zayıflatır ve fakirleştirir ama insanlığı kaybetmek, insanların neden olduğu bir şeydir. O yüzden insanlığını kaybettiği için güçsüz düşen başkalarının sempatisini kazanamaz. Örneğin Büyük Akrep, siz onun dünyadan gelen misafirisiniz, onun kölesi değilsiniz, kısa süreliğine de olsa sizi bir kez olsun evine davet etti mi? Karnınızın aç olup olmadığını sordu mu hiç? Sadece büyülü yaprakları korumanızı istedi! Onu soymak için sizi tahrik etmek niyetinde değilim. Biz yabancıların onu neden küçümsediğini size açıklamak isterim. Şimdi birinci konuya geldik." Şişman olan nefes aldı ve sözü zayıf olana verdi.

"Şayet yarın siz Bay Dünya, Büyük Akrep'in evinde kalmak isterseniz kesinlikle reddedecektir. Neden? Bunu yakında anlayacaksınız. Buraya gelmemizin nedenini söyleyelim sadece: Buranın yabancıları başka bir yerde yaşıyor. Şehrin batısında. Yabancıların hepsi orada oturuyor. Orada ülke sınırları yok, büyük bir aile gibiyiz. Biz ikimiz sizi karşılama görevini yerine getiriyoruz, Kedi Şehrine gelenleri gözleyen adamlarımız var. Bize yeni gelenleri bildirirler. Peki, neden böyle bir topluluk kurduk? Çünkü yerlilerin kötü alışkanlıklarını değiştirmenin bir yolu yoktur. Yemeklerinin zehirden farkı yoktur, onların doktorları... Ah, onlarda doktor yoktur ki! Bunların dışında da birçok neden var ama şimdi bu detayları anlatmaya gerek yok. Buraya gelmemizin amacı sizi korumaktı. Herhalde buna inanırsınız değil mi Bay Dünya?"

Samimiyetlerine inanmıştım. Her şeyi anlatmamalarının nedenini de tahmin edebiliyordum. Ancak madem Kedi Şehrine gelmiştim o zaman bu şehri gezmeliydim. Belki de önce başka bir ülkeyi gezmeliydim. Bu iki kişiye bakınca "Işık Ülkesi"nin Kedi Ülkesinden daha uygar olduğunu düşündüm ama bir uygarlığın ölümüne şahit olmak kolay ele geçecek bir fırsat değildi. Onların tarihine bir trajediymiş gibi bakmıyordum kesinlikle. Gerçekten Kedi Şehrindeki insanlara bir faydam dokunsun isterdim. Büyük Akrep'e sempati duyduğumu söyleyemem ama o zaten herkesi temsil etmiyordu. Bu iki yabancının söylediklerinden şüphe etmiyordum ama her şeyi kendi gözlerimle görmeliydim.

Ne düşündüğümü anlamış olacaklar ki şişman olan şöyle dedi: "Şimdilik karar vermeye gerek yok. Ne zaman gelmek isterseniz size kapımız açık. Buradan batıya doğru –en iyisi gece gitmektir çünkü kalabalık olmaz,– en batıya doğru gidin, en sonda bizim kaldığımız yeri görürsünüz. Hoşça kalın Bay Dünya!"

Hiç üzgün görünmüyorlardı. Samimi ve hoşgörülüydüler. Onlara minnettardım.

"Size teşekkür ederim!" Sonra şöyle dedim: "Mutlaka geleceğim ama önce buradaki insanları görmek istiyorum."

"Sakın yemeklerinden yemeyin! Hoşça kalın!" Bunları ikisi birlikte söylemişlerdi.

Hayır! Yabancı bir şehre gidip yaşayamazdım! Hem Kedi İnsanlar da eğitilebilirdi. Çok dürüstlerdi. Askerler tarafından davul gibi dövüldükten sonra bile kıkır kıkır gülüyorlardı. Hava kararınca hemen uyumaya gider ve hiç ses çıkarmazlardı. Bu halkı yönetmek zor olabilir miydi? İyi bir liderleri olsa kesinlikle en barışçıl, kanunlara en saygılı vatandaşlar olurlardı.

Uyuyamadım. Kafamda bir sürü rengârenk taptaze manzara belirmişti: Kedi Şehri yeniden inşa edilmiş, bahçe gibi bir şehir haline gelmişti. Müzik, heykel, kitap okuma sesleri, çiçekler ve kuşlar vardı. Düzenli, temiz ve güzel bir yer haline gelmişti...

13. Bölüm

Büyük Akrep bütün büyülü yaprakları evine götürdü ama bir teşekkür bile etmedi.

Kaldığım yerle ilgilenmiyordu. Onun evinde kalamazdım, olmazdı. Bunun için binlerce bahane sıralayabilirdi. En son bana şöyle demişti: "Eğer bizimle birlikte kalırsan saygınlığını kaybedersin! Sen yabancısın, neden yabancıların şehrinde kalmıyorsun?" Işık Ülkesinden iki kişinin kibarlıktan açıkça söyleyemediklerini söylemişti. Utanmaz bir dürüstlüktü bu!

Aslında sinirlenmemiştim. Ona neden Kedi Şehrinde kalmak istediğimi açıkladım. Üstü kapalı olarak eğer evinde kalmamın sakıncası varsa kalmayacağımı ama evini görmek istediğimi ima ettim. Sonra kendime kalacak başka bir yer bulacaktım. Böyle bir şey olmayacağını anlamıştım. Reddedeceğini tahmin de ediyordum gerçi. Peki, büyülü ağaç ormanında aylarca nerede kalıyordu? Sordum ama hiçbir cevap alamadım. Bütün büyülü yapraklar evindeydi ve evinin yerini bilmem onun için tehlikeliydi. Büyük Akrep'e eğer onun büyülü yapraklarını çalmak isteseydim bunu bir gece önce yapabileceğimi söyledim. Onun yaprakları saklamasını beklemezdim. Başını iki yana salladı: "Evde kadınlar var. O nedenle erkek misafir ağırlayamam." Bu da gerçekten ikna edici bir bahaneydi. Ama bakmakla kadınlardan bir şey eksilmezdi. Of, kafam karışmıştı! Bakmak, Büyük Akrep'in kafasından geçen şey değildi.

Duvarın üzerinde bir yaşlı kedi kafası belirdi. Kafası bembeyaz tüylerle kaplıydı. Bir domuz gibi ağzını büzüyordu. Tıpkı rüzgârda kurumuş bir papayaya benziyordu. Yaşlı kedi bağırdı: "Yabancıları istemiyoruz! Yabancıları istemiyoruz! İstemiyoruz, istemiyoruz!" bu kesinlikle Büyük Akrep'in babası olmalıydı.

Hiç sinirlenmedim, hatta bu kurumuş papaya ağızlı yaşlı kediyi takdir ettim. Yabancılardan korkmuyor hatta onları küçümsemeye cesaret ediyordu. Küçümsemesi belki cahilliktendi ama bence Büyük Akrep'ten daha insaniydi.

Genç bir Kedi İnsan beni bir kenara çağırdı. Büyük Akrep fırsattan istifade duvara tırmandı.

Genç bir Kedi İnsanla tanışmayı çok istemiştim. Bu genç Büyük Akrep'in oğluydu. Çok sevindim çünkü ailenin üç neslini de görmüştüm. Papaya ağızlı yaşlı kedi ve Büyük Akrep hâlâ hayattaydı ve belki de hâlâ çok güçlüydüler ama onlar artık geçmişin insanlarıydı. Kedi Ülkesinin hastalıklarını görecek olanlar gençlerdi.

"Sen çok uzaktan mı geliyorsun?" diye sordu Küçük Akrep. Aslında başka bir adı vardı ama kolaylık olsun diye ona böyle hitap ettim.

"Çok uzaklardan! Söyler misin o yaşlı adam senin büyükbaban mı?" diye sordum.

"Evet, büyükbabam bütün felaketleri yabancıların getirdiğini sanıyor. O yüzden yabancılardan nefret eder."

"O da büyülü yaprak yiyor mu?"

"Evet, o da yiyor. Büyülü yaprakları ilk yabancılar getirdi. O yüzden büyülü yaprak yemek ona göre yabancıları rezil etmek anlamına geliyor ve kendi kabahati olduğunu kabul etmiyor."

Etrafımızdaki insanlar çoğalıyordu. Hepsi yusyuvarlak gözlerini dikmiş, ağızlarını açmış bana tuhaf bir şey görmüş gibi bakıyorlardı.

"Sessiz sakin bir yerde konuşabilir miyiz?"

"Nereye gidersek gidelim bizi takip ederler. En iyisi burada konuşalım. Bizim ne konuştuğumuzu dinlemek istemiyorlar zaten, sadece ağzını nasıl açtığını ve gözlerini nasıl kırptığını görmek istiyorlar."

Küçük Akrep'in açıksözlülüğünü çok beğenmiştim.

"Tamam," dedim ve sessiz sakin bir yer bulmak için ısrar etmedim. "Peki ya baban?"

"Babam yeni nesildendir. En azından yirmi yıl öncenin yeni neslinden. Yirmi yıl önce büyülü yaprak yemeye karşıydı ama büyükbabamın büyülü ağaç ormanını miras aldı. Yirmi yıl önce kadın haklarını savunurdu şimdiyse kadınlar var diye senin eve girmene izin vermiyor. Büyükbabam gelecekte benim de onlar gibi olacağımı söylüyor. Gençler meraklıdır ve yeni şeylere açıktır ama orta yaşlara gelince atalarından kalan geleneklere dönerler. Büyükbabam yabancı ülkelerin işlerinden hiç anlamaz o yüzden atalarımızdan miras kalan kuralları uygular. Babam ise az da olsa yabancı ülkelerin işlerinden anlar, gençken her konuda yabancıları taklit etmiş. Şimdi edindiği bilgileri kendi çıkarları için kullanıyor. Yeni yöntemler kullanması gerektiğinde kullanır. Büyükbabam gibi inatçı değildir ama bunları sadece insan ilişkilerinde uygular ve prensipleri değişmez. Aslında prensipler konusunda büyükbabam ve babam tamamen aynıdır."

Gözlerimi kapattım. Bu sözler ışığında bir toplumun değişiminin resmini görebiliyordum. Bu değişim resminin dış kısımlarında belki biraz parlak bulut vardı ama resmin iç kısımları gittikçe daha da kararıyordu. Bu karanlığın parlak bulutlarla birleşip karanlık gölgelerin aydınlanması, Küçük Akrep'in biraz olsun aydınlatacak gücü olup olmamasına bağlıydı. Böyle düşünmüştüm ama Küçük Akrep'in nasıl biri olduğunu bilmiyordum.

"Sen de büyülü yaprak yiyor musun?" diye sordum ona aniden. Sanki büyülü yapraklar her hastalık ve felaketin kaynağıymış gibi. Ama bu düşüncemin nedenini açıklayamazdım.

"Ben de yiyorum," diye cevap verdi Küçük Akrep.

Kafamdaki resim artık tamamen kararmış hiçbir ışık kalmamıştı.

"Neden?" Bu sorum hiç de nazik değildi. "Lütfen açıksözlülüğümü bağışla!"

"Onu yemezsem hiçbir şeye katlanamam!"

"Onu yiyince katlanabiliyor musun?"

Küçük Akrep uzun bir süre hiçbir şey söylemedi.

"Katlanmak, evet! Ben yabancı ülkelere gittim ve dünyadaki durumu biliyorum. Fakat hiçbir sorunu çözmek istemeyen bir toplumda katlanma fikri yaygındır. Katlanmasalar nasıl yaşayabilirler?" Küçük Akrep güler gibi konuşmuştu.

"Kişisel çaba bir işe yaramaz mı?"

"Yaramaz! Bu kadar kafası karışık, cahil, zavallı, fakir, halinden memnun hatta mutlu bir halk; ellerinde sopa olan, büyülü yaprakları ve kadınları çalmaktan başka bir şey bilmeyen askerler; kurnaz, bencil, öngörüsüz, utanmaz, kendi çıkarlarından başka bir şey düşünmeyen ve toplumla hiç ilgilenmeyen siyasetçiler varken kişisel çaba bir işe yarar mı? Kendi başının çaresine bakmak başkalarıyla ilgilenmekten önemlidir!"

"Gençlerin çoğunluğu böyle mi düşünüyor?" diye sordum.

"Ne? Gençler mi? Kedi Ülkesinde genç yoktur! Sadece farklı yaş grupları vardır. Yaşı küçük olanlar genç sayılır, gençler yaşları ilerleyince yaşlı... olurlar." Galiba bir küfür kullanmıştı ama kelimenin ne olduğunu hatırlamıyorum. "Bizim burada yaşı küçük olanlar arasında büyükbabamdan daha eski kafalılar vardır. Bazıları babamdan daha dar görüşlüdür; bazıları..."

"Kötü bir çevrenin etkileri yadsınamaz," dedim sözünü keserek. "Ama bunu çok ciddiye almamak gerekir."

"Kötü bir çevrenin kötü etkileri olur ama bir başka açıdan da kötü bir çevre insanların uyanmasına sebep olur.

Gençlerin kanı kaynamalı ama bizim gençlerimiz doğuştan itibaren yarı ölü gibidir. Eğer küçük çıkarlar elde edemezlerse sorun olmaz ama biraz para gördüler mi kalpleri duracak gibi olur. Normal zamanlarda her şeyden memnundurlar ama bir şeyden kişisel çıkar umarlarsa her şeyi kabul etmeye hazırdırlar."

"Bunu söylediğim için beni affet ama gerçekten çok karamsarsın. Neler olduğunun farkına varmış ama cesareti olmayan karamsar birisin. Çaba göstermemek için başkalarını yargılıyor ve bunu bir bahane olarak öne sürüyorsun. Her şeyi kapkara ve umutsuz görüyorsun. Aslında gerçek böyle olmayabilir. Belki bir başka açıdan bakılsa bu toplum o kadar da karanlık ve korkunç değildir, ne dersin?"

"Belki de. Başka açıdan bakma işini sana bırakıyorum. Sen uzaktan gelmiş birisin belki de benden daha iyi görebilirsin," dedi ve gülümsedi Küçük akrep.

Etrafımızdakiler sanki ağzımı açıp kapamamı ve gözlerimi kırpmamı izlemeye doymuş gibi –konuştuklarımızı anlayıp anlamadıklarından şüpheliydim– yırtık pantolonuma bakmaya başladılar. Küçük Akrep'e soracağım çok soru vardı ama etrafım o kadar kalabalıktı ki nefes alamıyordum. Küçük Akrep'ten bana kalacak bir yer bulmasını istedim. O da yabancılar şehrinde kalmamı tavsiye etti ama bir filozof gibi konuşarak: "Şu gözlem işini yapmanı istemiyorum aslında çünkü hevesinin ve beklentilerinin yok olup gitmesinden korkuyorum. Ama ille de burada kalmak istiyorsan sana bir yer bulurum. Buranın iyi bir tarafı yok. Buradakiler büyülü yaprak yemez ve buranın tek özelliği de budur."

"Kalacak yer varsa başka bir şey söylemene gerek yok, sana zahmet olacak!" Kararımı vermiştim, kesinlikle yabancılar şehrinde kalmayacaktım.

14. Bölüm

Kaldığım evin asıl sahibi eski bir büyükelçiydi. Büyükelçi yıllar önce ölmüştü. Büyükelçinin karısı da yabancı ülkelerde yıllarını geçirmiş biriydi. Bir özelliği daha vardı: "Biz büyülü yaprak yemeyiz" sözünü günde en az yüz defa söylüyordu. Ev sahibim kim olursa olsun ben sonunda duvara çıkma amacıma ulaşmıştım. Bir yavru kedinin ilk defa çatıya çıktığında hissettiği gurur gibi bir şeydi bu ve sonunda binanın içini görecektim.

Duvarın yarısına kadar gelince biraz tereddüt ettim. Duvar sallanıyordu desem yalan söylemiş olurum ama ellerimin ve ayaklarımın değdiği yerlerden sürekli toprak düşmesi yalan değildi. "Bu yağda kızartılmış hamur işine benzeyen duvarın belki başka bir fonksiyonu vardır" dedim içimden. Duvarın üstüne ulaştım, eğer başım dönmüyorsa kesinlikle duvar sallanıyordu.

Binanın çatısı yoktu. Yağmur yağınca ne yapıyorlardı? Anlayamamıştım. Bu yüzden burada kalmayı daha da çok istiyordum. Duvarın en üstünden bir metre aşağıda evin içinde bir kat tahta ve tahtanın ortasında da büyükçe bir delik vardı.

Büyükelçinin karısının yüzü çok büyüktü. Çok sert bakışları vardı ama beni korkutamazdı. Yüzünde beyaz, ağır bir makyaj vardı ve bu makyaj tabakası çok kalın olmasına rağmen ince, gri tüyleri görünüyordu. Sert dikenleri ve gözleri olan bir kış kavununa benziyordu. İşte bu beni biraz ürkütmüştü.

"Eşyalarını tahtanın üzerine koyabilirsin. Yukarısı sana ait, aşağıya inme. Gün ağarınca yemek yersin, hava kararınca yemek yersin, sakın geç kalma. Biz büyülü yaprak yemeyiz! Ücreti öde!" Büyükelçinin karısı gerçekten de diplomasiyi biliyordu.

Konaklama ücretini ödedim. Büyük Akrep'in verdiği beş yüz *ülke ruhu* pantolonumun cebinde duruyordu.

Böylesi daha iyiydi. Kendimden başka bir şeyim zaten yoktu. Kalacak bir yer de olduktan sonra başka hiçbir şeyle uğraşmama gerek yoktu. Kaldığım yer bir kat tahta ve dört duvardı. Masa ve sandalye gibi eşyalara gerek yoktu. Eğer dikkatsizlik edip o delikten aşağı düşmezsem hiçbir sorun yok demekti. Tahtanın üzerindeki çamur beş altı santim kalınlığındaydı. Çamurdan gelen koku gerçekten de bir büyükelçinin evine yakışmıyordu. Yukardan güneş ışığı ve aşağıdan gelen kötü koku yüzünden yine sokağa çıkmaktan başka çarem kalmamıştı. Kedi İnsanların neden gündüzleri sokakta olduğunu anlamıştım.

Ben kıpırdamaya fırsat bulamadan ev ahalisi delikten dışarı çıktı. Büyükelçinin karısı ve sekiz kış kavunu suratlı kadın. Sekiz kadın duvara tırmanıp dışarı çıktılar ama hiçbiri dönüp bana bakmaya cesaret edemedi. En son duvarın dışına sarkan ve sadece kafası duvarın üzerinde görünen büyükelçinin karısı şunları söyledi:

"Biz dışarı çıkıyoruz. Akşam görüşürüz! Başka çarem yok, büyükelçi öldü ve bütün sorumluluk şimdi benim omuzlarımda. Onun yerine bu sekiz mahlûka bakmak zorundayım! Param yok, başımda bir erkek yok, gece gündüz bu sekiz genç uğursuza bakmak zorundayım! Biz büyülü yaprak yemeyiz! Kocam büyükelçiydi, ben de büyükelçi karısıyım, çok ülke gördüm, büyülü yaprak yemem, gece gündüz bu sekiz dişi kediye bakmak zorundayım!"

Büyükelçinin karısının bir an önce aşağı inmesini umuyordum yoksa kim bilir o sekiz kadın için başka neler söyleyecekti! Büyükelçinin karısı da durumu anlamış olacaktı ki birden kayboldu.

Yine bir labirentin içine düşmüştüm. Acaba neler oluyordu? Sekiz kız çocuğu muydu? Sekiz baldız mı? Sekiz cariye mi? Evet, sekiz cariye. Büyük Akrep galiba bu yüzden evine gitmeme izin vermemişti. Tahta katın altında ne ışık ne de hava vardı. Bir Kedi İnsan ve –büyükelçinin karısının kullandığı resmi ifadeyle– sekiz dişi kedi. Kötü kokulu, dağınık, müstehcen ve çirkin... Pişman olmuştum, bu tür bir aileyi görmenin bir manası yoktu. Fakat konaklama ücretini ödemiştim, ayrıca ne kadar rezil bir durumda olursa olsun aşağı inip etrafı görmeliydim.

Hepsi dışarı çıkmıştı aşağı inip bir baksam olmaz mıydı? Hayır, büyükelçinin karısı inmemem için beni uyarmıştı. Gizlice bakmak pek parlak bir fikir değildi. Tereddüt içindeyken büyükelçinin karısının kafası tekrar duvarın üzerinde göründü:

"Çabuk dışarı çık, izin almadan aşağıya bakma, çok ayıp!"

Hızla dışarı çıktım. Kime gidecektim? Çok karamsar olsa da sadece Küçük Akrep ile konuşabilirdim. İyi de onu nerede bulacaktım? Kesinlikle evde durmazdı. Sokakta birini aramak samanlıkta iğne aramaktan farksızdı. Kalabalığın arasından güçlükle geçtim ve uzaktan sokağa baktım. Şimdi net bir şekilde görebiliyordum: şehrin ortasında soyluların konutları ve devlet binaları vardı çünkü bu binalar etraflarındakilerden daha yüksekti. Bunların etrafındaki binalar merkezden dışarı doğru gitgide alçalıyordu ve daha köhneydi. Bu binalar kesinlikle yoksulların evleri ve küçük dükkânlar olmalı diye düşündüm. Kedi Şehrini artık anlamıştım.

Tam o sırada kalabalığın arasında on kadar kadın ortaya çıktı. Yüzü beyaz olan kesinlikle bir kadındı çok uzaktan bile anlaşılabiliyordu bu. Bana doğru geliyorlardı. Rahatsız olmuştum. Büyükelçinin karısı ve Büyük Akrep yüzünden buranın kadınlarının çok itaatkâr ve dürüst oldukları, hiç özgür olmadıkları yönünde bir izlenim edinmiştim. Bu on kadın gibi dışarıda istedikleri gibi gezenler kesinlikle kurallara uymayanlar olmalıydı. Buraya yeni gelmiştim, itibarımın zedelenmesini istemiyordum. O yüzden daha dikkatli olmalıydım. Bunları düşününce aniden koşarak kaçmak istedim.

"Gözlemlemeye başladın mı?" Bu Küçük Akrep'in sesiydi.

Dikkatli bakınca onun kadınların arasında saklandığını fark ettim.

Kaçmama gerek kalmamıştı. Göz açıp kapayıncaya kadar ben ve Küçük Akrep kadınların ortasındaydık.

"Bir tane ister misin? " dedi gülerek Küçük Akrep. Etrafına baktı: "Bu Çiçek, bu Büyülü –büyülü yapraklardan çok daha büyülü, bu Yıldız..." kadınların isimlerini bana tek tek söyledi ama hepsini hatırlayamıyorum.

Büyülü, bana yaklaştı ve gözlerini kırptı. Bir anda üşümüş gibi titremeye başladım. Ne yapacağımı bilemiyordum. Bu kadınların ne iş yaptıklarını bilmiyordum. Eğer onlar kötü insanlar ise buraya daha yeni gelmiştim ve itibarımı korumalıydım. Diğer taraftan eğer iyi insanlarsa onları küstürmemeliydim. Doğruyu söylemek gerekirse kadınlardan nefret eden biri değilim ama onlara karşı hiçbir zaman iyi hislerim de olmamıştır. Her zaman kadınların makyaj yapmasının bir tür sahtekârlık olduğunu düşünmüşümdür. Elbette hiç makyaj yapmayan kadınlar da gördüm ama onlar da makyaj yapan kadınlardan daha az gösterişli değillerdi. Bu düşüncelerim kadınlara olan saygımı elbette azaltmıyor ama onlara saygılı olmakla birlikte mesafemi korumak benim tarzımdır. O yüzden bu kadınları küstürmek de istemiyordum.

Küçük Akrep benim zor durumda olduğumu anlamış gibiydi. Şakalaşıyormuş gibi yaparak eliyle onları itti ve şöyle dedi: "Gidin! Gidin! İki filozof bir araya geldi ve artık size ihtiyaç kalmadı." Şımarık şımarık gülerek kalabalığın içine girdiler. Hâlâ şaşkındım.

"Eskilerin çok sayıda cariyesi olur, yenilerinse çok sayıda karısı vardır. Hem eskilerden hem de yenilerden nefret eden birisi olarak ne bir karım var ne de cariyem olsun isterim. Sadece öylesine kadınlarla eğlenirim. İdare ediyorum işte, sadece idare ediyorum."

"Bu kadınlar sanki..." ne diyeceğimi bilememiştim.

"Onlar mı? Sanki..." Küçük Akrep bir an duraksadıktan sonra devam etti: "Sanki... Onlar kadındır işte. Onları ezebilirsin, şımartabilirsin, saygı gösterebilirsin, âşık olabilirsin ve onları besleyebilirsin. Bunların hepsi erkeklerin düşüncelerine bağlıdır ama kadınlar asla değişmez. Benim büyükannem makyaj yapardı, annem makyaj yapar, kız kardeşim makyaj yapar, bu kadınlar makyaj yapar. Bu kadınların torunları da mutlaka makyaj yapacaklar. Eve kapatılsalar da makyaj yaparlar, dışarı çıkmalarına izin verilse de makyaj yaparlar."

"Yine karamsarsın!" dedim.

"Bu karamsarlık değil, ben kadınları takdir ederim, onlara saygı gösteririm. Erkekler sabahtan akşama kadar eğlenirler ve kendilerini geliştirmezler. Bir an için bilge olurlar ve sonra aniden hayvana dönüşürler. Sadece kadınlar başından sonuna kadar saflıklarını korurlar ve her zaman çaba gösterirler. Ama doğuştan gelen yüzlerinin iyi olmadığını düşündüklerinden o beyaz tozları sürekli yüzlerine sürerler."

Bu şakaya benzeyen teori düşüncelere dalmama neden olmuştu.

Küçük Akrep gururla devam etti: "Az önceki kadınlara *yeni kadınlar* denir. Onlar babamın ve büyükelçinin düşmanıdır. Onların babamla kavga edeceğini söylemiyorum. Fakat babam onlardan nefret ediyor çünkü onları büyülü yapraklar gibi satamıyor. Eğer onlar babamın kızları, karısı ya da cariyeleri olsalardı onları eve kapatamazdı. Bu, onların annemden ya da büyükelçinin karısından daha güçlü veya daha yetenekli oldukları anlamına gelmiyor. Fakat onlar daha kadınsılar, tembeller ve düşünmüyorlar... Ama makyaj yapmayı çok iyi beceriyorlar. Çok sevimliler. Benim gibi hiçbir şey sevmeyen birini bile onları ara sıra idare etmek zorunda bırakıyorlar."

"Eğitim alıyorlar mı peki?" diye sordum.

Küçük Akrep bir kahkaha patlattı ve uzun bir süre hiçbir şey söylemedi.

"Eğitim mi? Of eğitim, eğitim, eğitim!" Küçük Akrep sanki delirmişti: "Kedi Ülkesinde okullar dışında her yerde ve her şeyde eğitim vardır! Dedemin küfür etmesi eğitimdir. Babamın büyülü yaprak satması eğitimdir. Büyükelçinin karısının yaşarken ölmüş dişi kedilere bakması eğitimdir. Caddedeki kötü kokulu kanal eğitimdir. Askerlerin insanların kafalarına davul çalar gibi vurmaları eğitimdir. Gittikçe daha fazla makyaj yapmaları da kadınların eğitimidir. Her yerde eğitim vardır. Eğitim kelimesini ne zaman duysam fazladan on tane daha büyülü yaprak yerim yoksa midemin ağzıma gelmesine engel olamam!"

"Burada çok okul var mı?"

"Çok. Sokağın diğer tarafını gördün mü?"

"Hayır."

"Görmelisin mutlaka. Sokağın diğer tarafında birçok kültür kurumu var." Küçük Akrep yine gülmüştü. "Kültür kurumlarının kültürle bir alakaları var mı? Bunu sormana gerek yok, kurumlar işte orada." Başını yukarı kaldırıp göğe baktı: "Eyvah yağmur yağacak!"

Gökyüzünde yağmur bulutları yoktu ama doğudan bir rüzgâr esmiş ve hava serinlemişti.

"Çabuk eve dönelim!" Küçük Akrep sanki yağmurdan korkuyordu. "Hava düzelince yine burada buluşuruz."

Kalabalıkla fırtına karşılaşınca hepsi birden evlerin olduğu tarafa yönelmişti. Ben de onlarla birlikte koştum. Gerçi eve dönsem de yağmurdan ıslanacağımı biliyordum çünkü evin çatısı yoktu. İnsanların deli gibi duvarlara tırmanmasını seyretmek çok ilginçti. Bir şehirdeki herkesin duvarlara tırmandığını daha önce hiç görmemiştim.

Doğudan bir rüzgâr esmeye başladı ve ortalık birden karardı. Devasa kırmızı bir şimşek çaktı ve binalarla birleşerek bir üçgen oluşturdu. Gök gürültüsüyle birlikte yumurta büyüklüğünde yağmur damlaları düşmeye başladı. Uzaktan bir gürültü geldi. Yağmur azaldı. Yere yakın yerlerde gri hava aydınlandı, soğuk bir rüzgâr esti sonra bir şimşek çaktı. O an yağmurun sesi duyulmuyordu ama bir şelale gibi gökten akmaya başlamıştı. Gökyüzü görünmüyordu. Hiçbir şey görünmüyordu. Sadece çok şiddetli bir ışık vardı. Yağmur aniden bastırmıştı. Ürkmüş yılanlar gibi hızla hareket eden şimşekler kapkaranlık havayı kesti, iki kez titredi ve yok oldu, her yer kapkaranlık olmuştu. Koşarak duvarın dibine vardığımda çoktan sırılsıklam olmuştum.

Hangisi büyükelçinin karısının eviydi? Net olarak göremiyordum. Birkaç adım geri çekildim, şimşeğin ışığı gelince bakmak istedim. Büyük, çok parlak bir şimşek çaktı. Kocaman siyah bir hayalete benzeyen gök, gözlerini açmış ya da gözlerini kırpmıştı sanki. Endişelenmiştim, kimin evi olduğuna bakmadan tırmanayım dedim kendi kendime. Tırmanayım sonra bakarız. Duvarın yarısına kadar çıktıktan sonra anladım ki burası büyükelçinin karısının eviydi. Bunu duvarın sallanmasından anlamıştım.

Büyük bir şimşek daha çaktı, âdeta birkaç yüzyıl geçmiş gibi oldu ve ardından gökyüzü çökmüş gibi bir gök gürültüsü duyuldu. Ben ve duvar birlikte eğilmiştik. Gözlerimi kapattım, bir gürültü daha geldi. Neredeydim? Kim bilir!

15. Bölüm

Gök gürültüsü uzaklardan geliyordu artık. Gerçekten bu sesi duyuyor muydum yoksa rüya mı görüyordum? Kesin olarak söylemem mümkün değildi. Gözlerimi açtım. Hayır, gözlerimi açamıyordum. Büyükelçinin karısının evinin duvarındaki çamur sanki yüzüme yapışmıştı. Evet, gök gürültüsü devam ediyordu ve ben de uyanmıştım. Yüzüme dokunmak istedim ama yapamadım çünkü elim bir taşın altında kalmıştı. Ayaklarımı ve bacaklarımı da göremiyordum. Sanki biri gelip beni bir bitki gibi toprağa dikmişti.

Sonunda elimi çıkardım sonra yüzümü elimle sildim. Büyükelçinin karısının evi bir mezarlığa dönmüştü. Bacaklarımı çıkarmaya çalışırken deli gibi imdat diye bağırıyordum. Ben kurtulmuştum ama büyükelçinin karısı ve sekiz uğursuz mutlaka çok derinlerde gömülü olmalıydı! Yağmur damlaları havada uçuşuyordu. Gücüm tükenene kadar bağırdım ama hiç kimse gelmedi. Kedi İnsanlar sudan korkar, bu yüzden yağmur durana kadar ortaya çıkmayacaklardı.

Kendimi topraktan çıkarmayı başarınca deli gibi toprak yığınını kazmaya başladım. Yaram berem var mı diye bakmadım bile. Hava açmıştı. Kedi İnsanların hepsi ortaya çıktı. Toprağı kazarken imdat diye bağırıyordum. Bir sürü insan geldi ve etrafımda toplanıp bana baktı. Beni yanlış anladıklarını sanarak onlara açıklama yaptım. Kendim için değil toprağın altında kalan dokuz kadın için imdat diye bağırıyordum. Anladılar, sıkışarak öne doğru geldiler ama hiçbiri bir şey yapmadı. Biliyordum ki yalvarmanın bir faydası yoktu. Pantolonumun cebine dokundum, *ülke ruhu* hâlâ oradaydı. "Gelip benimle birlikte kazan herkese bir *ülke ruhu* vereceğim!" Şaşırmışlardı, bana inanmamış gibiydiler. İki tane *ülke ruhu* çıkardım ve onlara gösterdim. İşe yaramıştı. Arı sürüsü gibi yaklaştılar. Fakat birisi geldi ve eline bir taş alıp gitti. Sonra bir başkası geldi ve eline bir tuğla alıp gitti. Bedava bir şey görünce hemen almak Kedi İnsanların alışkanlığıydı. Tamam, nasıl isterseniz öyle olsun diye düşündüm. Nasıl olsa taş ve tuğla bitince doğal olarak altındakiler de kurtulmuş olacaktı. Çok hızlıydılar! Karıncaların pirinç tanelerini taşıması gibiydi. Bu kadar hızlı taşıyabilecekleri aklıma gelmezdi. Aşağıdan bir ses geliyordu. Biraz rahatlamıştım. Ama sadece büyükelçinin karısının sesi geliyordu. Yüreğim ağzıma gelmişti. Moloz yığını ortadan kalkmıştı. Büyükelçinin karısı tam ortadaydı. Tam tahtanın deliğinin olduğu yerde öylece oturuyordu. Diğer sekiz kadın etrafta yatıyordu ve hiçbiri kımıldamıyordu. Önce büyükelçinin karısını kaldırmak istedim fakat elim koluna dokununca şöyle dedi:

"Ay! Bana dokunma ben büyükelçinin karısıyım! Evimi soydun, imparatora şikâyet edeceğim, sonra tuğlalarımı bana geri getireceksin!" Gözleri toprakla kaplıydı. Galiba çöken evleri yağmalamak Kedi İnsanların sık sık yaptığı bir şeydi. Büyükelçinin karısı bunların olacağını biliyordu.

Etraftakiler sessizce almaya devam ediyorlardı. Tuğlaların hepsi gitmişti. Bazıları elleriyle toprak alıyordu. Maddi durumları çok kötü olduğundan bir avuç toprak bile eli boş gitmekten iyidir diye düşünüyorlardı herhalde.

Büyükelçinin karısı yüzündeki toprağı temizledi, çenesinde iki yara, kafasının üzerinde kocaman bir şiş vardı. İyice açılan gözlerinden ateş çıkıyordu. Zorlanarak ayağa kalktı ve sallana sallana bir Kedi İnsana yaklaştı. Nasıl becerdiyse tam isabetle birden kulağını ısırdı. Isırırken keyifli bir ses çıkarıyordu, sanki bir fare yakalamıştı. Kulağını ısırdığı Kedi İnsan acıyla bağırdı ve eliyle büyükelçinin karısının karnına vurmaya çalıştı. İkisi yerde yuvarlanarak uzun süre kavga ettiler. Büyükelçinin karısı yerde yatan kadınları görünce onu bıraktı, Kedi İnsan bir ok gibi hızla koşarak kaçtı. Etraftakiler de bağırıp bir iki metre geri kaçtılar. Büyükelçinin karısı kadınlardan birine sarılıp hüngür hüngür ağlamaya başladı.

Yüreğim parçalanmıştı. Aslında kalpsiz biri değildi. Onu teselli etmek istedim ama benim de kulağımı ısırmasından korktum çünkü gerçekten delirmiş gibiydi.

Uzun bir süre ağladıktan sonra beni gördü.

"Hepsi senin yüzünden, senin yüzünden, evimi yıktın sen! Hiçbir yere kaçamazsın, evimi yağmaladılar ama hiçbir yere kaçamazlar. İmparatora şikâyet edeceğim, hepinizi öldüreceğim!"

"Ben kaçmam," dedim sakince: "Sana elimden geldiğince yardım edeceğim."

"Sen yabancısın. Sözüne güveniyorum. O pislikler! İmparatordan rica edeceğim askerlerini göndersin ve her evi arasınlar. Bir tek tuğla bile çıkarsa onları öldürsünler! Ben büyükelçinin karısıyım!" Büyükelçinin karısının ağzından tükürük fırlayıp çok uzağa gitmişti sonra pat diye bir ses çıktı ve kan kustu.

Söylediklerini yapabilecek kadar güce ve itibara sahip olup olmadığını bilmiyordum. Onu teselli etmeye çalışıyordum. Delirmesinden korkuyordum. "Önce sekiz kadını..." diyecek oldum.

"Ne yapacaksın o sekiz uğursuzu? Ben sadece hayatta olanlarla ilgilenirim, ölenlerle ilgilenmem. Onlardan kurtulmak için bir çaren var mı?"

Cevap veremedim. Ne yapılması gerektiğini bilmiyordum. Henüz Kedi Ülkesinde hiç cenaze görmemiştim.

Büyükelçinin karısının gözleri gittikçe daha da korkutucu olmuştu. Gözlerinde gözyaşları parlıyordu ama delice bakışlarının ateşi azalmamıştı. Sanki gözyaşları gözünün içinde kurumuştu, gözleri de manyetik bir parlaklık yayıyordu.

"Seninle konuşalım!" diye bağırdı: "Şikâyet edebileceğim bir yer yok, param yok, başımda bir erkek yok, büyülü yaprak yemem, büyükelçinin karısı seninle konuşacak!"

Delirdiğini anlamıştım. Az önce söylediklerini unutmuştu ve bana dertlerini anlatıyordu.

"Bu," dedi ölen kadınlardan birinin kafasını tutarak: "Bu uğursuzu daha on yaşındayken büyükelçi getirmişti. Daha on yaşındaydı, kasları ve kemikleri bile daha olgunlaşmamıştı, büyükelçi onu harcadı. Bir ay boyunca hava karardığında ağladı bu uğursuz. Anne baba diye ağlar, elimi tutardı. Bana anne baba der, yanından ayrılmamı istemezdi. Fakat ben ahlaklı ve bilge bir kadınım. On yaşında bir kızla büyükelçi için kavga edemezdim. Büyükelçi eğlenmek istiyorsa ona karışamazdım. Ben onun karısıyım ve öyle davranmalıydım. Bu küçük uğursuz, büyükelçi ona doğru koşunca yeri göğü inletirdi. Çıkardığı sesler insan sesine benzemezdi. Büyükelçi eğlenirken yalvarır, bağırırdı. Büyükelçinin karısı! Büyükelçinin karısı! Sevgili atalarım gelin beni kurtarın! Beni kurtarın! Ben büyükelçinin eğlenmesini yasaklayabilir miydim? Ben karışamam. İşi bittikten sonra yatar ve hiç kımıldamazdı. Ölü taklidi mi yapardı yoksa bayılır mıydı? Bilmiyorum zaten ben detaylarla ilgilenmem. Ona ilaç ve yemek verirdim ama bu gebermiş pislik bana minnettar olur muydu? Sonra büyüdü. Çok cilveliydi ve büyükelçinin aklını başından aldı. Büyükelçi o sıralarda yeni bir kız satın aldı. O da gece gündüz ağlamaya ve büyükelçinin yeni birini satın almasına engel olmadım diye beni suçlamaya başladı. Ben büyükelçinin karısıyım. Bir büyükelçi çok insan satın alırmazsa kim onu ciddiye alır? Bu küçük uğursuz büyükelçiyi engellemediğim için şikâyet ederdi. Pislik, namussuz, uğursuz!" Büyükelçinin karısı onun kafasını bırakıp bir başkasınınkini tuttu. "Bu bir orospudur. Sabahtan akşama kadar büyülü yaprak yer, büyükelçiye de yedirirdi. Büyükelçi büyülü yaprak müptelası olduktan sonra yurt dışına nasıl gidebilirdi? Şuna bak! Ben ne yapsaydım, büyükelçinin bir orospuyla birlikte olmasına karşı çıkamazdım ama büyükelçi büyülü yaprak yediği için yurt dışına gidememesine de seyirci kalamazdım. Benim dertlerimi bilemezsin. Bir büyükelçinin karısı olmak ne kadar zordur hayal bile edemezsin! Gündüzleri onun büyülü yaprak çalmasını engellemem gerekiyordu. Akşamları büyükelçiyi tahrik edip benimle kavga ettiremesin diye uğraşmam gerekiyordu. Pislik! Hep kaçmak istiyordu. İki gözüm onu izlemeye yetmiyordu. Gözüm sürekli üstünde olmalıydı. Büyükelçinin cariyesi kaçarsa itibarımız kalır mıydı?"

Büyükelçinin karısının gözlerinden sanki ateş çıkıyordu, başka bir ölü kadının kafasını tuttu:

"Bu pislik en aşağılık olanı! Yeni tarz uğursuzlardan! Daha kapıdan girmeden büyükelçiden hepimizi kovmasını istedi. Bu pislik kendi isteğiyle onunla birlikte oldu ve büyükelçi de hiç para harcamadan onunla eğlendi. O bütün kadınların utancıdır! O kapıdan girince büyükelçi bizimle konuşmaya bile çekinirdi. Büyükelçi dışarı çıkarken ona eşlik ederdi. Büyükelçi misafir ağırlarken yanında o olurdu sanki karısıymış gibi. Peki, ben kimim? Büyükelçinin birçok kadın alması doğaldır ama büyükelçinin sadece bir tane karısı olabilir ve o da benim! Onu cezalandırmasam olmazdı. Onu evin dışına bağladım ve yağmurun altında bıraktım. Üç kez böyle ıslandıktan sonra pes etti küçük pislik! Büyükelçiye eve dönmek için yalvardı. Büyükelçinin onu kandırdığını söyledi, onu bırakır mıydım? Kendini büyükelçinin yedek karısı olarak gören biri büyükelçiyle tartışıp oradan kaçıp gidebilir miydi? Hiç böyle şey duymadım. Başka biriyle mi evlenmek istiyordu? O kadar kolay değil. Çok zor! Büyükelçinin karısı olmak hiç kolay değil. Gece gündüz onu gözlerdim. İyi ki büyükelçi bu pisliği getirdi." Arkasını dönüp bir başka ölü kadını gösterdi. "Aramız iyiydi bununla. Birlik olup bu yeni uğursuza karşı çıkacaktık. Kadınların hepsi aynıdır, erkekleri yanlarında olmayınca telaşlanırlar. Büyükelçi ve yeni uğursuz birlikte uyurken o bütün gece ağlardı. 'Hâlâ büyükelçinin karısı olmak istiyor musun?' diye sordum. Büyükelçiden ayrılamadığına göre öyle olmalı! Büyükelçinin karısı olmak istiyorsan tek başına ona sahip olmayı istememelisin. Büyükelçi bir seyyar satıcı değil ki ömrü boyunca sadece bir kadınla birlikte olsun!"

Büyükelçinin karısının gözleri kıpkırmızı olmuştu. Ölmüş kadınlardan birinin kafasını tutup birkaç kez yere vurdu. Kısa, kesik bir kahkaha attı, bana baktı, hemen birkaç adım geri çekildi.

"Büyükelçi hayattayken bana bir gün bile rahat nefes aldırmadılar. Bunu gözlerdim, bundan sakınırdım, buna söverdim, öbürünü döverdim, bir gün rahat edemedim. Büyükelçinin bütün parasını yediler. Büyükelçinin gücünü tükettiler. Büyükelçi öldü ve bir erkek çocuk bile bırakmadı arkasında. Çocuk doğurmadı mı bu sekiz kadın, hepsi erkek çocuk doğurdu ama bir tanesi bile yaşamadı. Nasıl yaşasın ki, biri doğurunca diğer yedisi gece gündüz bebeği öldürmeye çalışırdı. Öne çıkmak için birbirleriyle savaşırlardı. Erkek çocuğu olanın büyükelçinin karısı olmasından korkarlardı. Ben büyükelçinin karısı olarak hiçbirini kıskanmıyor, onlara karışmıyordum. Kim kimin çocuğuna zarar verirse versin, onların meselesiydi. Ben çocuklara zarar vermem, onların birbirlerinin bebeklerini öldürmesi de beni ilgilendirmez. Bir hanım her zaman bir hanım gibi davranmalıdır.

Büyükelçi öldükten sonra ne para kaldı ne de başımızda bir erkek. Bu sekiz uğursuzun hepsi benim başıma kaldı! Çarem yoktu, onların kaçıp başkalarıyla evlenmelerine izin mi verseydim? Bunu yapamazdım. Her gün sabahtan akşama kadar onları gözlüyordum. Sabahtan akşama kadar onları ikna etmek için dil döküyordum. Sırf hayatın prensiplerini anlasınlar diye. Anladılar mı? O kadar kolay değil! Ama vazgeçmedim ve gece gündüz onları gözledim. Umudum neydi? Hiçbir umudum yoktu. Sadece imparator hazretlerinin benim çektiğim zorlukları, ideallerimi, karakterimi anlamasını ve bir maaş bağlamasını, bana üzerinde 'Namuslu ve Cesur' yazan bir levha vermesini umuyorum. Az önce ağladığımı duydun değil mi? Duydun mu?"

Başımı salladım.

"Neden ağladım? Bu uğursuzlar için mi? Onlar için ağlayacak halim mi var benim! Ben kendi kaderime ağladım. Büyükelçinin karısı, büyülü yaprak yemem, evim yıkıldı ve her şeyim yok oldu! İmparatorla görüşmeye gittiğim zaman söyleyecek sözüm yok. Eğer imparator tahtında otururken bana sorarsa: büyükelçinin karısı olarak ne yaptın da benden ödül istiyorsun? Ona ne diyeceğim? Ölen büyükelçiden kalan sekiz kadına baktığımı, onları rezil etmediğimi ve kaçmadığımı. İmparator hazretleri peki neredeler diye sorarsa ne diyeceğim? Öldüler mi diyeceğim? Elimde bir kanıt olmadan ödül alabilir miyim? Ne söyleyeceğim? Büyükelçinin karısı!" Kafası göğsüne düştü. Ona yaklaşmak istedim ama bana hakaret etmesinden korktum.

Başını tekrar kaldırdı, gözleri hareket etmiyordu: "Büyükelçinin karısı, yurt dışında bulundum... Büyülü yaprak yemem... Maaş! Levha... Büyükelçinin karısı..."

Büyükelçinin karısı tekrar başını eğdi, vücudu yavaşça yana doğru kayarak düştü ve iki kadının cesedi arasında öylece kalakaldı.

16. Bölüm

Çok üzülmüştüm! Büyükelçinin karısının feryatları, kadınların yüzyıllardır devam eden acıları için gözyaşı dökmeme neden oldu. Sanki elim tarihin en karanlık sayfalarını çevirirken kalakalmış, gözlerim devamını görmeyi reddetmişti.

Yabancıların yanına gitmemek bir hataydı. Yine evsiz barksız kalmıştım. Nereye gidecektim? Bana yardımcı olan Kedi İnsan kalabalığı hâlâ beni izliyor, galiba para vermemi bekliyorlardı. Büyükelçinin karısının her şeyini yağmalamışlardı. Evet, ama bu *ülke ruhu* alma umudundan vazgeçmelerini sağlayabilir miydi? Çok başım ağrıyordu ve iki dişim de sallanıyordu. Artık düşünemiyordum, hastalanacaktım. İçimden bir ses beni uyardı. Pantolonumun cebindeki *ülke ruhları*ndan bir onluk, bir beşlik attım yere. Paylaşsınlar veya birbirlerini ezsinler, bu da onların tercihiydi. Artık uğraşacak gücüm kalmamıştı. Şu sekiz kadından umut yoktu. Büyükelçinin karısı da bitmişti. Vücudunun alt kısmı kan revan içindeydi ve gözleri açıktı. Sanki öldükten sonra bile hâlâ o sekiz uğursuzla uğraşıyordu. Onları gömecek gücüm yoktu. Etraftakiler elbette bununla ilgilenmezdi. Utanç ve umutsuzluktan kendi kafamı yumruklayarak parçalamak istedim.

Yerde bir süre oturdum. Hiç kıpırdamak istemesem de sonunda ayağa kalktım. Bu kadınların gözlerimin önünde çürümelerine dayanamazdım. Yalpalayarak yürüdüm, galiba yabancıların itibarına gölge düşürmüştüm. Sokak yine kalabalıklaştı. Bazı gençler ellerinde tebeşirlerle evlerin duvarlarına yazılar yazıyorlardı, duvarlar ıslak olduğu için önce yazılar görünmüyor, ancak rüzgâr estikten sonra yazılar beyazlaşıp görünür hale geliyordu. "Temizlik Hareketi", "Bütün Şehir Yıkandı"... Her evin duvarına bu cümleleri yazıyorlardı. Başım çok ağrımasına rağmen kendimi tutamadım ve bir kahkaha patlattım. Yağmur yağdıktan sonra bütün şehri yıkamak için sloganlar yazıyorlardı ki zaten bunun için hiç kimsenin bir şey yapmasına gerek yoktu. Kedi İnsanlar gerçekten işlerini biliyorlardı. Evet, kötü kokulu kanallar yağmur sularıyla temizlenmişti. Temizlik hareketiymiş, Ha ha! Acaba ben de delirmiş miydim? Az kalsın tabancamı çekip yazı yazanları öldürecektim!

Sonra Küçük Akrep'in sözleri aklıma geldi: "Sokağın diğer tarafında kültür kurumları var." Dolaşarak oraya gittim. Kültür kurumlarını görmek için değil, sakin bir yer bulup orada bir süre kalmak istiyordum. Bir sokaktaki evlerin karşı karşıya durması gerektiğini düşünmüşümdür hep ama burada evler sırt sırta duruyordu. Bu yeni sıralama yöntemi biraz olsun baş ağrımı unutmama neden olmuştu. Böyle bir fikir temiz havayı ve güneş ışığını sevmeyen Kedi İnsanlardan çıkardı ancak. Evler sırt sırta inşa edilmişti, aralarında da hiç boşluk yoktu. Buraya bir sokaktan çok hastalık üreten bir fabrika demek daha çok yakışırdı. Başım yine ağrımaya başlamıştı. Yabancı bir ülkedeyken hastalanmak insanı karamsarlığa iter. Artık Çin'e dönme umudumu kaybettiğimi hissediyordum.

Hiç dikkat etmeden gölge bir yer bulup uzandım.

Ne kadar uyumuştum? Hiç bilmiyorum. Gözlerimi açtığımda tertemiz bir odadaydım. Rüya gördüğümü ya da ateşim çıktığı için hayal gördüğümü zannettim. Oysa ateşim normaldi! Kafam karıştı. Kendimi hâlâ güçsüz hissediyordum. Gözlerimi kapadım. Çok hafif ayak sesleri duydum. Gözlerimi araladım. Büyülü yapraklardan daha büyülü olan Büyülü'ydü bu! Bana yaklaştı ve başıma dokundu sonra hafifçe başını salladı: "İyi" dedi kendi kendine.

Gözlerimi tekrar açmaya cesaret edemedim. Gerçeklerin ortaya çıkmasını bekledim. Kısa bir süre sonra Küçük Akrep gelince rahatladım.

"Nasılsın?" diye sorduğunu duydum alçak sesle.

Büyülü'nün cevap vermesini beklemeden gözlerimi açtım.

"İyileştin mi?" diye sordu bana. Doğrulup oturdum.

"Bu senin evin mi?" diye sordum. Yine merak içindeydim.

"Bu ikimizin evi," dedi Büyülü'yü işaret ederek: "Aslında seni buraya getirecektim ama babamın izin vermemesinden korktum. Sen babamın adamısın. En azından babam öyle düşünüyor. Seninle arkadaş olmamı istemiyor. Yabancıların kötü alışkanlıklarına kendimi çok fazla kaptırmamdan yakınıyor."

"Teşekkür ederim!" Odada tekrar göz gezdirdim.

"Buranın neden bu kadar temiz olduğunu merak ediyor musun? İşte bu babamın bahsettiği yabancıların kötü alışkanlıklarından." Küçük Akrep ve Büyülü güldüler.

Onun kullandığı dil farklıydı. Küçük Akrep'in kullandığı kelime sayısı Büyük Akrep'in iki katıydı ve kullandığı kelimelerin büyük bir çoğunluğu yabancı ülkelerin dillerinden alıntıydı.

"Burası ikinizin evi mi?" diye sordum.

"Burası kültür kurumlarından biri. Gelip oturduk. Nüfuzlu insanlar herhangi bir kurumun binalarını istedikleri gibi işgal edip kullanabilirler. Kuruma mahcup olmamak için ikimiz burayı çok temiz tutuyoruz. Peki, şahısların kamuya ait yerleri işgal etmesi uygun mu? Bunu kimse sormadığı sürece biz de kurcalamıyoruz. İdare ediyoruz, durumumuz tam olarak bu! Büyülü, ona biraz daha büyülü yaprak ver."

"Daha önce yedim mi?" diye sordum.

"Az önce sana biraz büyülü yaprak suyu vermemiş olsaydım bir daha uyanabileceğini mi sanıyorsun? Büyülü yaprak gerçekten de iyi bir ilaçtır! Burada, büyülü yaprak ilaçların kralıdır. Onunla tedavi edilebilecek hastalıklarda umut vardır. Eğer büyülü yaprak işe yaramıyorsa o hastanın ölümü beklemekten başka yapabileceği bir şey yok demektir. Gerçekten de birçok hastalığı iyileştirebilir. Sadece bir kusuru vardır: bir kişinin hayatını kurtarabilir ama ülkeyi öldürür. Büyülü yaprağın küçük kusuru da bu işte!" Küçük Akrep yine filozof gibi konuşmaya başlamıştı.

Biraz daha büyülü yaprak yedim. Kendimi daha dinç hissediyordum ama kıpırdamak istemiyordum. Işık Ülkesi ve diğer ülkelerden olan yabancıların bilgeliğini fark etmiştim. Ayrı bir yerde topluca yaşamaları mantıklıydı. Kedi Ülkesi gibi bir uygarlıkla başa çıkmak kolay değildir. Ona çok yaklaşırsanız tıpkı boya gibi her yerinize bulaşır ve sonunda onun istediği gibi hareket etmek zorunda kalırsınız. Kedi Ülkesi denizdeki girdap gibidir. Yakın duranı içine çeker. Kedi Ülkesinde yaşamak isteyen biri tamamen Kedi İnsanlar gibi olmalıdır, aksi takdirde ona hiç yaklaşmamak en iyisidir. Büyülü yaprak yememek için elimden geleni yapmıştım ama sonuç ne olmuştu? Yemek zorunda kalmıştım! Buradaysan yemek zorundasın. Onu yemeyeceksen de burada kalma, bu değişmez bir gerçektir. Şayet bu uygarlık bütün Mars'ı fethederse –galiba birçok Kedi İnsanın böyle bir hayali vardı– Mars'taki bütün insanlar çok geçmeden yok olurdu. Pislik, hastalık, kargaşa, cehalet ve karanlık bu uygarlığın özelliğiydi. Elbette bu uygarlığın bileşenlerinde de biraz ışık olan şeyler vardı ama bu kadarcık ışık büyük karanlığın gücüne direnemez. Bu güç bana göre bir gün gerçek ışık ya da zehirli gaz tarafından adeta bir mikrobu temizler gibi yok edilmeliydi. Ancak Kedi İnsanlar böyle düşünmüyordu. Küçük Akrep bunu anladığı için oyunu kaybettiklerini biliyordu, bu yüzden düşünmeden yaşıyor ve kendi yenilgilerine gülüyordu. Büyük Akrep ve diğerleri ise hâlâ rüyadaydı.

Küçük Akrep'e soracak çok sorum vardı. Siyaset, eğitim, ordu, maliye, üretim, toplum, aile...

"Siyaseti bilmem," dedi Küçük Akrep: "Babam siyasetçi, git ona sor. Diğerleri arasında bildiklerim var bilmediklerim var. En iyisi önce gidip kendin gözlemle sonra bana sorularını sorarsın. Sadece kültür konularında sana yeteri kadar yardımcı olabilirim çünkü babam her tür işe ilgi gösterir. Zaman ayıramadığı için kültür işlerinde beni temsilcisi olarak görevlendirdi. Okul, müze, kütüphane gibi yerleri görmek istiyorsan bana söylemen yeterli."

Bu büyülü yaprak yemekten daha rahatlatıcıydı. Siyaseti Büyük Akrep'e, kültür işlerini de Küçük Akrep'e sorabilirdim. Bu iki Akrep sayesinde Kedi Ülkesinin durumunu büyük ölçüde öğrenebilirdim.

Fakat burada kalabilir miydim? Küçük Akrep'e bunu sormaya çekindim. Doğruyu söylemek gerekirse bu tertemiz yerden ayrılmayı hiç istemiyordum. Ama bir köpek gibi kuyruk sallayarak ona yalvaramazdım, en iyisi beklemekti!

Küçük Akrep önce nereyi görmek istediğimi sordu. Büyülü yaprak yediğim için içimden hareket etmek gelmediğini ona söylemeye utandım.

"Bana biraz geçmişini anlatsana!" dedim. Onun söyleyeceklerinden Büyük Akrep ailesi hakkında biraz bilgi edinmek istedim. Küçük Akrep güldü. Ne zaman gülse hem çok sevimli hem de çok iğrenç olduğunu düşünüyordum. Diğer Kedi İnsanlardan daha ayrıcalıklı olduğu için elini uzatıp onlara yardım etmek istemiyordu – elinin kirlenmesinden korkuyordu! Kedi Ülkesinde doğmuş olması ona göre hayatının en talihsiz olayıydı. Kendini dikenler arasında bir gül zannediyordu. Onun bu tavrı hoşuma gitmiyordu.

"Babam ve annem beni dünyaya getirdi," diye söze başladı Küçük Akrep, Büyülü de yanında oturmuş onun gözlerine bakıyordu. "Gerçi bu hiç umurumda değil. Beni çok seviyorlar ama bu da umurumda değil. Büyükbabam da beni çok seviyor, torununu sevmeyen bir büyükbaba yoktur zaten, bu da şaşırtıcı sayılmaz. Çocukluk yıllarımla ilgili anlatılacak fazla bir şey yok." Küçük Akrep başını kaldırıp biraz düşündü, Büyülü de başını kaldırmış ona bakıyordu. "Ha evet, küçük bir olay var belki anlatmaya değer. Benim sütannem bir fahişeydi. Fahişeler sütannelik yapabilir ama başka çocuklarla oynamama izin vermiyordu. Bu bizim ailemize özel bir eğitimdir. Çocuklarına bakması için neden fahişeleri kullanıyorlar peki? Çünkü çok paraları var. Bizde bir deyim vardır: Para hayaletleri bile cezbeder. Sütannem de o hayaletlerden biriydi işte. Büyükbabamın onu istemesinin nedeni de şuydu: ona göre fahişeler erkek çocuklara askerler de kız çocuklara bakarsa çocuklar erkekler ve kadınlar hakkındaki her şeyi öğrenebilirler. Yeterince bilgiye sahip olurlarsa erken evlenir, erken çocuk yapar ve böylece atalarına layık olurlar. O fahişe dışında beş öğretmen daha bana ders verdi. Hepsi de odun gibiydi, bana Kedi Ülkesi ile ilgili her şeyi öğrettiler. Sonra bir gün odun öğretmenlerden biri aniden odun olmaktan vazgeçti ve sütannemle birlikte kaçtı. Diğer dört öğretmen de kovuldu. Büyüyünce babam beni yurt dışına gönderdi. Babam birkaç kelime yabancı dil konuşabilenlerin her şeyi anladığını zannediyordu. Onun da zaten her şeyi anlayan bir oğula ihtiyacı vardı. Yurt dışında dört yıl yaşadıktan sonra her şeyi anladım ve evime döndüm. Babamın beklentisinin aksine her şeyi anlayamamıştım elbette. Sadece yabancı ülke alışkanlıklarım vardı artık. Ama bu nedenle beni sevmemek yerine bana yine eskisi gibi para vermeye devam etti. Elbette para harcamak beni mutlu ediyordu. Böylece Yıldız, Çiçek ve Büyülü ile her gün eğleniyorduk. Ben güya babamın temsilcisiyim ve kültür işleriyle uğraşıyorum. Aslında sadece bir parazitim. Kötü işler yapmayı sevmiyorum. İyi işler yapmayı beceremiyorum, sadece idare ediyorum... 'İdare etmek,' bu sözü ne kadar kullanırsan o kadar güzelleşiyor!" dedi ve güldü Küçük Akrep. Büyülü de onunla birlikte güldü.

"Büyülü benim arkadaşımdır" diye devam etti Küçük Akrep, aklımdan geçenleri anlamış olmalıydı: "Birlikte yaşadığım arkadaşım. Bu da yabancı ülkelerde olan bir alışkanlıktır. Karım evde, on iki yaşında evlendim, altı yaşındayken fahişe sütannem bana her şeyi öğretmişti. O yüzden on iki yaşındayken evlendiğimde doğal olarak bu konulara yabancı değildim. Karım çok beceriklidir. Özellikle çocuk yapmayı çok iyi becerir. Babama göre o en iyi kadındır. Ama ben Büyülü'yü tercih ediyorum. Babam Büyülü'yü cariye yapmamı istedi ama ben kabul etmedim. Babamın on iki cariyesi var. O yüzden cariye almanın çok normal olduğunu düşünüyor. Babam Büyülü'den nefret eder ama benden nefret etmez. Yabancı ülkelerin alışkanlıklarından nefret eder ama bu alışkanlıkların varlığını kabul eder. Büyükbabam Büyülü'den de benden de nefret eder çünkü yabancı ülkelerin alışkanlıklarının varlığını bile kabul etmez. Ben Büyülü ile birlikte yaşıyorum. Aramızda bir şey yaşanmadı ama Kedi Ülkesinin gençlerine bunun büyük bir etkisi oldu. Sen de biliyorsun, bizim Kedi Ülkesinin insanları kadın erkek ilişkilerinin sadece 'o iş'ten ibaret olduğunu sanır. Evlilik 'o iş' içindir. Cariye almak 'o iş' içindir. Fahişelerle birlikte olmak 'o iş' içindir. Şimdi özgürce birlikte oluyorlar ama yine 'o iş' için. Büyülü yaprak yiyip 'o iş'i yapmak istiyorlar. Ben gençler için bir modelim. Herkes önce evlenir, sonra da özgürce birlikte olur. Ben de öyle yapmıştım. Fakat yaşlılar benden ölesiye nefret ederler çünkü evlilikten sonra bir kişinin karısı ve cariyeleri bir arada yaşar. Sırf 'o iş'i yapmak için ve sonra da bir sürü çocuk yaparız. Şimdi özgürce birlikte olunabiliyor. Bunun için çok para harcamak gerekiyor. Yaşlıların bu kadar parası yok. Yaşlılar para vermeyince de doğal olarak gençler yaşlılarla tartışıyor. Benim ve Büyülü'nün suçu gerçekten hiç küçük değil."

"Eski aile yapısını tamamen reddedemez misin?" diye sordum.

"Hayır olmaz çünkü param yok! Özgürce birlikte olmak bir yabancı alışkanlığıdır ama biz yerli olan babamızdan para isteme alışkanlığımızdan vazgeçemeyiz. Bu ikisini uyumlu hale getiremezsek nasıl 'idare' edilebilir ki?"

"Yaşlılar bir çözüm bulamıyor mu?"

"Onlar neyin çözümünü bulabilir ki? Onlar da kadınların sadece 'o iş' için olduğunu düşünürler. Kendilerine cariye alırlar. Gençlerin cariye almasına da karşı değiller. Bu durumda özgürce birlikte olmak nasıl yasaklanabilir ki? Yaşlıların bir çözümü yoktur. Bizim de yok. Hiç kimsenin yok! Evlenmek, cariye almak, özgürce birlikte olmak bunların hepsinin sonucunda çocuk sahibi olunur. Çocuk doğduktan sonra kim bakacak? Yaşlıların bir çözümü yoktur. Bizim de yok. Hiç kimsenin yok! Sadece 'o iş'i yapmakla ilgileniriz ama çocuklarımızın sorunlarıyla ilgilenmeyiz. Yaşlılar cariye almak için gençler de özgür olmak için can atıyorlar. Dışarıdan her şey normal görünüyor ama her şeyin amacı 'o iş'tir aslında. 'O iş' sonucunda doğru dürüst beslenemeyecek, eğitim alamayacak küçük Kedi İnsanlar doğuyor ve buna da 'idare etmek' deniyor. Büyük babam idare ediyor, babam idare ediyor, ben idare ediyorum, gençler idare ediyor. Kedi İnsanlar için sorumluluk almak en iğrenç kelimedir."

"Kadınlar nasıl peki? Onlar 'o işi' isteyerek mi yapıyorlar?" diye sordum.

"Büyülü sen söyle, kadın olan sensin," dedi Küçük Akrep.

"Ben mi? Seni seviyorum. Söyleyecek bir şeyim yok. Sen evine dönüp çocuk yapmayı beceren karını görmek istersen gidebilirsin. Ben karışmam. Beni bir gün sevmekten vazgeçersen kırk tane büyülü yaprak yer ve ölürüm!"

Konuşmaya devam etmesini bekledim ama başka bir şey söylemedi.

17. Bölüm

Küçük Akrep'e bir şey söylemedim. Bana kalmamı söylememişti ama yine de orada kaldım.

Ertesi gün gözlem yapmaya başladım. Önce neyi inceleyeceğime dair belli bir planım yoktu. Dışarıda neyle karşılaşırsam onu gözlemlemek galiba en iyisiydi.

Sokağın diğer tarafında çok çocuk görmemiştim. Aslında çocuklar sokağın bu tarafındaydı. Çok sevinmiştim. Kedi İnsanların böyle iyi bir tarafı vardı: çocuklara eğitim vermeyi ihmal etmiyorlardı. Sokağın bu tarafı tamamen kültür kurumlarıyla doluydu. Doğal olarak çocuklar buraya okumaya gcliyorlardı.

Kedi çocuklar en mutlu küçük insanlardır. Pislerdi, olağanüstü pislerdi, tasvir edilemeyecek kadar pislerdi. Zayıflardı, kötü kokuyorlardı, çirkinlerdi. Bazılarının burunları bazılarının gözleri yoktu. Kafaları yara bere içindeydi ama çok mutluydular. Bir çocuk gördüm: yüzünde kocaman bir şişlik, yanaklarında kan izleri vardı, ağzını doğru düzgün açamıyordu, buna rağmen gülümsüyor ve diğer çocuklarla hoplayıp zıplayıp koşuşturuyordu. Bunu görünce içimdeki ufacık sevinç de uçup gitmişti. Bu durumda bir çocuğun iyi bir ailesi ve okulu olduğunu hayal edemiyordum. Mutlu muydu peki? Aile, okul, toplum ve ülke akılsızlarla dolu olduğu için böyle akılsız çocuklar yetişiyordu. Pis, zayıf, kötü kokan, çirkin, burunsuz ve gözsüz ama mutlu çocuklar. Bu çocuklar toplum ve ülkenin aynası ve yetişkinlerin cezasıydı. Büyüdüklerinde ülkelerini pislikten, zayıflıktan, kötü kokudan ve çirkinlikten kurtaramayacaklardı. O devasa yok edici parmağın Kedi Ülkesinin umudunun üzerinde olduğunu gördüm tekrar. Hiç umut yoktu! Çok eşlilik, özgürce birlikte olma. Bunlar sadece "o iş" içindi. İnsanlar kendi milletlerinin geleceğini hiç düşünmüyordu. Hayatı seviyorlardı. O devasa yok edici parmağın hemen altında yaşamayı seviyorlardı. Gebermeyen hayaletler!

Bir sonuca varmakta acele etmemeliydim. Önce gözlem yapıp sonra yorumlamalıydım. Bir grup çocuğun peşinden bir okula gittim. Büyük bir kapı, dört duvar ve içi bomboş bir yer. Çocukların hepsi içeri girdi. Dışarıdan bakıyordum. Çocukların bazıları yerde yuvarlanıyor, bazıları duvara tırmanıyor, bazıları duvara resim çiziyor bazıları da duvarın köşesinde birbirlerinin oralarını inceliyordu. Hepsi çok mutluydu. Ortada öğretmen yoktu. Ne kadar bekledim hatırlamıyorum sonra üç yetişkin geldi. Hepsi o kadar zayıftı ki iskelet gibiydiler. Doğdukları günden beri karınları hiç doymamış gibi görünüyorlardı. Elleri duvarda yavaş yavaş ilerliyorlardı. Ne zaman hafifçe bir rüzgâr esse hemen duruyor ve uzun süre titriyorlardı. Yavaş yavaş okulun kapısından içeri girdiler. Çocuklar yuvarlanmaya, tırmanmaya, birbirleriyle kavga edip gürültü çıkarmaya ve birbirlerinin gizli yerlerine bakmaya devam ediyorlardı. Üç öğretmen de yere oturdu ağızları açıktı, nefes nefese kalmışlardı. Çocuklar daha da fazla gürültü yapıyorlardı. Üç öğretmen de gözlerini ve kulaklarını kapamıştı. Sanki öğrencileri kızdırmaktan korkuyorlardı. Aradan uzun zaman geçti. Üç öğretmen birlikte ayağa kalkıp çocukları oturmaya ikna etmeye çalıştı. Öğrenciler asla oturmamaya karar vermişlerdi sanki. Neredeyse bir saat daha geçmişti ama hâlâ oturmamışlardı. Neyse ki bu üç öğretmen –mutlaka öğretmen olmalıydılar– beni gördüler ve "dışarıda bir yabancı var!" dediler. Çocukların hepsi hemen duvara karşı oturdu. Bir tanesi bile arkasını dönüp bakmaya cesaret edemiyordu.

Üç öğretmenden biri, galiba okulun müdürüydü, şöyle dedi: "Önce ulusal marşımızı okuyalım." Hiç kimse okumuyordu. Herkes bir süre olduğu yerde öylece durdu, sonra müdür şöyle dedi: "İkinci olarak imparatorumuzu selamlayacağız," yine hiç kimse kıpırdamadı. Herkes öylece olduğu yerde duruyordu. "Büyük Ruha dua edeceğiz," o sırada öğrenciler sanki yabancıyı unutmuş gibiydiler. Birbirlerini sıkıştırmaya, küfür etmeye başladılar. "Yabancı var!" Yine hepsi sakinleşmişti. "Okul müdürü konuşma yapacak." Müdür bir adım öne çıktı ve onlara şöyle dedi:

"Bugün sizin üniversiteden mezun olduğunuz gündür. Ne kadar gurur verici!"

Az kalsın düşüp bayılacaktım. Bu çocuklar... Üniversiteden mi mezun olmuşlardı? Fakat kendimi tuttum ve söylediklerini dinlemeye devam ettim.

Müdür devam etti:

"Sizler bu en yüksek okuldan mezun oluyorsunuz. Ne kadar gurur verici bir şey! Sizler mezun oldunuz. Her şeyi anladınız ve her bilgiye sahipsiniz. Bundan sonra ülkenin önemli işlerinin sorumluluğu sizlerin omuzlarında. Ne kadar gurur verici!" Müdür çok uzun ve kendine has bir şekilde esnedi. "Bitti!"

İki öğretmen bütün güçleriyle alkışladı. Öğrenciler yine gürültüye başlamıştı.

"Yabancı!" Bir anda sessizliğe gömüldüler. "Öğretmeniniz konuşma yapacak."

İki öğretmen birbirlerine öncelik vermek için nezaketle uzun süre ricada bulundu. Sonunda yüzü zayıflıktan kurutulmuş kabağa dönmüş öğretmen bir adım öne çıktı. Bu öğretmen karamsar birine benziyordu çünkü gözlerinde iki iri gözyaşı damlası öylece duruyordu. Acıklı bir konuşma yaptı:

"Sizler bu en yüksek okuldan mezun oluyorsunuz. Ne kadar gurur verici!" gözyaşı damlalarından biri yere düştü. "Ülkemizdeki bütün okullar üniversitedir. Ne kadar gurur verici!" Bir damla gözyaşı daha düştü. "Müdürün ve öğretmenlerinizin iyiliklerini unutmayın. Biz de sizin öğretmenleriniz olmaktan gurur duyuyoruz ama dün benim karım açlıktan öldü. Bu ne kadar..." gözyaşlarını artık tutamıyordu. Çok büyük bir çaba sarf ettikten sonra ancak kendini kontrol edebildi ve sözlerine devam etti: "Öğretmenlerinizin iyiliğini unutmayın. Parası olan para yardımında bulunsun. Büyülü yaprağı olan biraz büyülü yaprak yardımı yapsın! Sizler de biliyor olmalısınız yirmi beş yıldır maaş almıyoruz! Sizler..." Daha fazla konuşamayıp oturdu.

"Diplomaları dağıtın!"

Müdür duvarın köşesinden ince taş parçaları aldı. Bu taş parçalarının üzerinde galiba yazılar vardı, net göremedim. Müdür taş parçalarını ayaklarının önüne yere koydu ve şöyle dedi: "Bugün herkes birincilikle mezun oldu. Ne kadar gurur verici! Diplomalar burada. Gelip alın. Herkes birinci olduğu için sıraya gerek yok. Dağılabilirsiniz."

Müdür yere oturmuş olan karamsar öğretmeni kaldırdı ve birlikte yavaşça dışarı çıktılar. Öğrenciler diplomaları almadı. Yine kimi duvara tırmanıyor, kimi yerde yuvarlanıyordu.

Bu neydi böyle? Kafam iyice karışmıştı! Gidip Küçük Akrep'e sormaya karar verdim.

Küçük Akrep ve Büyülü dışarı çıkmışlardı. Tekrar gidip gözlemlemeye karar verdim, her şeyi gördükten sonra ona soracaktım.

Az önce gittiğim okulun karşısında bir okul daha vardı. Öğrenciler on beş, on altı yaşlarındaydı. Yedi sekiz kişi yerde birini tutmuş, aletlerle onu keserek anatomi dersi yapıyordu.

Hemen yanlarında öğrenciler de iki kişiyi daha bağlıyorlardı. "Herhalde bu öğrencilerin fizyoloji ve anatomi incelemeleri" diye düşündüm. "İnsanları bağlayıp canlı canlı keserek anatomi dersi yapmak çok vahşice değil mi?" Kendimi zorlayarak seyrediyordum. Ne olacağını görmek istiyordum. Bağladıkları diğer iki kişiyi duvarın dibine attılar. İkisinden de hiç ses çıkmıyordu. Korkudan bayılmış olmalıydılar. İnceleme yapanlar bir taraftan kesiyor bir taraftan da küfür ediyordu:

"Bizimle uğraşmak ha, seni pislik!" Kenara bir kol fırladı!

"Bize kitap okutturacaksın ha? Kızlarla şakalaşmamıza izin vermezsin ha? Toplum bu karanlığın içindeyken hâlâ bize kitap okutturmaya çalışırsın ha! Okulda 'o işi' yapmamıza izin vermezsin ha? Kalbini sökeceğim senin pislik!" O sırada kıpkırmızı bir parça havaya fırladı.

"O iki pisliği bağladınız mı? Birini getirin!"

"Müdürü mü yoksa tarih öğretmenini mi?"

"Müdürü getirin!"

Yüreğim ağzıma gelmişti. Demek müdürün ve tarih öğretmeninin üzerinde anatomi çalışacaklardı!

Belki de müdür ve öğretmen çoktan öldürülmeyi hak etmişti ama öğrencilerin onları canlı canlı kesmesini izlemeye dayanamazdım. Kimin haklı kimin haksız olduğu beni ilgilendirmez ama insanlık açısından öğrencilerin –ya da herhangi başka birilerinin– böyle vahşi şeyler yapmasını seyredemezdim. Tabancamı çektim. Aslında bağırsam hepsi kaçardı ama çok sinirlenmiştim. Bu pisliklerin tabancayı hak ettiklerini düşünüyordum. Gerçekten sıkacağım mermiye değerler miydi? Dan! Bir el ateş ettim. Dört duvar gümbür gümbür çöktü. Şiddetli yağmurun ardından duvarların en ufak bir şeye dayanmaya takati kalmamıştı. Yine bir hata yapmıştım. Müdürü kurtarmaya çalışıyordum aslında ama şimdi hem müdür hem de öğrenciler yıkılan duvarların altında kalmışlardı! Ne yapacağımı bilemedim. Müdürü öldürecek olan öğrenci de bir candı ve onu orada öylece bırakıp gidemezdim. Fakat onları nasıl kurtaracaktım? Neyse ki duvar topraktan yapılmıştı. Bu da bana müdürün ölümü için kendime fazla yüklendiğimi düşündürttü: müdür muhtemelen öldürülmeyi hak etmişti. Okulun yapısından anladığım kadarıyla inşaat malzemesinden epey kazanmış olmalıydı. Çünkü duvarları tamamen topraktan yaptırmıştı. Okul yapılırken kamu kaynaklarını yutmuş olmalıydı ki bu ölmeyi hak ettiğini gösteriyordu. Böyle bir tahmin yürütmeme rağmen ellerim ve ayaklarım boş durmuyordu. Bütün gücümle çekerek çoğunu kurtardım. Toprağın altından çekip kurtardıklarım bana bakmadan deli gibi koşarak uzaklaştı. Tıpkı kafeslerinin kapısı açılmış güvercinler gibi. Ağır yaralanan hiç kimse olmadığını görünce hem içim rahatladı hem de bunun çok ilginç olduğunu düşündüm. En son müdür ve öğretmeni de çıkardım. Elleri ve ayakları bağlı olduğu için kaçamadılar. Onları bir kenara koydum. Ayaklarımla yere vurdum. Toprağın altında hâlâ birileri olabilirdi. Herhalde hiç kimse kalmamıştı ama ne olur ne olmaz diye birkaç kez daha vurdum. Hiç kimsenin toprak altında kalmadığından emin olduktan sonra dönüp o ikisinin ellerini ve ayaklarını çözdüm.

Uzun bir zaman sonra iki adam gözlerini açtı. Elimde ne acil durumlarda kullanılacak ilaç ne de sakinleştirici bir şeyler vardı. Sadece yüzlerine bakıyordum. Onlara soracak çok sorum vardı ama hemen sormaktan çekindim. İki adam yavaş yavaş doğrulup oturdu, gözlerinde korku ve şaşkınlık vardı. Onlara gülümsedim ve alçak bir sesle şöyle sordum: "Hanginiz müdür?"

İkisi de dehşete kapılmış bir halde birbirini işaret etti.

"Delirmişler," diye düşündüm.

İki adam da ağır ağır bana sezdirmemeye çalışarak ayağa kalktı. Ben hiç kımıldamadım. Onların kendilerine gelmek için hareket ettiklerini sanmıştım. Ayağa kalkınca birbirlerine dönüp başlarını salladılar. Ardından yusufçuklar gibi hızla gözümün önünden fırlayıp koştular. Onları takip etmeme gerek yoktu çünkü Kedi İnsanları yakalamam mümkün değildi. İç geçirdim ve toprak yığınının üzerine oturdum.

Ne olmuştu? Evet, Kedi İnsanlar şüpheci ve kurnazdı. Müdür kim diye sorunca birbirlerini göstermişlerdi. Hayatları tehlikeden kurtulunca, kendilerini kurtarmak için birbirlerini sattılar, benim hanginiz müdür diye sormamdan müdüre zarar vereceğimi zannetmişlerdi. Sonra ağır ağır ayağa kalkıp yusufçuklar gibi hızla kaçtılar! Ha ha! Deli gibi gülüyordum. Onlara gülmüyordum aslında. Toplumlarına gülüyordum: her yerde şüphe, bencillik ve acımasızlık vardı. Dürüstlük, eli açıklık, doğruluktan eser yoktu! Öğrenciler okul müdürünü anatomi dersinde kesmeye çalışmışlardı. Müdür, kendisinin müdür olduğunu söyleyecek cesaretten yoksundu... Karanlık, karanlık, yüzde yüz karanlık! Onların hayatlarını kurtardığımın farkında değiller miydi? Kapkaranlık bir toplumda kim kimi kurtarır ki? Aklıma büyükelçinin karısı ve o sekiz uğursuz geldi. Hâlâ orada çürüyor olmalıydılar!

Müdür, öğretmen, büyükelçinin karısı, sekiz uğursuz... Bunların yaşadığına hayat mı nedir? Kendimi tutamayıp ağlamaya başladım.

Neler olmuştu böyle? Tam anlayamadığımdan Küçük Akrep'e sormaya karar verdim.

18. Bölüm

Aşağıdakiler Küçük Akrep'in sözleri:

Mars'taki diğer bütün ülkeler barbarlık çağındayken, bizim eğitim sistemimiz vardı. Kedi Ülkesi çok eski bir ülkedir. Ancak şimdiki eğitim sistemimizi yabancı ülkelerden kopyalayarak kurduk. Bu başkalarını taklit etmememiz gerektiği anlamına gelmez, bilakis taklit etmek hiç kolay bir şey değildir. Taklit etmek gereklidir ve uygarlığın ilerlemesini sağlayan önemli bir güçtür. Hiç kimse eski sistemimizi benimsemiyor ama bizim başkalarının yeni sistemlerini öğrenmemiz ve uygulamamız gerekiyor. Bu da kimin üstün olduğunu zaten gösteriyor. Ancak doğru dürüst taklit etmeyi becerebilirsek, kendi eğitim sistemimizi diğer ülkeler düzeyinde tutabilirsek, işte o zaman geri zekâlı olmadığımızı ispatlamış olacağız. İki yüz yıldır yeni eğitim sistemi ve yöntemlerini uyguluyoruz ama hiç başarılı olamadık. Bu da taklit etmeyi beceremediğimizi kanıtladı. Elimizdeki eski sistem işe yaramadı, taklit etmeyi de beceremedik. Karamsar biri olarak milletimin geri zekâlı ve kabiliyetsiz olduğunu kabul ediyorum.

Geri zekâlı milletimin reformları bir komediden ibarettir. O nedenle yeni eğitim sistemi de bir komedidir.

Bana neden bu kadar küçük yaşta çocukların üniversiteden mezun olduğunu sordun. Ya çok safsın ya da salaksın! Bunun bir komedi olduğunu anlamadın mı? Ne mezun olması? O çocukların okuldaki ilk günleriydi! Bizim komediden başka gurur duyacağımız bir şey yoktur. En akıllı insan bile bizim bu büyük komedimizi daha gülünç hale getiremez. Yeni eğitimin ilk uygulandığı zamanlarda okullarımızda sınıflar vardı. Öğrenciler adım adım sınavlardan geçtikten sonra ancak mezun olabilirlerdi. İki yüzyıllık gelişme ve ilerleme neticesinde sınavlar kaldırıldı. Öğrencilerin derslere girmesi önemli değildir, zamanı gelince hepsine diplomaları verilir. Ancak ilkokul ve üniversite mezuniyeti arasında doğal olarak bir statü farkı vardır. Aynı okula gittikten sonra kim ilkokul mezunu olmayı tercih eder ki? İşte bu nedenle reform yaptık ve böylece okulun ilk günü herkes üniversite mezunu sayıldı. Önce mezun olup sonra... Öf, sonrası yok aslında, zaten mezun oldular, daha ne isteyecekler ki?

Aslında bu Kedi Ülkesi için en iyi çözüm yoluydu. İstatistiklere göre bizim üniversite mezunu sayımız Mars'taki diğer ülkeler arasında en yükseği. Sayısal olarak birinci olmamız bizi yeterince tatmin ediyor. Hayır, aslında kendimizle gurur duyuyoruz. Çünkü Kedi İnsanlar çok pratiktir. Bak, eğer sayılara bakarsan başka hiçbir ülkenin üniversite mezunu sayısı bizimle yarışamaz. Bu bir gerçek ve herkes bundan memnun olup gülümser. İmparator hazretleri de bu sistemi çok beğeniyor. Eğitime önem vermemiş olsaydı bu kadar çok üniversite mezunu olabilir miydi? Halka karşı mahcup olmuyor böylece. Öğretmenler de bu sistemden memnundur. Hepsi üniversite öğretim üyesi oldular. Bütün okullar en üst düzey okullar haline geldi ve her öğrenci birinci oldu. Ne kadar gurur verici! Aile reisleri de bu sistemi çok beğendi çünkü yedi yaşındaki veletler üniversiteden mezun olabiliyordu. Çocuklarının akıllı olması ana babalarının gururudur. Öğrencilerden bahsetmeye gerek yok. Kedi Ülkesinde doğmuşlarsa eğer, şansları yaver gider de altı yedi yaşına kadar hayatta kalabilirlerse üniversiteden diploma alabilirler. Ekonomik açıdan ise bu yöntem mükemmeldir. Okullar ilk kurulduğunda imparator hazretleri her yıl eğitime bütçe ayırırdı fakat eğitim gören öğrenciler sık sık imparator hazretlerine karşı çıkardı. Kendisine sorun çıkarsınlar diye para mı harcayacaktı? Şimdi imparator hazretleri bir kuruş bile harcamıyor ama her yıl üniversitelerden çok sayıda öğrenci mezun oluyor ve bu mezunlar imparator hazretleri ile çok iyi geçiniyorlar. Açlıktan ölen öğretmenlerin sayısı az değil ama üniversite mezunlarının sayısı arttı. Başlangıçta müdürler ve öğretmenler para kazanmak için birbirine girerdi. Her gün birkaç kişi ölürdü. Bazen de öğrencileri tahrik edip ortalığı karıştırır, huzuru bozarlardı. Şimdi imparator hazretleri onlara hiç para vermiyor. Para olmayınca niye kavga etsinler? Maaş istiyorlar ama imparator hazretleri onlarla ilgilenmiyor. Eğer imparator hazretlerini sinirlendirirlerse kafalarına vurmaları için askerlerini gönderir. Öğretmenlerin desteği öğrencilerdi ama öğrenciler artık okula girdikleri gün mezun oluyor. Kim onlara yardım eder ki artık? Kimse onlara destek olmuyor. Açlıktan ölmeyi beklemekten başka çareleri yok. Açlıktan ölmek doğal bir şeydir. İmparator hazretleri öğretmenlerin açlıktan ölmesinden memnundur.

Aile reislerinin eğitim için para harcamasına da böylece gerek kalmadı. Veletleri okula göndermeleri yeterli oluyor ve başka bir şey yapmalarına gerek yok. Çocuklar evdeyken, yemek yemeleri gerekir. Okula gittiklerinde de yemek yemeleri gerekir. Yemek varsa çocuklar aç kalmaz, yemek yoksa çocuklar aç kalır. Okula gitmekle gitmemek aynıdır. O zaman neden üniversite diplomasını almasınlar ki? Nasıl olsa kitap, kalem ve diğer masrafları yoktur. Okula gitmenin amacı öğrenmek ve kitap okumak değil sadece diploma almak ve statü kazanmaktır. Söylesene bu yöntem çok iyi değil mi?

Peki, neden hâlâ müdür veya öğretmen olmak isteyenler var, diye soracaksın.

Bunu açıklamak için iki yüzyıllık tarihe bakmak gerekir. Eskiden okullardaki ders programları farklıydı. O yüzden eğitilen insanlar da farklıydı. Bazıları mühendislik, bazıları ticaret, bazıları da ziraat öğrenirdi... Ama bu kişiler mezun olduktan sonra ne yapıyorlardı? Mühendislik öğrenenler yabancı ülkelerin becerisini biraz öğrenirdi ama bizim yabancı ülkelerdeki gibi sanayimiz yoktu. Ticaret öğrenenler yabancı ülkelerin yöntemlerini öğrenirdi ama bizde sadece küçük dükkânlar vardı. Büyük ölçekli bir iş ortaya çıkarsa askerler hemen el koyardı. Ziraat öğrenenler de yabancı ülkelerin ziraatını öğrendi ama biz sadece büyülü ağaç yetiştiriyorduk. Bu yüzden eğitimin ve okulun toplumla hiçbir alakası yoktu. Öğrenciler mezun olduktan sonra ne yapacaklardı? Sadece iki çıkış yolları vardı: bürokrat veya öğretmen olmak. Bürokrat olmak isteyenlerin mutlaka güçlü ilişkileri olması gerekirdi. Ne öğrendiğinin, hangi okula gittiğinin bir önemi yoktu. Eğer saraydan birini bulabilirse bir adımda en yüksek mevkilere gelebilirdi. Hem parası hem de güçlü ilişkileri olan kaç kişi olabilirdi ki? Bürokrat olamayanlar için öğretmenlik ikinci seçenekti. Yeni tarz eğitim alanlar işçi ya da esnaf olmayı tercih etmezdi. Böylece yavaş yavaş toplumda iki çeşit insan ortaya çıktı: okumuşlar ve okumamışlar. Okumuşlar bürokrat ya da öğretmen olmayı tercih ederdi. Okumamışlar ise ya işçi ya da esnaf olurdu. Bunun siyasete etkisinden bugün bahsetmeyeceğim. Eğitime olan etkisi bir döngü oluşturmasıydı. Ben okuyacağım ve mezun olduktan sonra senin çocuklarını okutacağım. Senin çocukların okuyup mezun olacak ve benim çocuklarımı okutacak. Sonsuza kadar hep aynı şeyler öğretilecek. Karakter konusunda ise her gün geri gidilecek. Bu nasıl açıklanır? Mezunların sayısı gittikçe artıyordu. Bunlardan birkaçı bürokrat olacak, kalanlar öğretmen olup ders verecekti fakat bu kadar çok kişinin öğretmenlik yapabileceği kadar okul var mıydı? Bu da bir komedidir. Döngüsel eğitim birkaç ölümsüz klasiğin öğretilmesinden ibaretti. Sevgi, adalet ve ahlak anlatılmazdı. Bu durum bir öğretmenlik kadrosu için iki yıl süren bir iç savaşa bile yol açtı. Çok insan öldürüldü ve oluk oluk kan aktı. Görünüşte herkes eğitim için hayatını feda ediyordu ama aslında bunu sadece maaş alabilmek için yapmışlardı.

Yavaş yavaş eğitim bütçesine imparator hazretleri, siyasetçiler ve askerler tarafından tamamen el kondu. Bu yüzden tekrar maaş almak için bir hareket başladı ve öğretmenler derslere girmedi. Öğrenciler ise öğretmenlerinin ne mal olduğunu anlamıştı. Onlar da derslere gitmemeyi alışkanlık haline getirdiler, böylece ilk başta anlattığım "okumadan mezun olma" hareketini başlattılar. Bu hareket ile birlikte eğitim bütçesi tamamen ortadan kalkmıştı. İmparator hazretleri, siyasetçiler, askerler, aile reisleri hepsi bu hareketi övüyor ve destek veriyordu. Nasıl olsa eğitim işe yaramaz bir şeydi. Öğretmenler de saygı göstermeye değmez kişilerdi. Herkes harcanacak paradan tasarruf etmekten memnundu. Ancak okulları kapatamazlardı. Çünkü yabancıların onlarla dalga geçmesinden çekiniyorlardı. Bu nedenle "okula başlar başlamaz üniversiteden mezun olma" hareketi olgunlaştı. Okullar eskisi gibi açıktı, üniversitelerden mezun olan öğrencilerin sayısı gün geçtikçe artıyor ama hiç para harcanmıyordu. Döngüsel eğitim evrensel eğitime dönüşmüştü. Bu eğitim olmaması anlamına geliyordu ama okullar hâlâ açıktı. Bundan daha komik bir şey yoktur.

Bu hareketin olgunlaşması, okul müdürleri ve öğretmenlerin eğitime olan sevgisini azaltmamıştı. Yine her gün sabahtan akşama kadar birbirleriyle kavga ediyorlardı. Neden? Eskiden okullar gerçekten okula benzerdi. İçlerinde masalar ve sandalyeler olurdu, mülkleri ve her tür ekipmanları vardı. Bütçe varken herkes bir şekilde para kazanmaya çalışıyordu. Müdürler ve öğretmenler gizlice kamu mallarını satmaya başladı. Müdür olmak için savaşıyorlardı: okulunun varlığı az olan müdürler daha varlıklı okullara müdür olmak istiyordu. Hiç varlığı olmayan okulların müdürleri de biraz varlığı olan okulların müdürü olmak. Bunun için kanlı bir mücadeleye giriştiler. İmparator hazretleri vicdanlı bir insandı. Bütün eğitim bütçesini kesti ama okulların mülklerinin gizlice satılmasını yasaklamaya utanmıştı. Bu yüzden okullar birer açık artırma meydanına dönüştü. Şimdiyse bütün okullar dört duvardan ibaret boş yerler. Öyleyse neden hâlâ müdür veya öğretmen olmayı tercih eden insanlar var? Yapacak başka bir şeyleri olmadığı için. Üstelik müdür veya öğretmen unvanları işe yarıyor. Öğrencilikten gelip öğretmen, öğretmenlikten de müdürlüğe yükseliyorlar. Bu aslında döngüsel eğitimde kaçınılmazdır. Şimdi ise müdürler ve öğretmenler para almıyor ve bu unvanlarını bürokrat olabilmek için kullanmaya çalışıyorlar. Yani okullarımızda eğitim yok ama öğrenciler, öğretmenler ve müdürler var ve her okul en yüksek okul kabul ediliyor. Öğrenciler kendi okullarının en yüksek okul olduğunu duyunca içleri erir, böylece herkes huzura kavuşur.

Okulda eğitim yoksa gerçekten öğrenmek isteyenler ne yapıyor peki? Eski sistemi yeniden hayata geçirdiler. Çocuklara ders vermeleri için evlere eski öğretmenleri çağırdılar. Elbette bunu ancak zengin aileler yapabiliyor. Çocukların büyük çoğunluğu okula gitmek zorundadır ama okullarda eğitim yoktur. Eğitim sistemindeki bu başarısızlıklar Kedi Ülkesinin en son umudunu da tamamen yok etti. Yeni eğitim sistemi ilk denendiği zamanlarda yeni bilgilerin de kötülendiği zamanlardı. Yeni sistem ve yeni bilgiler yabancı ülkelerden getirilmek zorundaydı. Bilgi her gün yenilenir, devamlı ilerler ve hakikat arayışında sürekli değişir. Ancak yeni sistem ve yeni bilgiler bizim buraya gelir gelmez saçları ağarır, yağmurlu bir günde dışarıda kalmış bir şey gibi küflenir. Aslına bakarsan, başkalarından sistem ve bilgi almak en kolayıdır. Bu âdeta bir başkasının vücudundan bir parça et kesip kendi vücuduna eklemek gibidir. Başkasının vücudundan bir parça et kesmenin yeterli olduğu sanılıyor. Herkes et kesme peşinde, oysa etin beslenme ihtiyacını kimse düşünmüyor. Bir sürü yeni bilgi getirip de araştırma ruhu olmazsa yine döngüsel eğitim yoluna girilir. Bu yeni bilgilere hakaret etmektir fakat bu dönemde bile insanların umudu vardı. Başkalarından yeni bir et parçası alınmasının ve uzun süre bununla idare edilmesinin bir hata olmadığını sanıyorlardı.

Gelen yeni bilgi ne kadar az olursa olsun kendilerini de yabancı ülkeler gibi refaha kavuşturacağı gibi bir inanca sahiplerdi. Böyle bir hayal ve kendini beğenmişlik affedilebilirdir çünkü en azından o zamanlar bir umut vardı. Şimdi ise, okul denince akla gelenler müdürlük için kavga, öğretmenlerin dövülmesi ve öğrenci hareketleri. Bu yüzden insanlar bu olayları ve yeni bilgileri aynı kazanda kaynayan şeyler olarak görüp küfür ediyor. Yeni bilgiler ülkeyi güçlendirmek bir yana insanlara zarar veriyor diye düşünüyorlar. Böylece yeni bilgileri kirletme süreci, yeni bilgilere küfretme sürecine dönüştü. Bugünlerde eğer bir aile çocuklarına ders vermesi için bir öğretmen davet ederse yeni bilgilerin tamamen dışlanmasını ister. Bu yüzden eski zamanlarda basılmış taş kitapların fiyatları on kat arttı. Büyükbabamsa bununla gurur duyuyordu, ülkemizin kültürünün yabancıların bilgisine karşı zafer kazandığını sanıyordu. Babam da çok mutlu olmuştu. Hemen oğullarını yurt dışına okumaya gönderdi. Böylece sadece onun oğulları her şeyi anlayacaktı ve ilerde oğullarının yardımıyla, onların öğrendiği yeni bilgileri kullanarak, taş kitaplara sarılmış olanları kandırabilecekti. Babam çok akıllı ve güçlüdür. Yabancı ülkelerin yeni bilgilerinin faydalı olduğunu ama birkaç kişinin bu bilgileri öğrenmesinin yeterli olduğunu düşünür. Yabancı ülkelerin oyunlarını bilen birkaç kişi bizi güçlendirecektir. Fakat sıradan insanlar büyükbabamla aynı düşüncedeydi: yeni bilgiler bir çeşit sihir ve şeytanlıktı, insanların kafasını karıştırıyordu. Oğulların babaları dövmesine, kızların annelerine hakaret etmesine, öğrencilerin öğretmenlerini öldürmesine neden oluyordu ve hiçbir faydası yoktu. Yeni bilgilere küfretme aşaması aslında ülkenin çöküşüne çok yakın olduğumuzu gösteriyor.

Yeni eğitimin çöküşünün nedenini sorarsan, buna cevap veremem. Bence bunun nedeni karakter olmamasıdır. Neden yeni eğitim ilk geldiği sıralarda insanlar onu sevdi? Çünkü herkes daha fazla para kazanmak istiyordu ama çocuklarının daha fazla bilgi edinip daha fazla şeyi anlamasını düşünmediler. Yeni ve kullanışlı şeyler üretmek istediler ama daha fazla hakikati öğrenmeyi istemediler. Bu tavır eğitimin sağlam karaktere sahip, araştırma ruhu olan insanlar yetiştirmesini engelledi. Yeni okullar kuruldu ama okuldaki insanların karakteri yoktu. Öğretmenler ve müdürler para kazanmak için, öğrenciler de para kazanmaya hazırlanmak için çalışıyordu. Herkesin gözünde okul yeni tarz bir lokantaya benziyordu. Eğitimin ne olduğunu soran yoktu. Ülke zayıflamaya başladı, toplum karanlığa gömüldü, imparator hazretleri, siyasetçiler, halk hiçbirinin karakteri yoktu. Böylece okulun dışında karakteri olmayanlar ile okulun içinde karakteri olmayanlar hep birlikte manzarayı daha da karanlık hale getirdiler. Elbette böyle fakir bir ülkede birçok insan karnını bile doyuramazken karakterden bahsetmek mümkün değildir. Karakterin zayıflaması çoğu zaman ekonomik sorunlardan kaynaklanıyor. Bu doğru. Ancak bu eğitimle uğraşan insanları savunabilmek için yeterli değil. Neden eğitim var? Ülkeyi kurtarmak için. Ülkeyi nasıl kurtarabiliriz? Bilgi ve karakter ile. Eğitim işine başlandığında kararlı olmalı, müdürler ve öğretmenler kendi küçük çıkarlarından vazgeçmelidir. Belki de eğitimcilerden beklentim çok fazla. Sonuçta onlar da insan, bir öğretmen de bir fahişe gibi aç kalmaktan korkar. Belki de öğretmenlere kızmamalıyım. Onlara kızmayı gerçekten istemiyorum. Ancak bazı kadınlar aç kalsalar bile fahişelik yapmaz. Öyleyse eğitimle uğraşan bir kişi de dişini sıkıp karakterli bir insan olamaz mı? Elbette yönetim her zaman dürüst insanları istismar eder. Eğitimle uğraşan bir kişi ne kadar dürüstse o kadar istismar edilir ama ne kadar kötü bir hükümet olursa olsun mutlaka halkın isteklerini göz önünde bulunduracaktır. Eğer eğitimle uğraşanlar gerçekten karakter sahibi olursa yetiştirdikleri öğrenciler de karakter sahibi olacaktır. Bir toplum kör bir adam misali sonsuza kadar iyi ve kötüyü birbirinden ayıramaz mı? Eğer toplum eğitimle uğraşanlara iyi ve şefkatli babalar gibi bakmaya başlar, onların yetiştirdiği öğrenciler de toplumda başarı kazanırsa hükümet eğitimi küçümseyebilir mi? Eğitime bütçe ayırmamaya cesaret edebilir mi? İnanıyorum ki on yıllık bir karakter eğitimi gerçekleşirse Kedi Ülkesinin çehresi de değişecektir. Yeni eğitim iki yüz yıldır devam ediyor ama sonuç ne oldu? Eğer eski sistem dürüst, ana babasını seven, kurallara uyan insanlar yetiştirilebilmişse şimdi yeni eğitimle neden iyi sonuçlar elde edilemiyor? Herkes –özellikle eğitimle uğraşan insanlar– toplumun karanlığından bahsediyor. İyi ama toplumun karanlığını aydınlatma sorumluluğu kimde? Eğitimle uğraşanlar toplumun karanlığından şikâyet ediyorlar ama toplumu aydınlatma sorumluluklarını unutmuşlar. Bu karanlıkta onların karakterlerinin kapkaranlık gökyüzündeki yıldızlar gibi aydınlık olması gerektiğini unutmuşlarsa bu toplumun bir umudu olabilir mi! Çok uçta ve idealist olduğumu biliyorum. Ama eğitimle uğraşanların da biraz idealist olması gerekmez mi? Hükümetin ve toplumun da onlara hiç destek olmadığını biliyorum ama en az hükümettekiler ve toplum kadar kötü olanlara kim destek olmak ister ki?

Öğretmenleri öldürenleri gördün mü? Bu seni şaşırtmamalı. Bu karakter eğitiminin olmamasının doğal sonucu. Öğretmenlerin karakteri yoksa öğrencilerin de olmaz. Bırak karakteri, bu insanları on binlerce yıl öncesinin yamyamlığına geri götürür. İnsan türünün ilerlemesi çok yavaş ama gerilemesi çok hızlı olur. Karakter bir kaybolursa insan yabani haline döner. İki yüz yıllık okullarımız bundan kurtulabilir miydi? Bu iki yüz yılda her gün müdürler diğer müdürlerle, öğretmenler de diğer öğretmenlerle kavga etmiştir. Öğrenciler de ya kendi aralarında ya da öğretmenler ve müdürlerle kavga etmiştir. Kavga etmek insanı hayvana çevirir. Her kavga onları daha da vahşileştirmiştir. İşte bu nedenle bugün artık öğrencilerin müdür ya da öğretmenleri öldürmesi çok sık karşılaşılan bir şey haline gelmiştir. Müdür ya da öğretmenler için üzülme. Bizim döngüsel eğitimimizde öğrenciler de bir gün müdür ya da öğretmen olacaklar ve onları da öldüren öğrenciler çıkacaktır. Neyse ki gelecekte fazladan birkaç müdür veya öğretmenin sisteme girmesinin toplumla uzaktan yakından bir ilgisi yoktur. Okulda kim kimi öldürüyor kimsenin umurunda değildir. Böyle karanlık toplumlarda insanlar doğar doğmaz küçük bir hayvan gibi yiyecek bulabilme umuduyla her yeri koklarlar. Kum tanesi kadar küçük bir çıkar için bile ellerinden geleni yaparlar. Böyle bir grup küçük insanın okulda bir grup öğretmenle karşılaşması âdeta bir grup genç aç hayvanla, bir grup yaşlı ve aç hayvanın karşılaşması gibidir. Dişleri ve pençeleriyle birbirlerine girmelerinden başka bir ihtimal yoktur. En küçük çıkar için yabani doğaları ortaya çıkar ve bir kitap ya da büyülü yaprak uğruna etraf cesetlerle dolar. Belki kanları kaynadığı için öğrenci hareketlerine katılan gençler affedilebilir. Ama bu farklıdır, bir konuyu abartarak bir evi yerle bir eder, ardından da evdeki tuğlalar dâhil her şeyi alıp götürürler. Öğrenciler de aile reisleri de bundan memnundur. Bir öğrenci hareketi sayesinde eve bedavadan birkaç tuğla ya da sopa getirmek, gençlerin bu harekete boşuna katılmadığının kanıtıdır. Müdür ve öğretmenler ellerine fırsat geçerse hırsızlık yapar. Öğrenciler de ellerine fırsat geçerse her şeyi yıkar ve sonra da ellerine ne geçerse evlerine götürürler. Müdür ve öğretmenlerin hepsi ölümü hak ediyor. Öğrenciler de hak ediyor. Öğrencilerin müdür ve öğretmenleri öldürmesi ilahi bir cezadır. Öğrencilerin müdür ya da öğretmen olduklarında öldürülmeleri de öyle. İşte bizim eğitimimiz böyle. Eğitimle insanı hayvan haline getiriyoruz. Bu da bir başarıdır sonuçta. Ha ha ha!

19. Bölüm

Küçük Akrep karamsar biriydi. O yüzden söylediklerine temkinli yaklaşmalıydım. Ancak öğrencilerin okula girdikleri gün mezun olduklarını, müdürü ve öğretmenleri kestiklerini kendi gözlerimle görmüştüm. Küçük Akrep'in sözleri ne kadar şüpheli görünürse görünsün bunlara karşı söyleyebileceğim hiçbir şey yoktu. Sadece başka bir açıdan araştırma yapabilirdim.

"Kedi Ülkesinde hiç aydın yok mu?" diye sordum.

"Var, hem de çok." Küçük Akrep'in yine şaka yapacağını anlamıştım. Tahmin ettiğim gibi soru sormamı beklemeden devam etti: "Aydınların çok olması bir açıdan kültürün üstünlüğünün işaretlerinden biridir ama bir başka açıdan da kültürün zayıflamakta olduğunun bir işareti sayılabilir. Bu senin aydın tanımına bağlı. Elbette aydın tanımını yapamam ama eğer aydınları görmek istersen onları çağırabilirim."

"Davet etmekten bahsediyorsun değil mi?" Onun ifadesini düzeltmiştim.

"Çağıracağım, davet etmeyeceğim! Onları davet edersen gelmezler. Sen bizim aydınlarımızın huyunu bilmiyorsun. Biraz bekle ve gör! Büyülü git birkaç aydın bul ve çağır. Onlara büyülü yaprak vereceğimi söyle. Yıldız, Çiçek ve diğer kızlar da sana yardım etsin."

Büyülü gülümseyerek çıktı.

Soracak sorum yoktu. Aydınları görmek için bekliyordum, Küçük Akrep birkaç büyülü yaprak çıkardı. Birlikte yavaş yavaş çiğnedik. Yüzünde hınzır bir gülümseme vardı.

Bu arada Büyülü yanında Yıldız, Çiçek ve birkaç kadınla birlikte gelip daire oluşturacak şekilde etrafıma oturdular. Bana bakıyor, konuşmak istiyorlardı ama çekiniyor gibiydiler.

"Dikkatli ol!" dedi Küçük Akrep gülerek, "Seni sorgulayacaklar!"

Kadınlar hep bir ağızdan gülüştü. Önce Büyülü konuştu:

"Sana bir şey soracağız, olur mu?"

"Olur. Ama kadınlar hakkında pek bilgim yoktur." Küçük Akrep'in gülümsemesini ve konuşma tarzını taklit ediyordum.

"Anlat bize, sizin kadınlarınız neye benzer?" Hepsi birlikte sormuştu bunu.

Çok ilginç bir cevap vereceğimi biliyordum: "Kadınlarımız yüzlerine beyaz toz sürer."

"Ooo" dediler hep bir ağızdan.

"Saçlarını en iyi şekilde yaparlar, bazılarının saçı uzun, bazılarının da kısadır. Bazıları iki yana doğru tarar, bazıları da arkaya doğru. Hepsi güzel kokulu parfüm ve yağlar sürerler."

Hepsinin ağzı kocaman açılmıştı, sonra birbirlerinin kafasındaki kısa tüylere baktılar ve ağızlarını kapattılar. Hayal kırıklığına uğramışlardı sanki.

"Kulaklarında küpeler olur, bazıları inciden, bazıları değerli taşlardan yapılır ve yürürken öne arkaya sallanır."

Hepsi birden kulaklarına dokundu. Çiçek neredeyse çekerek kulağını koparacaktı. "En güzel elbiseleri giyerler. Elbise giyerler ama tenlerini de gösterirler. Aslında tam olarak tenleri görünmez ama sizin çırılçıplak gezmenizden daha güzel görünürler." Onlara şaka yapmak istemiştim: "Çıplakken sadece teninizin güzelliğini gösteriyorsunuz amın ten rengi çok tekdüzedir. Renkli elbise giyerseniz parlak ve rengârenk görünürsünüz. İşte bu yüzden bizim kadınlarımız çıplaklığa karşı olmamalarına rağmen en sıcak yaz günlerinde bile az çok bir şeyler giyerler. Ayrıca ayakkabı da giyerler. Deri ve saten ayakkabılar. Topukları yüksek olur ve ayakkabının ucunu da inciyle süslerler. Topuklarında çiçekli işlemeler olur, güzel değil mi sizce?" Cevap vermelerini bekliyordum. Hiçbirinden ses çıkmadı. Hepsinin ağzı kocaman bir "o" harfine dönmüştü. "Eskiden kadınlarımız 'ayak bağlama'* metoduyla ayaklarını küçücük yaparlardı," başparmağım ve işaret parmağımı birleştirerek onlara büyüklüğünü gösterdim. "Şimdi bu gelenek tamamen değiştirildi..." Sözümü bitirmemi beklemeden hep bir ağızdan, "Neden bağlamıyorlar? Neden bağlamıyorlar? Neden? Küçük ayaklar ne kadar güzel olur. Küçük ayaklar, küçük bir inci ile ne kadar güzel olur!" Hepsi heyecanlanmıştı. Onları sakinleştirmeye çalışarak: "Acele etmeyin de sözümü bitireyim! Kadınların ayakları artık bağlanmıyor ama yüksek topuklu ayakkabılar giyiyorlar ve ayakkabının ucu ta buraya kadar geliyor," elimle burnumu işaret ettim. "Topukları da burada," elimle başımı işaret ettim. "Böylece boyları birkaç santim daha uzun görünür. Çok güzeldir ama eğer ayak kemikleri kıvrılırsa duvara dayanarak yürümek zorunda kalırlar. Eğer ayakkabının topuğu kırılırsa aşağı yukarı zıplarlar!" Hepsi memnun olmuştu ama dünyadaki kadınlar için memnun olmuş, kendileri adınaysa hayal kırıklığına uğramışlardı. Hepsi belli etmemeye çalışarak ayaklarını kaba etlerinin arkasına sakladı.

Başka bir soru sormalarını bekledim. Hepsi yüksek topuklu ayakkabı düşüncesiyle büyülenmişti:

---

* Lotus ayak olarak da bilinir. Küçük yaştan itibaren kadınların ayaklarının küçük olması için yapılan bir uygulamaydı. Bir tür güzellik ve statü göstergesi sayılan uygulama kadınlar için çok acılı bir hayat anlamına geliyordu. 20. Yüzyıldan sonra yavaş yavaş ortadan kalkmıştır. (ç.n.)

"Söylesene, topukları ne kadar yüksek?" diye sordu biri.

"Ayakkabının üzerinde çiçek deseni var değil mi?" diye sordu bir başkası.

"Yürürken 'tak, tak' sesler çıkıyor mu?"

"Ayak kemiği nasıl kıvrılır, önce kıvırıp sonra mı ayakkabıyı giyiyorlar?"

"Ayakkabı deriden yapılıyor değil mi? İnsan derisinden de yapılsa olur mu?"

"Desenler hangi çiçekten ve ne renk?"

Eğer dericilikten, ayakkabı yapmaktan anlasaydım o anda zengin olacağımı düşündüm.

Onlara kadınlarımızın yüksek topuklu ayakkabılar giymek haricinde işler yaptıklarını da anlatacaktım ki aydınlar geldi.

"Büyülü," dedi Küçük Akrep, "Biraz büyülü yaprak suyu hazırla," sonra Çiçek ve diğer kızlara dönüp şöyle dedi: "Başka bir yerde yüksek topuklu ayakkabıları tartışın."

Sekiz aydın geldi. İçeri girdikten sonra Küçük Akrep'i selamlayıp oturdular ve hepsi başlarını kaldırıp tavana baktı. Bir tanesi bile bana bakmamıştı.

Büyülü, yaprak suyu getirdi. Hepsi yavaş yavaş içip gözlerini kapattı ama yine bana bakmadılar.

Bana bakmıyorlardı. Bu da çok iyiydi. Onları iyice inceleyebilecektim. Sekiz aydının hepsi çok zayıf ve çok pisti. Küçücük kulaklarının içi bile pislik doluydu. Ağızlarının kenarlarında salyalar birikmişti. Çok yavaş hareket ediyorlardı. Küçük Akrep'ten kat kat daha yavaş ve sinsi hareket ediyorlardı.

Büyülü yaprağın gücü sanki onların yaşam kaynağına ulaşmıştı. Hepsi gözlerini kocaman açmış tavana bakıyordu. Aniden biri konuştu:

"Kedi Ülkesindeki en önemli aydın ben değil miyim?" etrafa bakındı, o sırada bana da baktı.

Diğer yedisi onun bu sözüyle hareketlenmişti. Bazıları başını kaşıdı, bazıları dişlerini sıktı, bazıları parmağını ağzına soktu ve hep bir ağızdan:

"Sen mi? Senin babanı, hayır sadece babanı değil dedeni de sayalım. Hepiniz şerefsizsiniz!"

Kavga edecekler sandım. Az önce kendisinin en önemli aydın olduğunu söyleyenin sadece güleceğini nereden bilebilirdim. Galiba küfür yemeye alışkındı.

"Dedem, babam ve ben. Biz üç nesildir astronomi çalışıyoruz, siz kimsiniz be! Yabancılar astronomi çalışırken bir sürü alet ve ayna kullanıyor. Biz nesillerdir sadece çıplak gözle araştırma yapıyoruz. Çıplak gözle araştırmayı bir kenara bırakalım. Biz astronomi ve insanların hayatta yaşadıkları talih ve felaket arasındaki ilişkiyi görebiliriz, yabancılar bundan anlar mı? Dün gece gökyüzünü incelerken 'kültür yıldızı' tam başımın üzerindeydi, bu nedenle ülkemizdeki en önemli aydın ben değilsem kim olabilir ki?"

"Peki ya ben de 'kültür yıldızı'nın altında durursam?" dedi Küçük Akrep gülerek.

"Efendim çok haklısınız!" dedi astronom ve başka bir şey söylemedi.

"Efendim çok haklısınız!" diye ekledi diğer yedisi de hep bir ağızdan.

Uzun zaman geçmişti ama hiçbiri konuşmuyordu.

"Konuşun!" diye talimat verdi Küçük Akrep.

Biri şöyle dedi: "Kedi Ülkesindeki en önemli aydın ben değil miyim?" Etrafına baktı. "Astronomi bir bilim mi acaba? Herkes bilir ki astronomi bilim değildir! Araştırma yapmak için önce yazı bilmek gerekir. Filoloji tek gerçek bilimdir. Otuz senedir filoloji araştırmaları yapıyorum, otuz senedir! Hanginiz benim en önemli aydın olduğumu inkâr edebilir?"

"Yok artık ananın..." dediler hep bir ağızdan.

Filolog, astronom kadar geniş değildi. Bir aydını tutup bağırdı: "Sen kime sövüyorsun! Önce borcunu öde! Geçen gün benden bir büyülü yaprak ödünç almadın mı? Hemen geri ver yoksa kafanı koparırım. Demek ben en önemli aydın değilim ha!"

"Senden büyülü yaprak ödünç aldım ha! Benim gibi çok ünlü bir aydın senden büyülü yaprak ödünç aldı ha. Bırak, kolumu kirletme!"

"Milletin büyülü yaprağını yiyorsun bir de inkâr ediyorsun! Tamam, bekle sen, *Filolojinin Genel Teorisi* kitabımı yazarken senin soyadını kitaba koymayacağım. Ülkenin en önemli aydını olarak bütün gezegene senin soyadının antik yazılarda var olmadığını göstereceğim, bekle sen!"

Büyülü yaprak ödünç aldığını kabul etmeyen aydın korkmuştu, Küçük Akrep'e yalvararak:

"Efendim, efendim! Lütfen bana bir büyülü yaprak ödünç verin. Ona borcumu ödeyeyim! Efendim biliyorsunuz ki ben ülkemizin en önemli aydınıyım ama aydınlar parasız olur. Gerçekten fakirim. Belki ondan bir büyülü yaprak ödünç almış olabilirim, gerçi emin de değilim. Efendim ayrıca sizden ve babanızdan bir istirhamım var. Aydınlara biraz daha fazla büyülü yaprak verseniz? Sıradan insanlar büyülü yapraklar olmadan da yaşar ama biz aydınlar, özellikle de en önemli aydın olarak ben, büyülü yaprak olmadan araştırmalarıma nasıl devam edebilirim? Biliyorsunuz efendim, yakın zamanda antik ceza hukukumuz içinde canlı canlı insan derisi yüzme cezasının olduğunu ortaya çıkardım. Kısa zaman içinde konuyla ilgili makalemi tamamlayıp babanıza vereceğim ve ondan makaleyi imparator hazretlerine sunmasını isteyeceğim. Belki de imparator hazretleri bu ilginç ve tarihi cezayı yeniden canlandırabilir. Sadece bu keşfimden dolayı bile en önemli aydın olmayı hak etmiyor muyum? Filolojiymiş, filoloji de bilim mi! Sadece tarih gerçek bilimdir!"

"Tarih yazıyla yazılmadı mı? Büyülü yaprağımı geri ver!" Filolog çok kararlıydı.

Küçük Akrep tarihçiye bir büyülü yaprak verdi. Tarihçi onu ikiye bölüp yarısını filoloğa uzattı, "Al yaprağını! Aslında hak etmiyorsun ama!"

Filolog yarım yaprağı aldı ve dişlerini sıkarak şöyle dedi: "Yarısı yok bunun! Bekle sen. Senin karını elinden alacağım!"

"Karı" sözünü duyunca aydınların hepsi heyecanlanmıştı. Hep birlikte Küçük Akrep'e şöyle dediler:

"Efendim, efendim! Biz aydınların neden sadece bir tane karısı olması gerekiyor? Bakın başkalarının karılarını çalmaya çalışıyor bazılarımız. Biz aydınız efendim, biz ülkenin onuruyuz. Biz çocuklarımız, torunlarımız ve gelecek nesiller için atalarımızdan miras kalan bilgileri koruyoruz. Neden her birimizin en az üç kadın alma hakkı yok?"

Küçük Akrep hiçbir şey söylemedi.

"Yıldızlara bakalım mesela. Bir büyük yıldızın etrafında mutlaka birkaç küçük yıldız vardır. Gök böyleyse insanlar da böyle olmalı. En önemli aydın olarak bir kişinin birkaç karısı olması gerektiğini böylece ispatlamış oluyorum. Ayrıca benim karımın 'orası' artık eskisi gibi iyi değil!"

"Yazıya bakalım; antik çağda yazı icat edilirken birçok yazı karakterinin hemen yanında 'kadın' işareti kullanılmıştır. İşte bu nedenle bir insanın çok sayıda karısı olması gerektiği çok açıktır. En önemli aydın olarak bir kişinin birden çok karısının olması gerektiğini ispatlıyorum işte. Ayrıca..." bundan sonra söyledikleri epey uygunsuz olduğu için yazamazdım.

Her aydın kendisini en önemli aydın olarak tanıtıp birden çok karısı olması gerektiğini ispatladı ama hiçbirinin söyledikleri yazılabilecek kanıtlar değildi. Şunu söyleyebilirim ki bu aydınların gözünde kadın demek "orası" demekti.

Küçük Akrep hiçbir şey söylemedi.

"Efendim galiba yoruldunuz? Biz, biz, biz..."

"Büyülü, haydi onlara biraz daha büyülü yaprak ver sonra defolup gitsinler!" Küçük Akrep bunları gözleri kapalı söylemişti.

"Çok teşekkürler efendim. Hoşgörünüze minnettarız!" dediler hep birlikte.

Büyülü, yaprakları getirince hepsi birden saldırdı. Sonra bir taraftan Küçük Akrep'e şükranlarını sunarken diğer taraftan da birbirlerine küfür ederek dışarı çıktılar.

Bu aydınlar gittikten sonra içeri genç aydınlar geldi. Bunlar uzun süredir dışarıda bekliyordu çünkü yaşlı aydınlarla karşılaşmamaları gerekiyordu. Yeni ve eski aydınlar ne zaman birbirleriyle karşılaşsa en az iki kişinin canına mal oluyordu çünkü.

Genç aydınlar daha iyi görünüyordu. Hem zayıf ve pis değillerdi hem de hayat doluydular. İçeri girince önce Büyülü'yü sonra da beni selamlayıp oturdular. İçim biraz rahatlamıştı. Kedi Ülkesinin hâlâ bir umudu olduğunu düşündüm.

Küçük Akrep kulağıma şöyle fısıldadı: "Bunların hepsi yurt dışında birkaç sene öğrenim görmüş her şeyi bilen aydınlar."

Büyülü yaprakları getirdi. Hep birlikte keyifle yemeye başladılar. Bunu görünce yine umudum kalmamıştı.

Yaprakları yedikten sonra sohbete başladılar. Ne konuşuyorlardı? Tek bir kelimesini bile anlamamıştım! Küçük Akrep ile tanıştığımdan beri birçok yeni kelime öğrenmiştim ama bu aydınların konuştuklarını anlayamıyordum. Sadece bazı sesler duyuyordum: *gulubaci*, *didongdidong*, *hualafusci*... Bunlar ne demekti?

Ne söylediklerini anlamaya çalışıyordum ama onlar da hiç durmadan bana bir şeyler soruyorlardı ve ben hiçbirine cevap veremiyordum. Sadece salak gibi başımı sallayıp gülümsüyordum.

"Yabancı beyefendinin bacaklarındaki şey nedir?"

"Pantolon," diye cevap vermiştim ama kafam karışıktı.

"Neden yapılmış?" diye sordu genç bir aydın.

"Nasıl yapılmış?" diye sordu bir başkası.

"Pantolon giymek hangi eğitim seviyesini temsil eder?" diye sordu birisi.

"Sizin kıymetli ülkenizde pantolon giyenler ve giymeyenler sınıfsal olarak birbirinden farklı mıdır?"

Bunlara nasıl cevap verecektim? Sadece salak gibi gülebildim.

Benden cevap alamayınca hayal kırıklığına uğradılar ve gelip benim yırtık pantolonuma dokundular.

Pantolonu inceledikten sonra yine *gulubaci*, *didongdidong*, *hualafusci*... Çok sıkılmıştım!

Sonunda hepsi gittikten sonra Küçük Akrep'e ne konuştuklarını sordum.

"Bana mı soruyorsun?" dedi gülerek Küçük Akrep. "Peki, ben kime sorayım? Hiçbir şey konuşmadılar ki."

"*Hualafusci*? Bunu hatırlıyorum." dedim.

"*Hualafusci* mi? Bir de *tongtongfusci* vardı onu duymadın mı? Bunlardan çok var! Sadece bazı yabancı kelimeleri birleştirerek konuşuyorlar. Başkaları onları anlayamaz, zaten kendileri de anlamıyor. Sadece bundan keyif alıyorlar. Yeni aydınlar böyle konuşur. Son günlerde *hualafusci* kelimesinin çok kullanıldığını biliyorum. Ne olursa olsun *hualafusci* denebilir. Mesela ana babası çocuklarını dövdüğünde, imparator hazretleri büyülü yaprak yediğinde, aydınlar intihar ettiğinde... Bunların hepsi *hualafusci*'dir. Aslında bu kelimeyi "kimyasal etki" anlamında kullanıyorlar. Onlarla bir sonraki karşılaşmanda bazı kelimeler uydurman yeterli olur: *Hualafusci*, *tongtongfusci*, *herkes-fusci* gibi şeyler dersen seni de aydın zannederler. Sadece isimler yeterli, fiile gerek yok. Kelimelerin sonuna *fusci* ekle, hepsi bu."

"Neden pantolonumu incelediler?" diye sordum.

"Büyülü ve diğerleri topuklu ayakkabıyı, aydınlar da pantolonu merak eder. Aslında ikisi de aynı şey. Genç aydınların efemine bir tarafları vardır. Temizliğe, güzelliğe ve modaya ilgi duyarlar. Yaşlı aydınlar ise sadece kadınların 'orasına' ilgi duyar. Genç aydınlar kendilerini güzel göstermeye ve birilerine yaranmaya çok heveslidir. Bekle, birkaç gün sonra genç aydınların hepsi pantolon giyecek."

Odadaki hava beni boğmaya başlamıştı. Küçük Akrep'e bir şey söylemeden hava almak için dışarı çıktım. Kapının dışında Çiçek ve diğer kadınlar duvara yaslanmışlardı. Ayaklarının altında iki tuğla vardı ve ayak parmakları üzerinde yürüme alıştırması yapıyorlardı.

20. Bölüm

Karamsarlardan da öğrenilecek şeyler vardır: bir kişi ancak etraflıca düşündükten sonra karamsar olur. Belki düşünceleri kusurludur, cesareti yoktur ama kesinlikle kafası çalışır. Bu yüzden Küçük Akrep'i daha çok sevmeye başlamıştım. O iki aydın grubunu karşılaştırdığımdaysa umudum genç aydınlardaydı. Onların da tıpkı yaşlı aydınlar gibi kafaları karışıktı ama mutlu ve canlı görünüyorlardı en azından. Sadece bu açıdan bakınca onların Küçük Akrep'in eksikliklerini tamamlayabileceklerini düşünüyordum. Eğer Küçük Akrep de cesaretini toplar, bu gençler gibi mutlu ve hayat dolu olursa ülkesine ve toplumuna çok faydalı işler yapabilirdi. Birkaç iyimseri yardımcı olarak yanına almalıydı. Genç aydınlarla tekrar görüşmek ve bazılarının Küçük Akrep'e yardımcı olup olamayacağını öğrenmek istedim.

Büyülü'den nerede yaşadıklarını öğrendim.

Onlara giderken yolda birkaç okulun yakınından geçtim. Okulları gezmek içimden gelmedi. Küçük Akrep'in sözlerine inanmak istemiyordum ama bu okullar gerçekten de etrafları dört duvar ile çevrili bomboş yerlerdi. Okullar belki de Küçük Akrep'in anlattığı kadar kötü değildi ama kabul ediyorum ki gerçekten görülecek hiçbir şey yoktu içlerinde. Sokakta kız ve erkek öğrencileri görünce gözlerim doldu.

Onların tavırları, özellikle de yedi yaşından büyük olanların tavırları... Tıpkı yedi Kedi İnsanın başlarının üzerinde taşıdığı Büyük Akrep gibi kibirliydiler. Kendilerini yaşayan tanrılar zannediyorlardı ve ülkelerinin gezegendeki en rezil ülke olduğunun farkında bile değillerdi. Eğitimcilerin sersemliği yüzünden bu kadar cahil öğrenci yetişmişti. Bu gençleri affetmeliydim ama yirmili yaşlarında biri hiçbir şeyi göremiyor ve bu cehennemde çok mutlu ve gururlu yaşıyorsa bir vicdanı olup olmadığından gerçekten emin olamazdım. Neden kibirliydiler? Onları yakalayıp sormak geçti aklımdan ama sonra zamanımı boşa harcamamaya karar verdim.

Aradığım genç aydınlardan biri müzede görevliydi. Onu ziyaret edersem fırsattan istifade müzeyi de gezebileceğimi düşünmüştüm. Müze binası büyüktü. Bir uçtan bir uca yirmi, otuz oda vardı. Kapının dışında bir bekçi oturuyordu. Kafasını duvara yaslamış tatlı bir uykuya dalmıştı. Başımı uzatıp içeri baktım, kimsecikler yoktu. Müzenin kapısının açık olması ve hiç kimsenin ilgilenmemesi ilginçti. Özellikle de Kedi İnsanların bir şeyler çalmayı çok sevdiği düşünülünce! Bekçiyi rahatsız etmek istemedim ve içeri girdim. İki boş odayı geçtikten sonra yeni arkadaşımla karşılaştım. Çok mutlu, tertemiz, hayat dolu ve kibardı. Onu çok sevmiştim. Adı Kedilafusci'ydi. Bu ismin Kedi Ülkesinde yaygın bir isim olmadığını biliyordum. Kesinlikle yabancı bir kelimeydi. Bana sonu *fusci* ile biten bir sürü şey söylemesinden korktuğumdan ondan bana müzeyi gezdirmesini rica ettim. Düşündüm ki, tarihi eserlerin hiçbirinin isminin sonuna *fusci* getiremezdi ve "fusci"lemezse ben de rahat olurdum.

"Buyurun, bu taraftan buyurun." Kedilafusci çok neşeli ve nazikti.

Boş bir odaya girdik, şöyle dedi:

"Burada on bin yıllık taş eserleri muhafaza ediyoruz ve en yeni teşhir yöntemlerini kullanıyoruz, buyurun bakın."

Etrafıma baktım ama hiçbir şey yoktu. İçimden, "Yine başlıyoruz!" dedim. Benim soru sormamı beklemeden duvarı işaret edip şöyle dedi:

"Bu taş kap on bin yıllıktır. Üzerindeki yazılar yabancı dildedir. Değeri üç milyon *ülke ruhu*'dur."

Evet, anlamıştım, duvarda bir sıra küçük yazı vardı. Galiba bahsettiği üç milyonluk taş kap burada sergilenmişti daha önce.

"Bu taş balta on bir bin yıllıktır ve iki yüz bin *ülke ruhu* değerindedir. Bu taş kâse on iki bin yıllıktır ve değeri bir milyon beş yüz bindir. Bu... üç yüz bin. Bu... dört yüz bin."

Her şey bir yana, bu tarihi eserlerin fiyatlarını ezbere bilmesini takdir etmiştim.

Yine boş bir odaya girdik, nezaket ve samimiyetle şöyle dedi:

"Burası on beş bin yıllık kitapları muhafaza ettiğimiz oda. Gezegenin en eski kitapları en son teşhir yöntemleriyle burada sergilenmektedir."

Bir sürü kitabın isimlerini ve değerlerini söyledi ama duvarlarda birkaç siyah böcek dışında hiçbir şey yoktu.

Hiç duraksamadan on odayı gezdik. Kedilafusci sabrımı tüketmişti. Ona teşekkür edip vedalaşmayı düşünüyordum. Dışarı çıkıp hava almak istiyordum ki tam o sırada beni bir başka odaya götürdü. Odanın hemen dışında yaklaşık yirmi kişi ellerinde sopalarıyla bekliyordu! Şükürler olsun ki içeride gerçekten bir şeyler vardı. İyi ki dışarı çıkmamışım diye düşündüm. On tane boş oda görmüştüm ve on birincisinde bir şeyler vardı. Buraya boşuna gelmemiştim. On boş oda gezmeye değmişti.

"Efendim tam zamanında geldiniz. Birkaç gün sonra gelseydiniz bu eserleri göremezdiniz," dedi Kedilafusci ve çok nazik, samimi şekilde şöyle devam etti: "Bunlar on iki bin yıllık çömleklerdir. En son teşhir yöntemleriyle burada sergilenmektedirler. On iki bin yıl önce bizim çömleklerimiz gezegenin en güzel, en ince eserleriydi. Sonra sanırım sekiz bin yıl önce çömlekçiliğimiz yok oldu. Bugün artık bunları üretebilen hiç kimse yok."

"Neden?" diye sordum.

"Yayafusci."

"Yayafusci" ne demekti? Soru sormamı beklemeden konuşmaya devam etti:

"Bu çömlekler gezegenin en değerli şeyleridir. Toplam üç yüz milyar *ülke ruhuna* yabancı ülkelere satıldılar. Bu fiyat yüksek sayılmaz. Eğer hükümet satmak için acele etmeseydi muhtemelen beş yüz milyara da satılabilirdi. Daha önce on bin yıllık bile olmayan taş eserleri iki yüz milyara satmıştık. Bu seferki anlaşma bir başarısızlıktır. Hükümetin başarısızlığı önemli değil ama bizim kaybettiğimiz komisyona dikkat edilmesi gerekir. Nasıl karnımızı doyuracağız? Maaşlarımız yıllardır ödenmiyor. Antik eserlerden gelen komisyonlar da olmazsa ne yapalım, taş mı yiyelim? Elbette antik eserlerin satışlarındaki komisyonlar çok yüksektir ama antik eserlerle ilgilenenlerin hepsi genç aydınlardır. Bizim günlük harcamalarımız yaşlı aydınların en az birkaç katıdır. Kullandığımız her şey yurt dışından gelir. Bizim aldığımız tek bir şey yaşlı aydınların birkaç günlük harcamasına eşittir. Bu gerçekten önemli bir sorun!" Kedilafusci'nin hep neşeli olan yüzünde biraz üzüntü belirmişti.

Neden çömlekçilik yok olmuştu? Yayafusci! Antik eserleri neden satıyorlardı? Aydınlar biraz komisyon alabilsin diye. Genç aydınlarla ilgili umutlarım tamamen yok olmuştu. Daha fazla detay soracak keyfim kalmamıştı. Gerçekten onunla konuşmak istemiyordum. İçimden antik eserlere sarılıp ağlamak gelmişti. Sormaya bile gerek yoktu. Hükümet antik eserlerin satışından gelir elde ediyordu. Genç aydınlar komisyon almakla uğraşıyorlardı ve satışa çıkarılan eserlerin fiyatlarını raporluyorlardı. Soracak bir şey kalmamıştı. Ama yine de bir soru sordum:

"Antik eserlerin hepsi satılıp da geriye bir tane bile kalmayınca ne yapacaksınız?"

"Yayafusci!"

Anlamıştım, "Yayafusci" Küçük Akrep'in "idare etmek" dediğinden on bin kat daha fazla "idare etmek" anlamına geliyordu. Kedilafusci'den de Yayafusci'den de nefret etmiştim.

Uzun süre büyülü yaprak yemeye alışanlar genelde sinirlenmez. O yüzden Kedilafusci'ye bir tokat bile atmadım. Zaten bir Çinli neden Kedi Ülkesinin sorunları için sinirlenecekti ki? Kedi Ülkesinin genç aydınlarının sadece yurt dışına gitmiş kişiler olduğunu anlamıştım. Biraz görmüş geçirmiş ya da biraz duymuşlardı. "En yeni yöntemlerle sergilemek" gibi şeyleri yani. Hiçbir konuda fikir yürütemiyorlardı. Neyin iyi neyin kötü olduğu hakkında hiçbir fikirleri yoktu. Sadece "en yeni yöntemlerle sergilemek" gibi, duydukları şeylerle idare ediyorlardı. Çömlekçiliğin ortadan kalkmış olması ne büyük bir utançtı ama onlar sadece "yayafusci" deyip geçiyorlardı! Antik eserlerin satılması yürek parçalayan bir şeydi ama onlar yine "Yayafusci" demekten başka bir şey yapmıyordu! Ne gururları ne düşünme yetenekleri ne de karakterleri vardı. Sadece yurt dışına bir uğramış, kendilerini "aydın" olarak görmeye başlamış ve rahat bir hayat sürerek *yayafusci*lemeye devam etmişlerdi!

Kedilafusci ile vedalaşmadan oradan kaçtım. Geçtiğim boş odalarda ağlama sesleri duymuştum sanki. Hayaletler yüzlerini kapatmış ağlıyorlardı. Eğer ben antik bir eser olsaydım ve eğer antik eserlerin hayaletleri olsaydı, beni satanları ve genç aydınları vücutlarındaki yedi delikten kan getirerek öldürürdüm!

Sokağa çıkınca biraz sakinleştim. Böyle karanlık toplumlarda antik eserlerin yurt dışına satılması eserler için kötü bir şey değildir aslında. Hırsızlık ve zarar verme Kedi İnsanların çok iyi becerdiği şeylerdir. Kendi tarihi eserlerini yok etmelerindense bunların yurt dışında muhafaza edilmesi çok daha mantıklıydı. Ancak bu elbette sadece antik eserler için geçerliydi ve Kedilafusci kesinlikle affedilemezdi. Antik eserleri satmak onun fikri değildi herhalde ama utanmaz tavrı da affedilemezdi. Sanki utancın ne olduğunu bilmiyordu. Tarihinden gurur duymak bana göre yok edilmesi en zor insan duygularındandır. Fakat Kedi Ülkesinin gençleri duygusuzca ülkelerine ait tarih hazinelerini satmışlardı. Üstelik Kedilafusci bir aydındı. Aydınlar bunu yapıyorsa cahiller kim bilir neler yapıyordu! Kedi Ülkesini yeniden ayağa kaldırma umutlarım tamamen yok olmuştu. Aşırı çaba bazen bir insanın ya da ülkenin ölmesine neden olabilir. Diğer taraftan kan kusarak ve canı pahasına çaba gösterenleri de takdir etmekten kendimi alamıyordum. Kedilafusci gibiler sadece *yayafusci*'lemekten anlıyorsa hiç umut yok demektir!

Hiç hevesim kalmamıştı. Başka bir aydınla görüşmek istemiyordum. Diğer kültür kurumlarını da görmek istemiyordum. Gördüğüm her kişi benim ideal insan bulma umudumu biraz daha azaltıyordu. Fazladan bir kurum görmek beni daha fazla ağlatacaktı. Buna gerek yoktu! Küçük Akrep'i takdir etmek gerek. Beni buraları görmem için kendisi getirmemişti ve önceden bana bir açıklama da yapmamıştı. Her şeyi kendi gözlerimle görmemi istemişti. Gördüklerimse sözle anlatılabilecek şeyler değildi.

Bir kütüphanenin önünden geçtim ama içeri girmek istemedim çünkü buranın da bomboş olmasından endişe etmiştim. İçeriden bir grup öğrenci çıkınca kitap okuduklarını zannedip içeri girmek istedim. Kütüphane çok güzel bir binaydı. Uzun zamandır bakımsız kaldığı belliydi ama yine de çökmüş veya yıkılmış bir yer yoktu.

Kapıdan içeri girince duvarda beyaz renkte daha yeni yazılmış bir yazı gördüm: "Kütüphane Devrimi." Kütüphane kimi devirecekti? Çok zeki biri sayılmam o yüzden hemen anlayamamıştım. İçeriye doğru birkaç adım attım ve duvardaki yazıya baktım. Aniden biri bacağıma sarıldı: "İmdat!" Yerde yatan biri daha bağırdı.

Yerde on küsur kişi yatıyordu. Bacağıma sarılan da genç aydınlardan biriydi. Elleri ve ayakları bağlıydı. Hepsinin ellerini ve ayaklarını çözdüm. Kurtulanlar balıklar gibi bir çırpıda kaçtı. Sadece o genç aydın kaldı.

"Ne oldu?" diye sordum.

"Yine devrim oldu! Bu sefer kütüphane devrimi oldu!" dedi şaşkınlık içinde.

"Kütüphaneyi kim devirdi?"

"İnsanlar kütüphaneyi devirdi! Bakın!" bacağını gösterdi.

Kısa bir pantolon giymişti. Ama pantolon giymekle kütüphane devriminin ne alakası vardı?

"Efendim siz pantolon giymiyor musunuz? Biz aydınların işi yabancı ülkelerin bilimini, ahlakını, âdetlerini ve geleneklerini tanıtmaktır. O yüzden biz de pantolon giymeye başladık." Sonra şöyle devam etti: "Bu bir devrimdir."

"Devrim bu kadar kolay bir şey mi?" diye düşündüm.

"Ben pantolon giyince ortalık karıştı. Yan taraftaki üniversitenin öğrencileri benim bu devrimimi görünce bana gelip hepsine birer pantolon vermemi istedi. Ben kütüphanenin müdürüyüm. Sattığım kitaplardan elde edilen gelirin bir kısmı öğrencilere verilir çünkü bu öğrenciler *Eşitlikfuscizm*'e inanıyorlar. Kitap satmak zorundayım. Kitap satmazsam hayatta kalamam. Kitap satışından kazandığımız parayı onlarla paylaşmalıyız yoksa *Eşitlikfuscistler* bizi öldürebilir. Ama *Eşitlikfuscizm* tarzına alıştıktan sonra bugün benim pantolon giydiğimi gördüler ve onlar da pantolon giymek istediler. Onlara pantolon yaptıracak param yoktu. İşte bu yüzden onlar da bir karşı-devrim başlattılar. Benim pantolon giymem bir devrimdir. Onlar pantolon giyemeyince de beni devirmek istediler ve işte hepimizi bağlayıp, biriktirdiğim bütün parayı aldılar!"

"Kitapları yağmalamadılar mı?" Ben kişisel kayıplarla pek ilgilenmem. Beni ilgilendiren kütüphaneydi.

"Bir şey yağmalayamazlar çünkü on beş yıl önce kitapların tamamı zaten satıldı. Ben şimdi sadece düzenleme işini yapıyorum."

"Kitap kalmadıysa düzenleyecek ne olabilir ki?"

"Odaları temizleriz. Devrim için hazırlık yaparız. Kütüphaneyi otele çeviriyoruz. Aslında adı hâlâ kütüphane ama kiraya veriyoruz. Burada pek çok kez askerler konaklamıştır ama diğerleri çok daha iyi çünkü onlar kurallara uyuyor."

Kedi İnsanları takdir etmiştim ama onları takdir ettiğim için daha fazla dinlemeye dayanamazdım. Takdirin bir anda sövgüye dönüşmesinden korkuyordum.

21. Bölüm

Gece çok şiddetli yağmur yağmıştı. Kedi Şehrinde yağmur şiirsel bir şey değildir. Sakinleşmeye çalıştım ama endişe ve rahatsızlık duygularından bir türlü kurtulamadım. Birbiri ardına duvarların ve evlerin çöküş sesleri duyuluyordu. Tüm şehirde fırtınadaki bir gemi gibi korku ve dehşetle titremeyen tek bir yer bile yoktu. Yıkım ne kadar kolay diye düşündüm. Birkaç gün sürecek şiddetli bir yağmur buradaki her şeyi yok edebilirdi. Bu insanlık dışı olayın gerçekleşmesini asla istemezdim. Kedi İnsanlar için üzülüyor, endişeleniyordum. Ne için yaşıyorlardı? Nasıl yaşıyorlardı? Bunu hâlâ çözememiştim. Bence tarihlerinde inanılmaz hatalar vardı ve insanlar bu tarihi hatalar yüzünden acı çekiyorlardı. Elbette bu düşüncem çok soyut ve hayali bir şey değilse.

Eşitlikfusci kelimesi aklıma geldi. Zaten uyuyamıyordum, bu yüzden düşünmeye başladım. Sadece bu kelime değil diğer birçok yabancı kelimenin anlamları neydi acaba? Kedi İnsanların kelimelerden çok zarar gördüğünü düşündüm.

Öğrenciler arasında çok sayıda *Eşitlikfuscizm* taraftarı vardı. Kedi Ülkesinin her şeyini anlamak istiyorsam önce siyasi durumu anlamalıydım. Dünyadaki ülkelerin tarihlerinden şunu öğrenmiştim: öğrenciler her zaman siyasi fikirlerin mayasıdır. Öğrenciler, sadece öğrenciler bu konularda en hassas olanlardır ama bu konularda en sığ olanlar da onlardır. Çünkü hassasiyetleri genellikle birkaç yeni kelimeyi kabul etmekle sınırlıdır. Eğer Kedi Ülkesinin öğrencileri de böyleyse, Kedi Ülkesinin geleceğini ancak gözlerimi kapatarak izleyebilirdim! Sadece öğrencileri suçlamanın adil olmadığını biliyordum ama onlardan beklentilerim olduğu için onları eleştirmek zorundaydım. Siyaseti incelemeliydim mutlaka. Bütün gece uyuyamamıştım. Küçük Akrep'e gidip sormak için sabırsızlanıyordum. Bana siyasetten anlamadığını söylemişti ama tarihi anlatabilirdi. Bu gerçekleri bilmeden bugünkü durumu anlayamazdım çünkü burada çok uzun süre geçirmemiştim.

Küçük Akrep'i dışarı çıkmadan yakalamak için erkenden kalktım.

"Söyle bana *Eşitlikfuscizm* nedir?" diye sordum büyülenmiş gibi.

"Bir çeşit 'insanların birbirleri için yaşadıkları' ideolojidir." dedi Küçük Akrep bir büyülü yaprak yiyerek. "Bu ideolojiye göre herkes çalışır, herkes mutludur, herkes güvendedir. Herkes büyük bir makinenin parçasıdır. Mutluluk ve güven içinde çalışan bir çivi ya da dişlidir. Gerçekten fena da değil!"

"Mars'ta bu ideolojiyi uygulayan ülke var mı?"

"Çok, iki yüz yıldır uygulanıyor."

"Peki ya sizin ülkenizde?"

Küçük Akrep kederlendi. Benim de yüreğim sızlamıştı. Uzun bir sessizlikten sonra şöyle dedi: "Biz de uzun süre bunun şamatasını yaptık ama sadece şamata yaptık. Sakın unutma bizde hiçbir zaman hiçbir ideoloji uygulanmaz."

"Neden 'şamata' yaptınız?"

"Düşün ki çocuğun çok şımarık ve onu birkaç kez bu nedenle dövdün. Ben de bunu öğrenip çocuğumu dövdüm, şımarık olduğundan değil, sırf sen çocuğunu dövdüğün için dövdüm. Aile işlerinde buna 'şamata' denir, siyasette de aynı işte."

"Senin söylediklerine göre asla kendi sorunlarınız için çare aramıyorsunuz. Sürekli başkalarının fikirlerine göre hareket ediyorsunuz. Örneğin asla kendi evinizi inşa edemeyeceksiniz. Hep kirada mı oturacaksınız?"

"Şöyle de ifade edebiliriz; aslında pantolon giymek gerekli bir şey değil fakat başkalarının giydiğini görünce, bedenine uygun bir pantolon almak yerine gider eski bir pantolon alırsın."

"Bana tarihten bahset!" dedim ve şöyle devam ettim: "Yaşanmış 'şamatalı' olaylar olsun, 'şamata' mutlaka değişime yol açar öyle değil mi?"

"Değişim, gelişme ve ilerleme demek değil midir?"

Küçük Akrep gerçekten çok akıllıydı. Gülümseyerek onun konuşmasını bekledim. Uzun bir süre düşündükten sonra bana şöyle dedi:

"Nereden başlayayım? Mars'ta yirmiden fazla ülke vardır ve her birinin de kendine has siyaseti ve reformları. Biz tesadüfen herhangi bir ülkenin siyasetini duyar duymaz hemen taklit etmeye çalışırdık. Veya herhangi bir ülkenin siyasetinde reform olduğunu duyar duymaz hemen taklit etmeye çalışırdık. Sonuç olarak onların kendine has özellikleri vardı ve onların reformu gerçekten reformdu. Biz ise eskisi gibiydik. Eğer bize has özelliklerin ne olduğunu öğrenmek istiyorsan söyleyeyim. Bizim özelliğimiz taklit etmeye çalıştıkça daha da kötüye gitmektir."

"Bana biraz yaşanmış gerçek olaylardan bahset. Birbirleriyle alakasız şeyler de olabilir." diye ona yalvardım.

"Önce *yaygara*'dan bahsedeyim o zaman."

"*Yaygara* mı? O da nedir?"

"Pantolon ile aynıdır aslında. Bizde olmayan bir şeydir. Sizin dünyanızda böyle bir şey olup olmadığını bilmiyorum. Hayır, hayır aslında bir şey değil, bir tür siyasi topluluktur.

İnsanlar birleşip siyasi taleplerini ya da bazı politikaları ortaya koyar."

"Bizde de var. Biz buna siyasi parti deriz."

"Tamam, siyasi parti ya da ne dersen de. Neticede biz ona *yaygara* diyoruz. Bak şimdi, biz en eski zamanlardan beri imparatorlar tarafından yönetildik. Halk hiç sesini çıkaramazdı. Bir gün aniden yabancı ülkelerden bir haber geldi. Halk da siyasetle uğraşabilirdi. Bizde ne kadar üzerinde düşünülse ve tartışılsa da bunun sadece bir anlamı olabilirdi: herkesin *yaygara* hakkına sahip olması. Dahası en eski çağlardan beri herkesin kendi başının çaresine bakıp kimseye karışmaması en temel ahlak standardımızdır. Bir gün aniden çok sayıda kişinin bir araya gelip bir parti veya kuruluş oluşturabileceğini duyduk. Antik eserlere bakıldı ama buna uygun bir kelime yoktu. Sonunda *yaygara* kelimesinin ilginç olduğu fark edildi. Bir araya gelip ne yapılacaktı ki zaten? Elbette *yaygara*. İşte bu yüzden *yaygara*ya başladık. Sana söylemiştim, ben siyasetten anlamam. *Yaygara* başladığından beri siyasette –eğer *yaygara*yı siyaset olarak kabul edersen tabii– çok fazla değişim olmuştur. Çok detaylı anlatamam, sadece bazı gerçekleri genel olarak anlatabilirim. "

"Anlat, genel olarak anlatsan çok daha iyi." Devam etmeyecek diye korkmuştum.

"Birinci siyasi reformda imparator hazretlerinden halkın siyasete katılmasına izin vermesi istendi. Elbette imparator hazretleri buna izin vermedi. Böylece *yaygara*ya katılanlar birçok askerle bir araya gelip bir hareket başlattılar. İmparator hazretleri bunun kendi aleyhine döndüğünü görünce *yaygara*ya katılan önemli kişileri yönetici olarak atadı. *Yaygara*ya katılanlardan yönetici olarak atananlar, yöneticilik görevini yerine getirdikleri için *yaygara* işini tamamen unuttular. Neyse, bazıları –tesadüfen– aslında bir imparatorun çok da gerekli olmadığını duyunca bu da yeni bir *yaygara*ya neden oldu ve imparatoru tahttan indirmek istediler. Bu *yaygara*nın adı *Halk Yönetimi Yaygarası*'ydı. İmparator hazretleri kendisinin de onlara karşı bir *yaygara* kurması gerektiğini fark etmişti. Bu *yaygara*ya üye olanlara imparator ayda bin *ülke ruhu* veriyordu. *Halk Yönetimi Yaygarası*'ndakiler bunu görünce kendilerini kaybetmişlerdi ve para alamayacaklarından korktukları için imparator hazretlerinin tarafına geçtiler ama imparator hazretleri onlara ayda sadece yüz *ülke ruhu* verdi. Önce kabul ettiler ama sonra imparatordan ayda yüz üç *ülke ruhu* istediler. Bu kişiler hiçbir şey yapmadan her ay para alıyorlardı. Elbette bu başkalarının da dikkatini çekti. Bu yüzden tek başına ya da iki kişi, on kişi bir araya gelip *yaygaralar* kurdular. Çok sayıda farklı isimde *yaygara* vardı."

"Beni affet, bir şey sormak istiyorum. Bu *yaygara*larda gerçekten sıradan halktan insanlar var mıydı?"

"Ben de tam bunu anlatacaktım zaten. Elbette halktan sıradan insanlar da vardı aralarında. Eğitim görmemiş, cahil, kafasız insanlar. Onları durdukları yerde bile aldatabilirlerdi ve bu konuda yapacak hiçbir şey yoktu. Hangi *yaygara* olursa olsun hepsinin sloganı 'ülke için, halk için'dir. Yönetici olduklarında imparator hazretlerinden para alırlar ve elbette imparator hazretlerinin verdiği para da halktan gelir. Eğer yönetici olamazlarsa durmadan *yaygara* kurarlar. Önce halkı kandırıp para toplarlar. Eğer halkı kandıramazlarsa askerlerle birleşip halka eziyet ederler. Ne kadar çok *yaygara* varsa ülke o kadar fakirleşir."

Sözünü keserek şöyle dedim: "Bu *yaygaralar*da hiç iyi insan yok mu? Gerçekten ülke ve halk için çaba gösteren tek bir kişi yok mu?"

"Tabii ki var! Ama şunu bilmelisin ki iyi insanlar da yemek yemek zorunda ve devrimciler de âşık olur. Yemek ve aşk için para gerekir. O yüzden devrim para toplama işine döner. Para toplanınca yemek sorunu çözülür ve evlenirler. Sonra paranın kölesi olur ve sonsuza kadar bundan kurtulamazlar. Devrim, siyaset, ülke ve halk hepsi unutulur."

"Öyleyse mesleği ve yiyecek yemeği olan insanlar siyasi hareketlere girmez mi?"

"Sıradan insanlar devrim yapamaz. Çünkü anlamazlar, onlar hiçbir şeyden anlamaz. Parası olanlar çok bilgilidir ama onlar da devrim yapmaz çünkü cesaretleri yoktur. Bir şey yapmaya kalkarlarsa imparator hazretleri, askerler veya *yaygara* üyeleri hemen bütün mallarına mülklerine el koyar. Sabrederse ve küçük bir yöneticilik unvanı satın alırsa malının mülkünün bir kısmını koruyabilir. Elbette tamamını değil. Yanlış bir şey yaparsa her şeyini elinden alırlar. Sadece yabancı ülkelere gitmiş olanlar, okulda okuyanlar, serseriler, yerel mafya ve birkaç kelime okuyabilen askerler siyasete karışır çünkü siyasete girdiklerinde bir şeyler kazanabilecek olanlar onlardır. Geri adım attıklarında kaybedecekleri bir şey yoktur. *Yaygara*ya katılanların yiyecek ekmekleri olur, *yaygara*ya katılmayanların olmaz. İşte bu nedenle bizim ülkemizde devrim bir çeşit meslektir. İşte böyle *yaygara*yla uzun yıllar geçtikten sonra sonuçta iki olgu ortaya çıkmıştır: Birincisi siyasette sadece değişim olur ama reform olmaz. Bu nedenle de demokrasi fikri ne kadar yaygınsa halk o kadar fakirleşir. İkincisi ise ne kadar siyasi *yaygara* varsa gençler o kadar dar görüşlü olur. Öğrenciler siyasetle uğraşır ama bilgiye ilgi göstermezler. Gerçekten ülkeyi kurtarmayı samimiyetle istiyor olabilirler ama iktidarı ele geçirdikten sonra hiçbir şey beceremezler! Çünkü sorunları çözmek için gerekli bilgi ve yeteneğe sahip değiller. Bu durumdan yaşlılar faydalanmaktadır. Yaşlılar da en az onlar kadar bilgisizdir ama gençlerden çok daha fazla kötü fikirleri olduğundan dünyayla daha iyi başa çıkabilirler. Gençler gerçek bilgiye sahip olmamış, sadece siyaseti kullanmak istemişlerdir. Bu nedenle yaşlılardan kötü fikirler vermelerini isterler. İşte bu yüzden devrim işe yaramaz. İktidarı elinde tutanlar yine o aynı yaşlı tilkilerdir. Gençlerin kafası bomboş ve yaşlılar da çok kurnaz olduğu için herkes siyaseti 'idare etmek' zanneder. İyi 'idare ederlerse' her şey iyi gider, kötü 'idare ederlerse' her şey çöker diye düşünülür. İşte bu nedenle bugün okullardaki öğrenciler kitap okumaz. Birkaç yeni kelime ezberler, birkaç kötü fikir edinir ve kendilerini siyaset dehası zannederler."

Küçük Akrep'in bir süre dinlenmesini istedim ve sonra şöyle sordum: "*Eşitlikfuscizm* nedir hâlâ anlatmadın?"

"*Yaygara*ların sayısı ne kadar çoksa halk da o kadar fakir olur. Çünkü herkes ekonomik sorunlar yerine *yaygara*ya önem verir. En son *Eşitlikfuscism* geldi... Halktan ve ekonomik sorunlardan başlandı. Devrim yıllarca sürdü. İmparator devrilemedi. Bir *yaygara* iktidara gelince imparator hazretleri o *yaygara*nın savunduğu her şeye inandığını ve hatta o *yaygara*nın başkanı olmayı istediğini ilan eder. Gizlice onlara para gönderdikten sonra da gerçekten o *yaygara*nın başkanı olur. Bu yüzden bir şairimiz imparator hazretlerini 'on bin yaygaranın hükümdarı' olarak övmüştür bir şiirinde. Ama *Eşitlikfusci* gelince bir imparator öldürüldü. İmparator hazretleri öldürülünce iktidar gerçekten *yaygara*ya geçti –*Eşitlikfusci Yaygarası*'na– ve sonra çok insan öldürüldü. Çünkü bu *yaygara*nın amacı çiftçiler ve işçiler dışında herkesi öldürmekti. İnsan öldürmek tuhaf bir şey değildir. Kedi Ülkesinde her zaman kolayca insan öldürülmüştür. Aslında alakasız insanların hepsini öldürüp sadece çiftçi ve işçileri geride bırakmak belki de fena bir çözüm değildir. Fakat Kedi İnsanlar sonuçta Kedi İnsanlardır ve insan öldürürken bile hile yaparlar: Para verenler öldürülmedi. Adamını bulanlar öldürülmedi. İşte bu yüzden de ölümü hak edenler değil, hak etmeyenler öldürüldü. Öldürülmesi gerekenler öldürülmeyince onlar da *yaygara*ya katılıp kötü fikirlerini yaydılar. Böylece her gün çok sayıda insan öldürüldü ve adalet ortadan kalktı. Ayrıca *Eşitlikfuscizm* ideolojisine göre herkese uygun bir iş verilmeliydi ve herkese aynı aylıklar ödenmeliydi. Bu ideolojiyi uygulamak için ekonomik sistemin düzenlenmesi gerekiyordu. Dahası insanların birbirleri için yaşadıkları inancı aşılanmalıydı. Fakat bizim *Eşitlikfuscizm Yaygarası*'nın üyeleri ne ekonomiden ne de eğitimden anlıyordu. Boşu boşuna çok sayıda insan öldürülmüştü. Çiftçilik ve işçilikten başlamak istediler ama tarım ve sanayi hakkında en ufak fikirleri yoktu. Herkese eşit şekilde toprak dağıttılar. Herkes bu topraklara büyülü ağaç dikti. Büyülü ağaçlar yeni dikildiği için herkes ağaçlar büyüyene kadar aç kaldı. İşçiler çalışmak istiyordu ama iş yoktu. Daha fazla insan öldürmek gerekiyordu. Daha az insan kalırsa işlerin kolaylaşacağını düşündüler, tıpkı kaşınan deriyi koparıp atmak gibi. İşte bu *Eşitlikfuscizm*'dir. Yabancı ülkeden getirilen siyasi ideolojiler orada hasta tedavi etmek için kullanılan ilaç gibiydi. Orada işe yarayan ilaç bizde bir hastalık haline gelmişti. Eğer düşünmezsek sorunları asla çözemeyiz ve sadece devrimin zararlarına maruz kalıp asla faydasını göremeyiz. Onların devrimlerinin amacı yeni fikirleri ve planları gerçekleştirmekti. Bizim devrimimiz ise *yaygara* içindi çünkü hiç bilgimiz yoktu. Bilgimiz olmadığı için sorunları çözmek yerine insanlarla uğraşıyoruz. İnsanlarla uğraştığımız için de herkes devrimin gerektirdiği asil karakterden yoksun. İşte bu nedenle herkes birbirine en aşağılık yöntemlerle saldırmaktan başka bir şey yapmıyor. Bu yüzden *Eşitlikfuscizm* birkaç yıl uygulandı. İnsan öldürmek dışında herkes birbirine bön bön bakmaktan başka bir şey yapmadı ve sonunda *Eşitlikfuscizm Yaygarası*'nın lideri imparator oldu. *Eşitlikfuscizm*'den bir imparator çıkması tam bir saçmalıktır, kâbustur! Ama bizim için sürpriz değildi, zaten hiç kimse siyasetten anlamıyordu. *Eşitlikfuscizm* yürümediği için de bir imparator bulmak gerekiyordu. Bir imparator varsa herkes ona bakar ve başka şeylerle uğraşmaz. Bugün hâlâ bir imparatorumuz var. İmparator aynı zamanda '*on bin yaygaranın*' hükümdarı ve *Eşitlikfuscizm* de on bin *yaygara*dan biri."

Küçük Akrep ağlamaya başlamıştı!

22. Bölüm

Küçük Akrep'in söylediklerinin hepsi doğruydu ama yapıcı eleştiriler değildi. Kötümser, karamsar olmanın hiçbir faydası yoktur. Elbette ben barış ve huzur içindeki Çin'den geldiğim için Kedi Ülkesi için hâlâ bir umut olduğunu düşünüyordum. Hasta olmayan biri hastanın neden karamsar olduğunu anlayamaz. Yine de insanın umudu olmalı... Ya da şöyle denebilir: umut insanın sorumluluğudur. Umutsuz olmak kendinden vazgeçmenin ifadesidir. Umut çabanın anasıdır. Kedi İnsanların eğer güçlerini birleştirirlerse her türlü başarıya ulaşabileceklerine inanıyordum. Birçok sebep Kedi Ülkesinin gelişmesine, siyasetin doğru yola girmesine mani oluyordu. Gördüğüm ve duyduğum kadarıyla çok büyük sıkıntılar çektiklerini anlıyordum ama Kedi İnsanlar da sonuçta insandı ve insan her türlü sorunun üstesinden gelebilen bir hayvandır.

Büyük Akrep'i görmeye karar verdim. Ondan beni birkaç siyasetçiyle tanıştırmasını isteyecektim. Birkaç akıllı insanla karşılaşırsam belki Küçük Akrep'in yorum ve eleştirileri hakkında daha somut, daha faydalı bir fikir sahibi olabilirim diye düşünmüştüm. Aslında önce halkı görmem gerekirdi ama yabancılardan çok korkuyorlardı ve henüz onlara yaklaşmanın bir yolunu da bulamamıştım. Halk bir şeyden anlamazsa siyaset de düzgün olamaz. Tersinden bakılırsa böyle bir halk ile siyasetin yürütülmesi çok daha kolaydır. Elbette gerçekten ülke ve halk için çaba gösterecek siyasetçi varsa. Önce kafamdaki ideal kahramanı bulmalıydım.

Büyük Akrep bir ziyafet düzenlemiş ve beni de davet etmişti. Çok önemli biri olduğundan davet ettikleri arasında mutlaka siyasetçiler de olmalıydı. Bu da benim için çok iyi bir fırsattı. Sokağın diğer tarafına geçmeyeli çok uzun zaman olmuştu. Sokak yine çok kalabalıktı. Karıncalar gibi telaş içindeydiler ama onlar gibi çalışkan değillerdi. Bu harabe halindeki şehrin ne cazibesi vardı bilmiyorum. Bu kadar insan neden orada olmak istiyordu anlamıyordum. Biraz düşününce köylerin zaten bittiğini ve insanlar için şehrin köyden çok daha faydalı olduğunu düşündüm. Eskiyle kıyaslanınca iyi olan tek bir şey vardı: sokak kötü kokmuyordu çünkü yakın zamanda çok sık yağmur yağmış, insanların yerine gök ortalığı temizlemişti.

Onun söylediği saatte gitmeme rağmen Büyük Akrep evde değildi. Beni karşılayan kişi daha önce büyülü ağaç ormanında bana yemek getiren kişiydi. Birbirimizi tanıdığımız için bana şöyle dedi: "Eğer onunla öğlen için randevulaşırsanız akşam gelin, eğer akşam için randevulaştıysanız da hava aydınlanırken gelin. Bazen iki gün sonra gelseniz de olur. Bu bizim kuralımızdır." Bana verdiği bu bilgi için teşekkür ettim ve ondan gelen misafirlerin kimler olduğunu öğrenmeye çalıştım. Kafamda bir plan vardı. Eğer misafirler arasında görmeyi umduğum kişiler yoksa bir daha gelmeyecektim. "Misafirlerin hepsi önemli insanlardır," dedi ve ekledi: "Öyle olmasa yabancı birini davet etmezdi." Tamam, kesinlikle tekrar gelecektim ama birkaç saati nerede geçirecektim? Aniden aklıma bir fikir geldi. Cebimde birkaç *ülke ruhu* vardı. Onları bu hizmetçiye hediye edeyim gerisi kolay diye düşündüm. Çatıya çıktık ve orada ona bazı sorular sordum. Kedi İnsanların ağzını açan anahtar *ülke ruhu*'ydu.

Şehirdeki insanlar neyle geçiniyordu? Bu ona sorduğum ilk soruydu.

"Bu insanlar mı?" diyerek sokaktaki insan selini işaret etti: "Hiçbir şey yapmıyorlar."

Yine başlıyoruz diye düşündüm içimden ve ardından şöyle sordum:

"O zaman ne yiyip ne içiyorlar?"

"Yemek yemezler, büyülü yaprak yerler."

"Büyülü yaprak nereden geliyor?"

"Bir kişi yönetici olunca herkes büyülü yaprak yer. Bu insanlar yöneticilerin akrabaları ve arkadaşlarıdır. Üst düzey yöneticiler büyülü yaprak yetiştirip satar, bir kısmını da akrabaları ve arkadaşlarına dağıtır. Daha alttaki yöneticiler büyülü yaprak satın alır. Bir kısmını kendileri yer, bir kısmını da akraba ve arkadaşlarına dağıtırlar. Bürokrat olmayanlar büyülü yaprak bekler."

"Çok yönetici var galiba?" diye sordum.

"İşi gücü olmayanlar dışında herkes bürokrattır. Ben de bir bürokratım" dedi ve hafifçe gülümsedi. Bu gülümseme belki de onu daha önce hafife aldığım içindi –daha önce onun kafa derisinden küçük bir parça koparmıştım– ya da bir tür intikamdı.

"Bürokratların parası var mı?"

"Var. İmparator hazretleri veriyor."

"Hiç kimse ekip biçmiyor, çalışmıyor, üretmiyor, imparator parayı nereden buluyor?"

"Tarihi eserleri satar, toprak satar, siz yabancılar bizim ulusal hazinelerimizi ve topraklarımızı satın almaya bayılıyorsunuz o yüzden para konusunda kaygımız yok."

Doğru söylüyordu. Müze ve kütüphanede yaşadıklarımı hatırladım.

"Sence ülkenin hazinelerini ve toprağını satmak iyi mi yoksa kötü mü?"

"Para geliyorsa iyidir."

"Öyleyse hiçbir ekonomik sorununuz yok sanırım?"

Bu soru biraz derin olmuştu. Uzun bir süre sonra cevap verebildi: "Eskiden ekonomide sorunlar yaşanmıştı ama artık hiç kimse bundan bahsetmiyor."

"Eskiden herkes eker biçer ve çalışırdı değil mi?"

"Doğru. Şimdi köylerde neredeyse hiçbir şey kalmadı. Şehirdekiler bir şey satın almak isterse bunu yabancılar satar. Bizim ekip biçmemize ve çalışmamıza gerek yok. O yüzden herkes boş duruyor."

"Öyleyse neden insanlar bürokrat olmak istiyor? Bürokrat olurlarsa boş duramazlar değil mi? Bürokrat olsa da olmasa da büyülü yaprak yiyebilirler. Öyleyse neden kendilerini zahmete sokup bürokrat oluyorlar?"

"Bürokrat olanlara daha fazla para gelir. Büyülü yaprak yemek dışında birçok yabancı ülke şeyi satın alabilir ve birkaç karısı olabilir. Bürokrat olmayanlar sadece biraz büyülü yaprak yiyebilirler. Üstelik bürokrat olmak hiç yorucu değildir. Çok az işleri vardır. Çalışmak isteseler bile yapacak bir iş yoktur".

"Bir şey sormak istiyorum. Şu ölen büyükelçinin karısı nasıl oldu da büyülü yaprak yememeyi başardı eğer başka yiyecek bir şey yoksa?"

"Yemek yiyebilirler ama çok pahalıdır. Et, sebze hepsi yabancı ülkelerden gelir. Büyülü ağaç ormanındayken yemek için ısrar ettin ve efendim bunun için çok para harcadı. Büyükelçinin karısı çok tuhaf bir kadındır. Büyülü yaprak yemek istese ona tedarik ederlerdi ama yemeğini tedarik edecek hiç kimse yoktu. O yüzden sekiz uğursuz kadınla birlikte yemek yapmak için yabani ot toplamaya giderlerdi."

"Peki et?"

"Eti nereden bulacağız? Parası olanlar yabancı ülkeden getirilenleri alabilir. İnsanların yarısının yemek, yarısının büyülü yaprak yediği dönemlerde –çok uzun zaman önce yani–

insanlar bütün hayvanları yiyip bitirdiler. Uçanları kaçanları her şeyi! Uçan ya da koşan hayvan gördün mü hiç?"

Biraz düşündükten sonra farkına vardım. Evet, gerçekten de hiç hayvan görmemiştim.

"Ah, beyaz kuyruklu kuşlar, onları gördüm!"

"Evet, sadece onlar kaldı geriye çünkü onların eti zehirlidir. Yoksa onlar da çoktan yok olurdu."

"Siz pislikler de çok kısa bir süre içinde..." diye düşündüm içimden ama başka soru sormama gerek kalmamıştı. Karıncalar ve arıların da ihtiyaçları vardır ama ekonomik sorunları yoktur. Hiçbir sorunları olmamasına rağmen içgüdüsel olarak sürekli çalışırlar ki bu açıdan Kedi İnsanlardan daha üstündürler. Kedi İnsanların bahsedilecek bir ekonomisi ya da siyasetleri yoktu ama çatışma ve kargaşadan kurtulamıyorlardı. Hangi tanrı bu kadar kalitesiz canlılar yaratır bilemiyorum! Ne karınca ve arıların içgüdülerine ne de insan türünün bilgeliğine sahiplerdi. Onları yaratan tanrı bir tür şaka yapmak istemiş olmalıydı herhalde. Okulları vardı ama eğitimleri yoktu. Siyasetçileri vardı ama siyasetleri yoktu. İnsanlar vardı ama insanlık yoktu. Yüzleri vardı ama utanmaları yoktu. Bu çok abartılı bir şaka gibiydi gerçekten.

Ancak ne olursa olsun o önemli insanları görmek istiyordum. Kedi İnsanlar için bir çıkış yolu bulamıyordum. Belki de önemli insanlarının bir çözümü vardır diye düşünüyordum. Sorun çok basit görünüyordu: büyülü yapraklar eşit şekilde bölüşülür ve *Eşitlikfuscizm* ideolojisi gerçekten uygulanabilirse sorunlar belki çözülebilirdi. Ama bu onları bir çıkmaza sürüklerdi. Eskiye dönmeli ve büyülü yaprağı yasaklamalıydılar. Tarım ve sanayi yeniden canlandırılmalıydı. Ancak böyle hep birlikte yok olmaktan kurtulabilirlerdi. Fakat bu tarihi görevi kim üstlenebilirdi? Bu böcek ve sineklerin hayatını insan hayatına çevirmeye benziyordu – bu sıçramayı yapmak için çok çaba, irade ve kararlılık gerekir! Ben de neredeyse Küçük Akrep kadar karamsar olacaktım!

Büyük Akrep gelmişti. Büyülü ağaç ormanındaki haline göre çok zayıflamıştı ama daha sinsi ve kurnaz görünüyordu. Ona nazik davranmama gerek yoktu. Onu görür görmez doğrudan şöyle sordum: "Neden ziyafet veriyorsun?"

"Önemli bir şey yok, sadece sohbet etmek için."

Kesinlikle bir şeyler vardı, bunu anlayabiliyordum. Ona soracak çok sorum vardı ama nedense ondan tiksiniyordum. Onu görünce daha az konuşmaya karar vermiştim.

Misafirler gelmeye başlamıştı. Bu insanları daha önce hiç görmemiştim. Sıradan Kedi İnsanlara hiç benzemiyorlardı. Beni görünce hemen: "Eski dostum, eski dostum," dediler. Ben de nezaketsiz bir tavırla dünyadan geldiğimi söyledim. Bu da elbette "eski dostum" ifadesinin doğru olmadığını ima ediyordu ama onlar herhalde bu sözlerimdeki acılığı tatlı olarak değerlendirdiklerinden bana "eski dostum" demeye devam ettiler.

On kadar misafir geldi. Şansım yaver gitmişti. Gelenlerin hepsi siyasetçiydi.

Gözlemlerime göre onları üç gruba ayırmak mümkündü: birinci grup Büyük Akrep'in grubuydu. Bunlar "eski dostum" kelimesini çok doğal bir şekilde ama belli ki zorlanarak söylüyorlardı. Bu gruptakiler daha yaşlıydı ve Küçük Akrep'in bahsettiği yaşlı tilkileri anımsatmışlardı bana. İkinci gruptakiler daha gençti. Yabancılara çok sıcak, nazik davranıyorlardı ve yüzlerinde hep bir gülümseme vardı. Ama gülümsemenin arkası boştu. Hemen fark etmiştim ki yaşlı tilkilerden öğrendikleri kötü düşüncelerle gurur duyuyorlardı ama henüz bu konuda ustalaşmamışlardı. Üçüncü grup yaşları en küçük olanlardı. "Eski dostum" ifadesini doğal bir şekilde söylemiyorlardı hatta biraz utangaç gibiydiler. Büyük Akrep özellikle bana üçüncü grubu tanıttı: "Bu eski dostlarım o taraftan yeni geldi." Ne demek istediğini anlayamamıştım. Ama detayları sormaya çekinmiştim. Ancak bir süre sonra anlayabildim: "O taraf" okul olmalıydı. Bunlar siyaset dünyasına yeni girmiş acemilerdi. "O taraftan" yeni gelenlerin yaşlı tilkilerle nasıl başa çıkacağını görmek istiyordum.

İlk defa bir ziyafete katılıyordum. Misafirlerin hepsi geldikten sonra önce büyülü yaprak yediler. Bunu tahmin etmiştim zaten. Büyülü yapraklar yendikten sonra şenliği seyredecektim. Tam da beklediğim gibi olmuştu. Büyük Akrep konuşmaya başladı: "O taraftan gelen dostlarımıza hoş geldin demek için bu akşam onlara istedikleri orospuları seçtireceğiz." O taraftan gelen gençler gülüp gözlerini kırptılar. Hem utandılar hem de gururlandılar ve aralarında *Eşitlikfuscizm*, *Eşitlikfuscizm* diye bir şeyler mırıldandılar. Yüreğim sanki sevgilim ölmüş gibi acıyordu. Bu onların *Eşitlikfuscizm*'leriydi! O taraftayken sürekli ağızlarında yeni *fuscizm* sloganları vardı ama bu tarafa geçer geçmez orospular konusunda *Eşitlikfuscizm*'e geçmişlerdi. Her şey bitmişti. Söylenecek hiçbir şey yoktu! Olanları seyretmekten başka yapabileceğim bir şey yoktu!

Orospular geldi. Herkes tekrar büyülü yaprak yedi. Büyülü yapraklarını yedikten sonra genç siyasetçilerin yüzlerindeki gri tüylerinin altında biraz pembelik belirdi. Büyük Akrep'e baktılar gizlice. Büyük Akrep güldü. "Keyfinize bakın, buyurun keyfinize bakın, çekinmeyin," dedi. Gençler orospuların ellerinden tutarak alt kata indiler. Büyük Akrep'in onlar için eğlenecekleri yeri çoktan hazırladığını söylemeye gerek yok.

Onlar aşağı indikten sonra Büyük Akrep orta ve ileri yaştaki siyasetçilere gülümsedi ve şöyle dedi: "Tamamdır, gittiler, şimdi konuşabiliriz."

Tahminim doğru çıkmıştı. Misafir davet etmesinin nedeni önemli bir şey konuşmaktı.

"Haberleri duydunuz mu?" diye sordu Büyük Akrep.

İleri yaştakiler hiçbir tepki göstermediler. Sadece kendi iç dünyalarıyla ilgilenir gibiydiler. Orta yaştakilerden biri başını sallayacaktı ama diğerlerine bakınca hemen başını kaldırıp havaya bakıyormuş gibi yaptı.

Kendimi tutamayıp kahkaha attım.

Hepsi ciddileşmişti ama ciddi olmalarına rağmen onlar da güldü. Bunu bana eşlik etmeyi gerekli gördüklerinden yapmışlardı, çünkü ben yabancıydım.

Aradan uzun bir süre geçtikten sonra orta yaşlılardan biri şöyle dedi: "Bir şeyler duydum, doğru mu bilmiyorum."

"Doğru! Askerlerim yenildi!" dedi Büyük Akrep endişeyle. Herhalde askerleri yenildiği için bu kadar endişeliydi.

Herkes sustu. Uzun süre sessizce durdular. Herkes nefesini tutuyordu. Sanki nefes alsalar bıyıkları zarar görecekti.

"Beyler bize eşlik etmeleri için birkaç orospu seçelim mi?" dedi Büyük Akrep.

Bu teklif hepsini kendine getirmişti:

"Olur, olur! Kadın olmadan iyi planlar yapamayız. Lütfen!"

Bir grup orospu daha geldi. Herkes çok mutluydu.

Güneş batmak üzereydi ama hiçbiri siyasetle ilgili bir şeyden bahsetmiyordu.

"Teşekkürler, teşekkürler, yarın görüşürüz!" Herkes bir orospuyu elinden tutup çekerek gitti.

Gençler yukarı çıktı. Yüzleri pembe değildi. Biraz gri ve yeşile dönmüştü. Bir teşekkür bile etmeden *Eşitlikfuscizm* diyerek homurdanmaya başladılar.

Şöyle düşündüm: Bir tür iç savaş yaşanmış ve Büyük Akrep'in askerleri yenilmişti. Misafirlerden destek istemişti ama berikiler oralı bile olmamışlardı. Eğer tahminim doğruysa Büyük Akrep'e destek vermemeleri aslında iyi bir şey olabilirdi. Ama Büyük Akrep çok endişeliydi. Ayrılmadan önce ona şöyle sordum: "Askerlerin nasıl yenildi?"

"Yabancılar işgale başladı!"

23. Bölüm

Ölen Bir Ülke

Güneş henüz batmamıştı ama sokakta kimsecikler yoktu. Duvarlarda beyaz renkle kocaman yazılmış yazılar vardı: "Sonuna kadar direnelim!" "Ülkeyi kurtarmak kendini kurtarmaktır!" "Kahrolsun *İşgalfuscizm*!.." Başım yuvarlanan bir öküz gibi dönüyordu!

Sokakta tek başıma olmama rağmen sanki pek az hava var gibiydi bu ölen şehirde. "Yabancılar işgale başladı!" bu ses ölümü haber veren bir saatin sesi gibi kulağımda yankılanıyordu. Neden işgal etmişlerdi? Bilmiyordum. Büyük Akrep'in korkudan ödü patlıyordu. Yoksa bana detayları anlatmaz mıydı? Korkudan ödü patlıyor olsa da ziyafet vermeyi, orospu çağırmayı ihmal etmemişti. Benim bunları anlamam mümkün değildi. Yabancılar ülkeyi işgal ettiği halde siyasetçiler mutlulukla orospularla eğleniyor ve ülkeyle ilgili tek kelime etmiyorlardı. Kedi İnsanların kafası nasıl çalışıyordu gerçekten anlayamıyordum.

Küçük Akrep'e gitmekten başka çarem kalmamıştı. Kafası çalışan bir tek o vardı ve onun karamsar tavrını beğenmesem de başka konuşacak hiç kimse yoktu! Gerçi bu siyasetçileri gördükten sonra onu karamsar olmakla suçlayabilir miydim?

Güneş batmıştı. Bir bulut, güneşin bıraktığı son ışıkla göğün yarısını kızıla boyamıştı. Bulutun altındaki ince sis yerdeki acı sessizliği yansıtıyor, gökyüzü daha da görkemli görünüyordu. Hafif bir rüzgâr göğsümü ve sırtımı okşuyordu. Etrafta çıt çıkmıyordu. Dünyanın en ilkel hali bile bundan daha eğlencelidir herhalde. Güya burası çok büyük bir şehirdi! Gözyaşlarımı tutamıyordum. Küçük Akrep'in evine vardım. Kaldığım odaya girdim, karanlıkta birinin oturduğunu gördüm. Kim olduğunu bilmiyordum ama Küçük Akrep olmadığını anlamıştım. Küçük Akrep'ten çok daha uzun boyluydu.

"Kimsin?" diye sordu yüksek sesle. Sesinden onun sıradan bir Kedi İnsan olmadığını anlamıştım. Sıradan Kedi İnsanlar böyle cesaretle soru soramazdı.

"Ben dünyadan gelen kişiyim," diye cevap verdim.

"Ah Bay Dünya, otur!" Konuşma tarzı emir verir gibiydi ama dürüst ve samimiydi ve o kadar rahatsız edici de değildi.

"Sen kimsin?" dedim ben de nezaket göstermeden ve yanına oturdum. Ona yaklaşınca çok uzun ve heybetli olduğunu gördüm. Yüzündeki tüyler çok uzundu. Neredeyse kulaklarını, burnunu ve ağzını kaplıyordu. Tüylerin arasından iki parlak göz görünüyordu: kuş yuvasındaki iki parlak yumurta gibi.

"Ben Büyük Kartal'ım" dedi ve devam etti: "İnsanlar bana Büyük Kartal derler ama bu benim gerçek ismim değil. Neden Büyük Kartal derler o zaman? Çünkü benden korkarlar. İyi insanlar bizim ülkemizde korkunç ve iğrenç olarak tasvir edilir o yüzden benim adım Büyük Kartal'dır!"

Gökyüzüne baktım. Hava kararmaya başlamıştı. Sadece kızıl bir bulut, bir büyük çiçek gibi Büyük Kartal'ın üzerinde duruyordu. Şaşırdım, ne soracağımı unutmuştum. O gururlu buluta bakarak az önceki görkemli gün batımını düşündüm.

"Gündüz dışarı çıkmaya cesaret edemiyorum o yüzden akşamları Küçük Akrep'e uğrarım." Bunu kendiliğinden söylemişti.

"Neden gündüz değil?" Cümlesinin sadece ilk yarısını duyduğum için tekrar etmiştim.

"Küçük Akrep dışında hiç kimseye güvenemem. O benim düşmanım değildir. Neden gündüz dışarı çıkıp dertsiz başıma dert alayım? Ben şehirde değil dağda yaşıyorum. Dün bütün gece yürüdüm. Bugün gün boyunca saklandım ve şimdi de şehirdeyim. Sende yiyecek var mı? Bir gündür açım."

"Sadece büyülü yaprak var."

"Hayır! Açlıktan ölürüm daha iyi! Büyülü yaprağa dokunamam!" dedi.

İlk defa cesur bir Kedi İnsan görüyordum. Büyülü'yü çağırdım. O bir şeyler bulabilirdi. Büyülü evdeydi ama gelmedi.

"Gerek yok. Kadınlar benden korkar. Bir iki gün aç kalmak önemli değil, ölüm çok yakındayken açlıktan korkmanın ne faydası var?"

"Yabancıların işgalini mi söylüyorsun?" Bu söz aklıma gelmişti.

"Evet, o yüzden Küçük Akrep'e geldim." Gözleri parlamıştı.

"Küçük Akrep çok karamsar. Fazla romantik," arkadaşımı böyle eleştirmemeliydim ama dürüstlüğüm bu kusurumu kapatmıştı bence.

"Çok akıllı olduğu için karamsar. İkinci söylediğin neydi? Ne demek istediğini anlamadım. Ne olursa olsun benimle ölüme gitmeyi göze alacak biri varsa o da Küçük Akrep'tir. Karamsarlar yaşamaktan korkar, ölmekten değil. Bizim halkımız hep mutlu yaşar. Açlıktan bir deri bir kemik de kalsalar mutludurlar çünkü doğuştan karamsarlık nedir bilmezler ya da doğuştan kafasızdırlar. Bir tek Küçük Akrep karamsardır. İşte bu yüzden o buradaki ikinci en iyi insandır şayet ben birinciysem."

"Sen de mi karamsarsın?" Onun fazla gururlu olduğunu düşünüyordum ama bilgeliğinden hiç şüphem yoktu.

"Ben mi? Hayır! Karamsar olmadığım için benden korkar, nefret ederler. Eğer Küçük Akrep gibi olabilseydim dağa sürülmekten kurtulabilirdim. Küçük Akrep ile aramızdaki tek fark budur. O kafasız ve karaktersiz insanlardan nefret eder ama onları kızdırmaya cesaret edemez. Ben onlardan nefret etmiyorum. Onları döverek kafalarını çalıştırmalarını sağlamak ve henüz insana benzemediklerini hatırlatmak istedim ve bu onları kızdırdı. Gerçekten büyük bir tehlikeyle karşılaşsak Küçük Akrep de tıpkı benim gibi ölümden korkmaz."

"Daha önce siyasetçi miydin?" diye sordum.

"Evet. Kişisel bakışımdan başlayayım: Büyülü yaprak yemeye karşıyım, fuhuşa karşıyım, birden fazla eş alınmasına karşıyım. Başkalarını da büyülü yaprak yememeye, fuhuş yapmamaya ve birden fazla kadınla evlenmemeye ikna ederdim. Böylece hem eskileri hem de yenileri kızdırdım. Bilmelisin ki Bay Dünya, bizim halkımız acı çekmeyi ve öğrenmeyi seçen kişilerin gösteriş yaptığını düşünür. Ben tek başıma yürüyorum. Yedi kişinin gelip beni taşımasını tercih etmedim. Evet, onlar asla isteyerek bu zorluklara katlandığını düşünmezler ve asla öğrenmezler. Hemen sahtekâr yaftasını yapıştırırlar sana! Siyasetçiler ağızlarını açınca ekonomiden, siyasetten bahsederler; öğrenciler de ideolojilerden ve *fusci*lerden. Onlara bunların ne anlama geldiğini sorunca boş boş yüzüne bakarlar. Kendin gidip araştırır ve öğrenirsen sana sahtekâr derler. Sıradan insanlara gelince, onlara bir *ülke ruhu* verirsen gülümserler. Büyülü yaprağı az ye dersen sana dik dik bakar ve sahtekârlık yapmakla suçlarlar. İmparatordan sıradan insanlara kadar hepsi kötülük yapmanın hayatın amacı olduğunu kabul ederler. İyilik yapmanın, bunun için cefa çekmenin sahtekârlık olduğunu düşünürler. İşte bu yüzden, sahtekârlık yapan kişiyi ortadan kaldırmak için beni öldürmek istediler. Siyasette hangi fikir olursa olsun mutlaka ekonomik sorunları çözmekle başlanması gerektiğini, hangi siyasi reform yapılacaksa yapılsın bunların samimiyetle uygulanmasının şart olduğunu düşünüyorum. Fakat bizim siyasetçilerimizin arasında ekonomiden anlayan tek bir kişi bile yoktur. Samimi olan tek bir kişi de yoktur. Onlara göre siyaset bir tür oyundur. Biri diğerini atlatır, diğeri bir başkasını sıkıştırır böylece herkes siyaset konuşur ama ortada bir siyaset yoktur. Herkes ekonomi konuşur ama çiftçiler ve işçiler tamamen iflas etmiştir. Bu şartlar altında bir kişi, örneğin ben, bilgi ve karakteri siyasetin temeli yapmak istersem bana sahtekâr derler! Eğer beni sahtekârlıkla suçlamazlarsa o zaman kendilerinin hatalı olduğunu kabul etmek zorunda kalırlar. Kendi hatalarını kabul etmek aslında bir tür yapıcı eleştiridir ama bunu anlayan hiç kimse yok! Çok uzun yıllar önce siyasetin çöküşü, ekonomik sistemin kötü olmasının bir sonucu olarak ortaya çıkmıştır. Şimdi artık ekonomi sorunundan bahsetmek imkânsızdır. Kedi Ülkesinin itibarını ve onurunu yeniden tesis etmek için karaktere önem verilmelidir ama karakter kaybolunca onu geri getirmek ölmüş bir insanı canlandırmaktan daha imkânsızdır. Son yıllarda çok defa siyasi sarsıntı yaşadık. Her sarsıntıda insanların karakteri daha da zayıfladı ve kötü olanlar kazandı. O yüzden şimdi kimin galip geleceğini görmek istiyor insanlar. Galip gelenler en kötüler olacaktır. Ben karakterden bahsetmek istedim ama bu kelimeyi söyleyince yüzüme tükürdüler. İdeoloji yabancı ülkelerde iyidir fakat bizim elimizde hepsi kötü şeylere dönüştü. Cahil ve karaktersizler doğanın bize verdiği gıdaların yerine büyülü yaprakları koydular! Ama karamsar değilim. Benim vicdanım benden, güneşten ve her şeyden daha büyüktür! İntihar etmiyorum, onlardan da korkmuyorum. Katkıda bulunabileceksem elimden geleni yaparım. Bunun bir faydası olmadığını biliyorum ama vicdanım az önce söylediğim gibi hayatımdan daha önemlidir."

Büyük Kartal sözlerini bitirmişti. Hızlı hızlı nefes alışını duyabiliyordum. Ben kahramanlara hayran olanlardan değilim ama onu takdir etmek zorundaydım. On binlerce kişinin hakaret ettiği bir kişiydi o. Böyle biri yüzeysel olarak hayranlık duyulacak bir kahraman değil, bütün Kedi İnsanların utancını taşıyan bir kurbandı. O bir liderdi!

Küçük Akrep gelmişti. Genelde bu kadar gecikmezdi. Kesinlikle özel bir sebebi olmalıydı.

"Ben geldim!" Büyük Kartal ayağa kalkıp Küçük Akrep'e doğru koştu.

"İyi ki geldin!" Küçük Akrep, Büyük Kartal'ı kucakladı. İkisi de hüngür hüngür ağlamaya başladı.

Durumun çok vahim olduğunu anlamıştım ama detayları bilmiyordum.

"Ama," dedi Küçük Akrep, Büyük Kartal'ın her şeyden haberi olduğunu anlamıştı sanki. O yüzden olayın ortasından anlatmaya başlamıştı: "Gelmen pek bir işe yaramadı."

"Biliyorum. Sadece işe yaramamakla kalmadı senin işine de engel oldum ama gelmek zorundaydım çünkü ölme şansı ayağıma geldi." dedi Büyük Kartal. Oturdular.

"Nasıl öleceksin?" diye sordu Küçük Akrep.

"Savaş meydanında ölme onurunu sana bırakıyorum. Onursuz ölmeyi tercih ederim ama ölümümün hiçbir işe yaramamasını kabul edemem. Sende kaç kişi var?"

"Fazla değil. Babamın askerleri daha savaş bile başlamadan geri çekildi. Diğerlerinin askerleri de geri çekilmeye hazırlanıyor. Sadece Büyük Sinek'in askerleri benim emirlerimi dinler. Ancak burada olduğunu duyarlarsa emirlerime uyacaklarını sanmıyorum."

"Biliyorum," dedi Büyük Kartal sakince ve devam etti: "Babanın askerlerini getirebilir misin?"

"Pek umut yok."

"Peki, bir iki subay öldürüp onlara güç göstersen?"

"Babamın askeri yetkileri bana devredilmedi."

"Çok askerin olduğu söylentisini yaysan ve emirlerine uymayanları da..."

"Bu olabilir. Senin tek bir askerin bile olmamasına rağmen yüz bin askerin olduğunu söylüyorum ve buna bile inanan çıkıyor. Başka ne yapılabilir?"

"Mesela beni öldür. Kellemi sokağa as ve emirlerine uymayan asker ve generallere bir gözdağı ver?"

"İyi bir yöntem. Yine de babamın askeri yetkilerini bana devrettiği söylentisini yaymam gerek."

"Söylenti yaymaktan başka çare yok. Düşman çok yaklaştı. Fazladan bir asker bile bulabilirsek kârdır dostum. Ben kendimi öldüreyim. Beni öldürmekte zorluk çekebilirsin." dedi Büyük Kartal ve sonra Küçük Akrep'i kucakladı ama ikisi de ağlamadı.

"Durun!" dedim araya girip, "Durun! Bunu yapmanın ne faydası olacak?"

"Faydası yok," dedi Büyük Kartal sakince, "Hiçbir faydası yok. Düşmanın askeri çok, silahları da çok iyi. Bütün ülkenin gücüyle bile onları yenemeyiz ama ikimizin yaptıklarının etkisi olursa belki Kedi Ülkesi için önemli bir dönüm noktası olabilir. Düşman biliyor ki onlara karşı koymaya cesaretimiz ve isteğimiz yok. İkimizin başka hiçbir faydası olmasa bile en azından düşmanın bizi böyle küçümsemesine bir karşılık vermiş oluruz. Eğer hiç kimse bize destek vermezse çok basit bir sonuç olacaktır: Kedi Ülkesi yok olmayı hak etmiş demektir. Biz de ölmeyi hak etmişiz demektir. Fedakârlık ya da onur, ne olursa olsun hayattayken ülkemize zarar verecek bir iş yapmamış olacağız. Ölmekle de yok olmuş bir ülkeden kalan kölelerden olmayacağız. Vicdan her zaman hayattan önemlidir. Hoşça kal Bay Dünya."

"Büyük Kartal," dedi Küçük Akrep, "kırk tane büyülü yaprak yersen rahatça ölürsün."

"Olur," dedi Büyük Kartal gülerek. "Hayattayken büyülü yaprak yemediğim için bana sahtekâr dediler. Şimdi ise ölmek için büyülü yaprak yiyorum. Böylece benim sahtekâr olduğumu ispatlamış olacaklar. Hayat ne tuhaf! Tamam, bana büyülü yaprak getirsinler. Dışarı çıkmama gerek yok siz burada son nefesimi verişimi izleyin. Ölürken arkadaşlarımın yanımda olması bana iyi hissettirir."

Büyülü, yaprakları getirdi ve arkasını dönüp gitti.

Büyük Kartal tek tek çiğnedi ve hiçbir şey söylemedi.

"Oğlun nerede?" diye sordu Küçük Akrep sanki pişman olmuş gibiydi sesi, "Of, bu soruyu sormamalıydım."

"Sorun değil" dedi Büyük Kartal ve şöyle devam etti: "Ülkemiz yok olacak. Oğlumla uğraşacak zaman değil!" Yemeye devam etti. Çiğnemesi giderek yavaşladı, galiba artık ağzı tamamen uyuşmuştu.

"Uyumak istiyorum," dedi yavaşça ve sonra yere düştü.

Uzun bir süre sonra onun eline dokundum hâlâ sıcaktı. Çok kısık bir sesle, "Teşekkürler!" dedi. Bu onun son sözü olmuştu. Gece yarısına kadar son nefesini vermedi ama bir daha hiçbir şey söylemedi.

24. Bölüm

Büyük Kartal'ın ölümünün –fedakârlık kelimesini kullanmak istemiyorum çünkü o kendisini kahraman olarak görmüyordu– kendisinin beklediği faydayı getirip getirmeyeceği belli değildi. Eğer fayda getirirse bunun ne boyutta olacağını da bilmiyorduk. Tek bildiğim şuydu: kafası bir yere asıldı ve "kesik kafayı görmeye gidelim" Kedi Şehrinde en çok kullanılan ifade haline geldi kısa sürede. Ben gidip görmek istemedim ama dikkatle kafayı seyreden kalabalığı inceledim. Küçük Akrep artık hiç ortalıkta görünmüyordu. Öyle meşguldü ki Büyülü'yle bile ilgilenmiyordu. Ben de sokağa çıktım. Şehir hâlâ kalabalıktı. Hayır aslında daha kalabalık olmalıydı. Büyük Kartal'ın kafasını seyretmek kesinlikle yerdeki küçük bir taşı incelemekten daha ilginç olmalıydı. Kafasının asıldığı yeri bulmadan önce üç yaşlının ve iki kadının kalabalıkta sıkışıp öldüğünü duydum. Kedi İnsanların bir şeyleri seyretmek için hayatlarını feda etmelerini takdir etmek gerek. Seyredenler ne eleştiriyor ne de aralarında tartışıyorlardı. Birbirlerini sıkıştırmak ve küfür etmek dışında hiçbir şey olmadı. Hiç kimse bu adam kim, neden ölmüş diye sormadı. Sadece "yüzündeki tüyler çok uzun", "gözleri kapalı" ve "sadece kafa var vücut yok keşke vücut da olsaydı!" gibi sözler duydum.

Büyük Kartal'ın ölümü sadece bu yorumlara yol açtıysa ne olursa olsun ölmesi onun için iyi olmuştu gerçekten. Böyle insanlarla bir arada yaşamanın ne anlamı olabilirdi ki?

Kalabalıktan ayrılıp saraya doğru yürüdüm. Orada görmeye değer bir şeyler olacağını düşünmüştüm. Yolda zorlukla ilerledim. Bir müzik sesi hiç durmadan kulağımda uğulduyordu. Gruplar halinde insanlar yanımdan geçiyor, insan selinin sonu görünmüyordu. Geçenler asılmış kafayı incelemek istiyor ama müzikten de vazgeçemiyorlardı. İki gözleri onlara yetmiyormuş gibi bir sağa bir sola koşuşturuyorlardı. Bağırışlarından anladığım kadarıyla bu müzisyen alayı bir düğün alayıydı. Çok insan vardı ve sadece müziği duyabiliyordum. Tahtırevanda ya da yedi kişinin elleri üzerinde taşınması gereken gelini görmedim. Aslında görmeye niyetim de yoktu, sadece bir soru sormak istiyordum. Büyük bir felaket kapıdayken neden evlenmek için acele ediyorlardı? Sorabileceğim kimse yoktu. Kedi İnsanlar yabancılarla konuşmazdı. Geri dönüp Büyülü'yü buldum. Odada ağlıyordu. Beni görünce üzüntüsü daha da artmıştı. Ağlamaktan konuşamıyordu. Onu sakinleştirmek için uzun süre uğraştım, nihayet konuştu:

"Gitti. Savaşa gitti, ben ne yapacağım?"

"Geri gelecektir." Yalan söylüyordum ama ben de gerçekten Küçük Akrep'in dönmesini isterdim. "Ben de onunla gideceğim. Mutlaka geri dönecek."

"Gerçekten mi?" Gözlerindeki yaşlara rağmen gülmüştü.

"Gerçekten. Benimle dışarı çık, burada oturup ağlama."

"Ağlamadım ki," dedi Büyülü gözlerini silerken sonra biraz beyaz toz sürdü ve benimle birlikte dışarı çıktı.

"Neden bu kadar çok evlenen insan var?" diye sordum.

Bir kadını teselli edip onun bir süre de olsa ağlamamasını sağlamak önemli bir başarıdır ve bunu kendi bencilliğimi affedebilmek için bir bahane olarak düşünebilirdim. Aslında Büyülü için hiç endişelenmiyordum –çünkü Küçük Akrep'in savaşta ölmesi neredeyse kesindi– sadece merakımı gidermekle meşguldüm. Bugün bile hâlâ Büyülü'ye haksızlık etmiş olduğumu düşünüyorum.

"Ne zaman bir kargaşa olsa insanlar hemen apar topar evlenir; askerler kadınlara zarar vermesin diye," dedi Büyülü.

"Fakat neden bu kadar görkemli törenler yapıyorlar?" Sadece savaş ve yıkımı düşünüyordum.

"Evlilik törenleri görkemli olmalıdır. Kargaşa ve savaş birkaç gün içinde sona erer ama evlilik hayat boyunca devam eden bir şeydir." Kedi İnsanların hayatı benden daha iyi anlamış olduklarını düşündüm. Konuşmaya devam etti: "Opera seyretmeye gidelim." Küçük Akrep ile ilgili söylediğim yalana inanmış ve bütün acısını, üzüntüsünü unutmuştu: "Bugün dışişleri bakanı oğlunu evlendiriyor ve sokakta bir opera düzenlenecek. Daha önce hiç opera seyrettin mi?"

Kedi İnsanların operasını daha önce hiç seyretmemiştim ama böyle bir durumda opera düzenleyen dışişleri bakanını gidip öldürmek opera seyretmekten daha anlamlı olurdu. Böyle düşünmeme rağmen ben sonuçta bir katil değildim ve operayı da kaçırmak istemiyordum. Son zamanlarda diyalektik düşünme tarzım biraz kedileşmişti.

Dışişleri bakanının evinin etrafı askerlerle doluydu. Gösteri başlamıştı ama sıradan insanların önlere geçmesi yasaktı ve öne geçmeye çalışanların kafasına kocaman bir sopayla vuruyorlardı. Kedi Askerler gerçekten dövmeyi çok iyi beceriyorlardı ama kendi insanlarını dövmeyi. Büyülü önlere doğru gidebilirdi ve askerler de bana vurmaktan çekinirdi ama öne geçip seyretmek istemedim. Çünkü müzik uzaktan bile çok kötüydü ve daha da yaklaşırsam kulağımı nasıl tırmalayacağı belliydi.

Uzun süre dinledim ama sadece saçma sapan bağırışlar ve karmakarışık sesler vardı. Açıkça söylemek gerekirse Kedi Operasını hiç beğenmemiştim.

"Bundan daha huzur verici ve zarif bir operanız var mı?" diye sordum Büyülü'ye.

"Çocukken yabancı ülke operası seyretmiştim. Bundan daha zarifti ama bu operadan hiç kimse anlamadığı için devam etmedi. Dışişleri bakanı şahsen yabancı ülke operasını teşvik ederdi ama daha sonra yabancılar bizim yerli müziğimizin daha değerli olduğunu söyleyince tekrar eski operayı teşvik etmeye başladı."

"İleride eğer bir başka yabancı çıkıp yabancı ülke operası daha değerlidir derse ne olacak?"

"Bir daha yabancı ülke operasını teşvik edeceğini sanmıyorum. Yabancı ülke operası gerçekten çok iyidir ama anlaşılmıyor. Dışişleri bakanı yabancı operayı teşvik ederken operanın inceliklerini anlamış mıydı bilmem. O yüzden biri çıkıp bizim yerli operamız iyi deyince hemen eskiye döndü. Aslında operadan hiç anlamıyordu ama operayı teşvik ederek isim yapmak istemişti. Eski operayı teşvik etmek kolaydı. Halk da bunu takdir ederdi. Böylece bir taşla iki kuş vuracaktı, o da bunu yaptı işte. Bizde birçok iş böyledir. Yeni henüz başlamadan sona erer, eski şeyler de bu yüzden daha da güçlenir. Gerçekten de yeni şeyleri anlamak kolay değil ve biz de zahmete girmek istemiyoruz."

Büyülü'nün Küçük Akrep'ten etkilenmiş olduğunu tahmin ediyordum. Bu kesinlikle onun kendi fikri değildi. Böyle konuşmasına rağmen ön tarafa gidebilmek için uğraşıyordu. Ben de ona başka bir şey sormadım. Biraz seyrettim ama daha fazla dayanamadım.

"Gidelim mi?" dedim.

Büyülü gitmek istemiyor gibiydi ama az önce söylediği sözlerden dolayı karşı çıkamamıştı.

"Sarayı görmek istiyorum," dedim. Büyülü de itiraz etmedi.

Saray, Kedi Şehrindeki en büyük yapıdır ama en güzeli değildir. O gün sarayın önü çok karışıktı: duvarın dışında, üstünde ve her yerde askerler vardı. Duvarda çamur yığınları, duvarın altındaki kanallarda pis kokulu su. Çamur ve pis kokulu suyun ne işe yarayacağını anlamamıştım. Büyülü'ye sordum.

"Yabancılar temizliği sever" dedi Büyülü ve şöyle devam etti: "O yüzden yabancıların bize saldıracağı haberi alınınca sarayın dışına çamur yığınları koyulur ve kanallara da pis su doldurulur. Böylece düşman buraya kadar gelse de hemen içeri giremez çünkü pislikten korkarlar."

Gülmek istedim ama gülemedim!

Duvarın üstünde birkaç kafa belirdi. Uzun bir süre öylece durduktan sonra yukarı çıkıp duvarın üzerinde oturdular. Büyülü çok heyecanlanmıştı: "Ferman! Ferman!"

"Nerede?" diye sordum.

"Bekle!"

Ne kadar uzun beklediğimizi bacaklarım biliyor. O kadar uzun bir süre geçmişti ki artık ayakta duramıyordum.

Nihayet çok uzun bir süre sonra duvardan aşağı iple taş bir levha sarkıtıldı. Taşın üzerinde beyaz renkte bir yazı vardı. Büyülü'nün gözleri çok iyiydi. Okurken "Ah!" dedi.

"Ne olmuş?" diye sordum telaşla.

"Başkent taşınıyor! Başkent taşınıyor! İmparator hazretleri taşınıyor! Çok kötü, çok kötü! O burada değil ben ne yapacağım!" Büyülü telaşlanmıştı. Gerçekten de Küçük Akrep burada değildi ve onsuz çaresizdi!

Onu teselli edecektim ama o sırada duvardan bir taş levha daha indi.

"Çabuk oku Büyülü!"

"Askerler ve halkın taşınmasına izin verilmeyecek sadece imparator hazretleri ve bürokratlar taşınacaktır."

İmparator hazretlerini o kadar takdir etmiştim ki yarı yolda düşüp ölmesini diledim. Fakat Büyülü sevinmişti:

"Fena değil. Herkes gitmezse ben de korkmam!"

"Millet nasıl gitmeyecek?" diye düşündüm. "Bürokratlar gittikten sonra büyülü yaprağı nereden bulup yiyecekler?"

Tam bunu düşünürken duvardan bir ferman daha sarkıtıldı. Büyülü yine okudu:

"Bugünden itibaren imparator hazretlerine '*on bin yaygaranın hükümdarı*' denmesi yasaklanmıştır. Büyük bir felaketle karşı karşıyayız. Bütün halk tek yürek olmalı ve imparator hazretlerine '*birleşik yaygaranın hükümdarı*' olarak hitap etmelidir." Büyülü burada durup bir yorum yaptı: "*Yaygara* olmazsa belki daha iyi olur!" sonra okumaya devam etti: "Askerlerimiz ve halkımız birlikte düşmana karşı savaşmalı. Kendi çıkarları için ülkeye zarar verilmemeli!"

Ben de buna yorum yaptım:

"Öyleyse imparator hazretleri neden ilk kaçan oluyor?"

Uzun bir süre daha bekledik. Duvarın üstündekiler aşağı indi. Galiba başka ferman yoktu. Büyülü eve gitmek ve Küçük Akrep'in dönüp dönmediğini görmek istiyordu. Ben hükümet kurumlarını görmeyi planlıyordum. İçeri girememsem de belki dışarıdan verilen emirleri görebilirdim. Onunla vedalaştım. O doğuya gitti ben de batıya. Doğu tarafı eskisi gibi çok kalabalıktı. Düğün törenindeki operanın müziği uzaktan bile insanın kulağını tırmalıyordu. Batı ise çok sakindi. Son derece önemli bir ferman çıkarılmasına rağmen gelip okuyan çok az insan vardı. Sanki düğünü seyretmek dünyanın en önemli şeyiydi onlar için.

Özellikle dışişleri bakanlığına dikkat ettim. Dışarıda tek kişi bile yoktu. Uzun süre bekledim ama kimsenin dışarı çıktığını görmedim. Evet, bakanın evinde düğün vardı ve kimse işe gelmemişti. Hem de diplomaside böyle büyük sorunun yaşandığı bir zamanda. Ancak Kedi İnsanların bir dışişleri bakanlığı olmasına rağmen diplomasi var mıydı? İşte bu bir soru işaretiydi. Kimse yoktu ben de çekinmeden içeri girip bakmak istedim. İçeride de hiç kimse yoktu. İstediğim gibi gezebilirdim. Odalarda taş levha yığınları dışında hiçbir şey yoktu. Taş levhaların hepsinin üzerinde itiraz kelimesi okunuyordu. Diplomatlar herhangi bir sorun ortaya çıkınca hemen bir itiraz gönderiyorlardı herhalde. Diplomatlar itiraz uzmanlarıydı. Yabancı ülkelerden gelen resmi yazıları bulmaya çalıştım ama bulamadım. Galiba Kedi İnsanların itirazlarına hiç ilgi göstermemişlerdi. Diğer taraftan bu çok basit bir diplomasiydi.

Dışişleri bakanlığı bu kadar basitse diğer kurumları görmeye gerek yoktu. Diğer kurumlarda muhtemelen bir itiraz bile yoktu.

Dışarı çıkıp batıya doğru yürüdüm. Burada birçok kurum vardı: Orospular Bakanlığı, Büyülü Yapraklar Genel Müdürlüğü, Yabancı Ülkelerde Eğitim Görme Bakanlığı, Yabancı Ürünlere Mukavemet Bakanlığı, Et ve Sebze Müdürlüğü, Yetim ve Öksüzler Müzayede Müdürlüğü...

Bunlar en çok ilgimi çeken isimlerdi ama anlamını bilmediğim daha birçok kurum ismi vardı. Boş gezenler dışında herkes bürokrat olduğuna göre elbette birçok kurum gerekiyordu. Bana göre bu kadarı bile çok fazlaydı ama Kedi İnsanlar için yeterli değildi.

Batıya doğru yürümeye devam ettim. İlk defa batı yönünde sonuna kadar gittim. Yabancılar Şehri'ni görmek istiyordum ama hayır, geri dönüp Küçük Akrep'in dönüp dönmediğine bakmalıydım. Sokağın diğer tarafına geçip yürüdüm. Çok az öğrenciyle karşılaştım. Herhalde kesilmiş kafayı görmeye ya da operayı izlemeye gitmişlerdi. Uzun bir süre yürüdükten sonra bir grup öğrenciyle karşılaştım. Hepsi diz çökmüştü ve önlerinde kocaman bir taş vardı. Taşın üzerinde beyaz renkle yazılmış birkaç kelime vardı: "Tanrı Mazu* Anıtı." Yanlarına gidip sorsam hepsinin kaçacağını biliyordum. Sessizce arkalarından dolanıp diz çökerek konuştuklarını dinlemek istedim.

En ön sıradakilerinden biri ayağa kalktı ve taşın önünde durup herkese bakarak şöyle bağırdı: "Mazuizm çok yaşa! *Eşitlikfuscizm* çok yaşa! *Puluopuluopulapu* çok yaşa!" Di-

* Tanrı Mazu, metinde Karl Marx için kullanılan bir metafordur. (ç.n.)

ğerleri de onunla birlikte bağırdı. Bağırmalar bittikten sonra ayaktaki onlara bir konuşma yaptı. Diğerleri yerde oturuyordu. Şunları söyledi: "Büyük Ruhu devirelim! Sadece Tanrı Mazu'ya inanalım! Aile reislerini devirelim! Öğretmenleri devirelim! Özgürlüğümüzü geri alalım! İmparatoru devirelim! *Eşitlikfuscizm*'i gerçekleştirelim! Ülkemizi işgal eden yabancılar hoş geldiniz! Onlar *Puluopuluopulapu*'dur! Şimdi gidip imparatoru yakalayalım ve onu yabancı yoldaşlara teslim edelim! Bu bizim tek şansımız. Acele edelim. İmparatoru yakaladıktan sonra aile reislerini ve öğretmenlerin hepsini öldürelim. Hepsini öldürelim! Hepsini öldürdükten sonra büyülü yaprakların tamamı bizim olacak. Kadınlar bizim olacak. Halk da bizim olacak. Hepsi kölemiz olacak! *Eşitlikfuscizm* bizimdir! Tanrı Mazu şöyle demiştir: *Puluopuluopulapu*, *Didongdidong*'un *Diyaya*'sının üst ve alt sınıflarının *Hualala*'sıdır! Haydi saraya!"

Hiç kimse kımıldamamıştı.

"Hemen gidelim!"

Yine hiç kimse kımıldamamıştı.

"Önce eve gidip babalarımızı öldürsek?" dedi birisi. "Sarayda çok asker var göz göre göre kendimize zarar vermeyelim!"

Herkes ayağa kalktı.

"Oturun! O zaman önce evlerimize gidip babalarımızı mı öldürelim?"

Herkes birbirine sorular sormaya başladı.

"Babamızı öldürürsek bize kim büyülü yaprak verecek?" diye sordu birisi.

"Zaten bütün büyülü yaprakları almak için babalarımızı öldüreceğiz!" diye cevap verdi bir başkası.

"Düşüncelerimiz birbirinden faklı. O zaman herkes kendi düşüncesine göre davransın. İmparatoru öldürmeyi uygun görenler gidip imparatoru öldürsün. Babalarını öldürmeyi uygun görenler de babalarını."

Bu da bir başka teklifti.

"Ama Tanrı Mazu demiştir ki sadece imparatoru öldürenlerin bilgileri artar, babalarını öldürenler diye bir sözü yoktur..."

"Karşıdevrimci!"

"Tanrı Mazu'nun kutsal sözlerini yanlış yorumlayanı öldürelim!"

Aralarında çatışma çıkacak diye düşündüm. Çok uzun bir süre geçti ama kimse elini bile kaldırmadı. Fakat ortalık karışmıştı. Yavaş yavaş küçük gruplara ayrıldılar. Hepsi Tanrı Mazu'nun kutsal anıtına doğru bağırdı. Uzun süre sonra tek tek yine eskisi gibi taşa doğru bağırdılar. Güçleri tükenene kadar taşa doğru "Tanrı Mazu çok yaşa!" diye bağırdılar ve sonra hepsi dağıldı.

Bu nasıl bir şeydi böyle?

25. Bölüm

Kedi İnsanları artık eleştirmek istemiyordum. Eleştiriyle bir taş heykele dönüştürülemez. Onlarla ilgili affedebileceğim her şeyi affetmiştim. Affedilemeyecek olan şeyleri ise onların ülkesinin kötü fengshui'sine* yoruyordum.

Küçük Akrep'i bekledim. Onunla birlikte cephenin en ön saflarına gitmeyi umuyordum. Mars'taki ülkeler arasındaki ilişkiler hakkında neredeyse hiçbir şey bilmiyordum. Büyülü'ye sordum. O da yabancı ülkelerin ürettiği makyaj tozlarının Kedi Ülkesindekilerden daha iyi ve daha beyaz olması dışında hiçbir şey bilmiyordu. Bunun dışında sorduğum her soruya da başını sallayarak cevap verdi. Başını sallaması bittikten sonra o da bana şöyle sordu: "Neden hâlâ dönmedi?" Bu soruya verecek bir cevabım yoktu ama bütün kadınlar için dua ediyordum. Bir daha asla savaş olmasın!

Bir gün bekledi ama Küçük Akrep gelmedi. Büyülü çok endişeliydi. Kedi Şehrindeki bürokratların hepsi kaçmıştı. Büyük Kartal'ın kafasını seyretmeye çok kişi gelse de gündüzleri sokaklar eskisi gibi kalabalık değildi. Hiçbir haber alamıyorduk. Hiç kimsenin ülke işleriyle ilgili bir bilgisi yoktu. Burada ülke ve devlet kelimeleri çok sık kullanılır:

---

* Rüzgâr ve su anlamına gelir. Çin metafizik geleneğinin önemli bir parçasıdır. (ç.n.)

büyülü yaprak "devlet yiyeceği"dir, Büyük Kartal "ülke"ye ihanet etmiştir, kanallardaki pis kokulu çamura "ülke çamuru" denir... Yabancılar Şehrine gidip araştıracaktım ama Küçük Akrep'in her an dönebileceğini düşündüm. Büyülü bir an bile yanımdan ayrılmıyor ve sürekli "Biz de kaçalım mı? Çiçek kaçtı!" deyip duruyordu. Başımı sallıyordum sadece. Söyleyecek bir şeyim yoktu.

Bir gün sonra Küçük Akrep döndü. Yüzündeki o sıkıcı ama neşeli ifade tamamen yok olmuştu. Büyülü sevinçten tek bir kelime bile edemedi sadece gözlerinde yaşlarla onun yüzüne bakıyordu. Uzun bir süre dinlendikten sonra sonunda ona şöyle sordum:

"Durum nasıl?"

"Hiç umut yok!" dedi iç geçirerek.

Büyülü bana baktı. Sonra Küçük Akrep'e baktı. Sanki gücünü toplamaya çalışıyordu. Nihayet çekindiği için söyleyemediği şeyi söyledi:

"Tekrar gidecek misin?"

Küçük Akrep ona bakmadan başını iki yana salladı.

Soru sormaya cesaret edemedim. Eğer Küçük Akrep yalan söylüyorsa onu zorlayıp yalanını ortaya çıkarmak Büyülü'yü üzmekten başka bir işe yaramayacaktı! Elbette Büyülü de Küçük Akrep'in ona yalan söyleyip söylemediğini anlayabilirdi.

Uzun bir süre daha dinlendikten sonra babasını görmeye gideceğini söyledi. Küçük Akrep biraz tereddüt etmişti. Yalanı ortaya çıkmıştı. Büyülü'yü kandırması için ona yardımcı olmak istedim ama Büyülü'nün bakışları geri adım atmama neden oldu. Küçük Akrep odada dolaşıp duruyordu. Büyülü sonunda dayanamadı ve kendini tutamayıp şöyle dedi: "Sen nereye ben oraya!" Bunu söylerken ağlamaya başlamıştı. Küçük Akrep başını eğdi ve uzun süre düşündükten sonra cevap verdi: "Tamam!"

Benim de konuşma sıram gelmişti: "Ben de geliyorum!"

Elbette Büyük Akrep'i görmeye gitmiyorduk.

Batı yönünde yürüdük. Yolda karşılaştığımız herkes askerler de dâhil doğuya gidiyordu.

"Düşman batıdayken askerler neden doğuya gidiyor?" diye sordum kendimi tutamayıp.

"Çünkü doğu tarafı güvenli!" dedi Küçük Akrep. Sinirden gıcırdattığı dişlerinden çıkan ses sözlerini boğuyordu.

Yolda bir sürü aydınla karşılaştık. Genç aydınlar ve yaşlı aydınlar ayrı ayrı gruplar halinde doğuya gidiyorlardı. Yüzlerinde sevinç dolu bir ifade vardı. Birkaçı gelip Küçük Akrep'e seslendi: "Doğuya imparatoru görmeye gidiyoruz! İmparatorun huzurunda aydınlar toplantısı yapacağız! Ülkenin kurtuluşu herkesi ilgilendiren bir şeydir ama fikirler mutlaka aydınlardan çıkar, aydınlardan! Ön cephede kaç asker var biliyor musunuz? Düşman Kedi Şehrini işgal edecek mi? Şayet Kedi Şehrine saldırırlarsa biz de mutlaka imparatora daha doğuya taşınmasını tavsiye ederiz! Şanlı imparator hazretleri aydınları unutmadı! Şanlı aydınlar da sonuna kadar imparatora sadık kalmalı!"

Küçük Akrep hiçbir şey söylemedi. Aydınlar imparatorun davetinden gururlanmışlardı. Bu yüzden Küçük Akrep'in bir şey söylememesini nezaketsizlik olarak görmediler. Aydınlar grubu gidince Küçük Akrep'in etrafını bir başka grup sardı. Yüzlerinde sanki babaları yeni ölmüş gibi bir ifade vardı. Çok üzgün görünüyorlardı: "Bize yardım edin! Efendim! İmparatorun aydınlar toplantısına neden biz davet edilmedik? Bizim bilgimiz onlardan daha mı az? Bizim onlar kadar itibarımız yok mu? Biz de gitmeliyiz yoksa kim bize bir daha aydın der? Efendim, lütfen araya birilerini koyun ve bizi de o toplantıya sokun!" Küçük Akrep yine hiçbir şey söylemedi. Aydınlar öfkelenmişti: "Efendim siz müdahale etmezseniz hükümeti eleştirip itibarını kaybetmesine neden olursak bizi suçlamayın!" Küçük Akrep Büyülü'yü alıp ilerledi. Aydınlar hüngür hüngür ağlamaya başlamıştı.

Bir grup asker geldi. Hepsinin boynunda birer kırmızı ip vardı. Böyle bir orduyu ilk kez görmüştüm ama Küçük Akrep'e sormaya çekindim. Onun aydınlara çok sinirlendiğini anlamıştım. Küçük Akrep ne düşündüğümü anladı ve deli gibi gülerek şöyle dedi:

"Bunun nasıl bir ordu olduğunu merak ediyorsun değil mi? Bu *ülkefusci* ordusu. Başka ülkelerde de böyle organizasyonlar vardı. Boyunlarına kırmızı ip bağlarlar. *Ülkefusci* ordusu başka ülkelerde en vatanseverlerden oluşur. Ülkeleri için yaşarlar kendilerini önemsemezler. Bu dar görüşlü ve ateşli bir *fusci*'dir. Bizim kırmızı ipli ordumuzsa gördüğün gibi güvenli tarafa doğru gidiyor. Ülkelerini çok fazla sevdikleri için olsa gerek önce kendi güvenliklerini düşünüyorlar. Yoksa vatansever ordu dağılır. Düşman onları öldürürse ülkeyi nasıl sevebilirler? Bunu da düşünmelisin!"

Küçük Akrep deli gibi gülüyordu. Delirdiğinden şüphelendim. Başka bir şey söylemeye cesaret edemedim ve yürümeye devam ederken kırmızı ipliler ordusunu seyrettim. Ordunun tam merkezinde onlarca askerin kafasının üzerinde oturan birini gördüm. Onun boynundaki ip çok daha kalındı. Küçük Akrep ona baktı ve sonra fısıldayarak bana şöyle dedi:

"O adam kırmızı iplilerin lideri! Hükümetin bütün yetkisini tek başına ele geçirmek istiyor. Çünkü başka ülkelerde böyle olmuştu. Henüz iktidarı ele geçirmiş değil ama çok güçlü bir adamdır... Aslında güçlüden kastım kurnazlıktır. İmparatoru halletmeye gittiğini biliyorum. Ardından da her şeyi kontrol etme planını gerçekleştirecek, biliyorum!"

"Belki böylece Kedi Ülkesinin bir umudu olur, değil mi?" diye sordum.

"Kurnazlıkla iktidarı ele geçirebilir ama ülkeyi güçlendiremez çünkü onun amacı hep merkezde olmak, ülke umurunda bile değil. Gerçekten ülkesini sevenler düşmanın kanını döker."

Düşmanın Kedi Ülkesine gelişinin iç savaşın fitilini ateşlediğini anlamıştım. Kırmızı iplilerin ipleri göz kamaştırıyordu. Onları kıpkırmızı bir kan denizi gibi gördüm.

Kedi Şehrinden ayrılmıştık. İçimde bu şehri bir daha asla göremeyeceğim hissi vardı. Kısa bir süre yürüdükten sonra bir grup Kedi İnsan gördük. Bu benim için sürpriz olmuştu. Çok uzun boylu ve çok aptal görünüyorlardı ve hepsinin elinde ot vardı. Uzun zamandır hiç konuşmayan Büyülü birden konuştu: "Çok iyi. Batıdan Büyük Ruh geldi!"

"Ne?" Küçük Akrep Büyülü'ye hiç sinirli davranmazdı ama bu sefer çok sinirlenmişti! Büyülü hemen ağız değiştirdi:

"Ben Büyük Ruha inanmıyorum!"

Soru sorarsam Büyülü'ye kızmayacağını bildiğim için sordum:

"Büyük Ruh nedir?"

Küçük Akrep uzun bir süre cevap vermedi sonra aniden bana dönüp şöyle sordu:

"Sence Kedi İnsanların en büyük kusuru nedir?"

Bu gerçekten cevaplaması çok zor bir soruydu ve ben de hemen cevap verememiştim.

Küçük Akrep cevabı kendisi verdi:

"Cahillik!"

Beni kastetmediğini biliyordum.

Uzun bir süre sonra Küçük Akrep şöyle dedi:

"Bak dostum, cahillik bizim ölümcül kusurumuzdur. Kedi İnsanlar arasında herhangi bir şeyden anlayan tek bir kişi bile bulamazsın. O yüzden genelde başkalarını taklit ederek çok bilgili olduklarını göstermeye çalışırlar ama aslında hiçbir şey bilmezler. Büyük bir felaketle karşılaşınca, yeni isimlerin hepsini bir kenara atarlar ve eski defterleri açıp ruhumuzun derinliklerindeki en komik ve en cahilce şeyleri ortaya çıkarırlar. Bunlar da içi boş şeylerdir ve zora düşünce boyaları dökülür. Tıpkı küçük çocukların zora düşünce anne diye feryat etmeleri gibi. *Eşitlikfusci*'ye inananlarımız sıkışınca Tanrı Mazu'ya seslenir ama aslında Tanrı Mazu hiç batıl inancı olmayan biridir. Devrimcilerimiz sıkışınca batıdaki Büyük Ruhtan faydalanmaya kalkar fakat batıdaki Büyük Ruh bu gezegende en tanrıya benzemeyen, en cahil olandır ve sadece elinde ot tutar. Hiçbir şeyden anlamazlar ve sorunun kaçınılmaz olarak çözülmesi gerektiği anda da Büyük Ruha yalvarırlar. İşte bu bizim yok olmamızın nedenidir çünkü hepimiz cahiliz! Ekonomi, siyaset, eğitim, askerlik ve birçok alanda zayıflık ülkenin yok olmasına yol açmaz belki, ama cehalet halkımızın yok olmasına yol açabilir. Çünkü hiç kimse cahillere iyi davranmaz. Bu sefer yenilgimiz kesin. Göreceksin! Yenilginin ardından da düşman hepimizi yok edecek göreceksin! Çünkü bize insan gözüyle bakmıyorlar. Bizi hayvan gibi kesecekler ve başka ülkeler de buna itiraz etmeyecek. Hayvanlar kesilirken insanlar buna aldırmaz. İnsanlar saygı duymadıklarına karşı acımasızdır –cahillere de saygı gösterilmez– bu yüzden hiç çekinmeden hepimizi kesecekler. Göreceksin!"

Aslında dönüp batıdaki Büyük Ruhun ne yaptığını görmeyi çok isterdim ama Küçük Akrep ve Büyülü'yü yalnız bırakamazdım.

Küçük bir köyde dinlendik. Köyde sadece yıkık birkaç ev vardı ve hiç kimse yoktu.

"Ben çocukken," dedi Küçük Akrep, mutlu zamanlarını hatırlamıştı, "burası çok büyük bir köydü. Sadece birkaç yıl içinde hiç kimse kalmadı. Çöküş ne kadar kolay bir şey!"

Kendi kendine konuşuyor gibiydi. Bu köyün çöküş nedenini sormadım. Onu üzmek istemiyordum. Gerçi tahmin de edebiliyordum: devrim, devrim; her devrimde bir savaş olur ve sonunda kazanan kim olursa olsun çaresizdir çünkü devrimle uğraştıklarından nasıl inşa edeceklerini bilmezler, her devrimde de askerlerin ve halka zarar veren bürokratların sayısı artar. Bu durumda halk çok çalışsa bile aç kalır. Çalışmazsa zaten aç kalır. O yüzden büyük şehirlere kaçarlar ya da birkaç büyülü yaprak için asker olurlar. Böylece köyde kimse kalmaz. Devrim yaparken gerçek bilgiye sahip olmamak ne tehlikeli! Cehaletin boyunlarındaki ip olduğunu bilmek dışında Kedi Ülkesini hiçbir şey kurtaramazdı.

Ben böyle düşüncelere dalmışken Büyülü aniden zıpladı:

"Şu tarafa bakın!"

Batı tarafında aniden gri bir kum fırtınası yükselmişti.

Küçük Akrep'in dudakları titredi: "Yenildik!"

26. Bölüm

"Hemen saklanın!"

Küçük Akrep sakin görünüyordu ama çok ilgili davranıyordu. Gözlerini hiç bu kadar parlak görmemiştim.

"Askerlerimiz savaş meydanında cesur değildir ama yenilince deliye dönerler. Hemen saklanın!" Batıya doğru baktı ve bana şöyle dedi: "Dostum Büyülü sana emanet!" Yüzü hâlâ batıya dönüktü. Elini uzattı, bütün bu olan bitenin arasında Büyülü'ye dokunmak istiyordu sanki.

Büyülü onun elini tuttu ve titreyerek şöyle dedi: "Birlikte ölelim!"

Hiçbir şey anlayamamıştım. Büyülü'yü götürüp bir yere mi saklamalıydım yoksa orada o ikisiyle birlikte ölmeli miydim? Ölümden korkmam. Ama hangisinin daha iyi olacağını düşünmeliydim. Biliyordum ki birkaç yüz asker üzerime gelirse tabancam hiçbir işe yaramazdı. Daha fazla düşünecek zamanım kalmamıştı. Onları ellerinden tutup köyün arka tarafındaki yıkık bir eve doğru koştum. Bu nereden aklıma gelmişti bilmiyorum. Benim planım... Hayır, bu bir plan falan değildi. Çünkü ayrıntıları düşünecek zamanım yoktu. Bir anda kafamda bir şimşek çakmıştı ve bir çözüm yolu bulmuştum: üçümüz de saklanacaktık. Ordu geçtikten sonra riske girmeden arkada kalan bir askeri yakalayıp ön cephenin durumunu öğrenecektik ve ardından da durumu değerlendirip ona göre hareket edecektik.

Eğer şansımız yaver gitmezse, örneğin ordu burada dinlenmek için durursa ya da bizi görürlerse o zaman tabancamla onlara karşı mücadele eder, gerisini de kadere bırakırım dedim onlara ama Küçük Akrep karşı çıktı. Kabul etmemesinin birçok nedeni vardı ama hiçbirini söylemedi. Kafam karışmıştı. O kaçmazsa Büyülü de beni dinlemezdi. Ne yapacağımı şaşırmıştım. Batı tarafından toz bulutu yaklaşıyordu. Kedi İnsanların bacaklarının ve gözlerinin ne kadar güçlü olduğunu biliyordum. Bizi görürlerse saklanmak için çok geç olacaktı.

"Onların eline düşmemelisin! Bunu yapmana izin vermem!" Bunları telaşla söyleyip ikisini de çektim.

"Her şey bitti! Hayatını feda etmene gerek yok. Bırak Büyülü de ne yaparsa yapsın, bırak gitsin!" Küçük Akrep çok kararlıydı.

Güç açısından benimle boy ölçüşemezdi. Onu belinden kucaklayıp zorladım. Benden kurtulmaya çalışmadı. Büyülü de beni takip etti. Böylece ben kazanmıştım. Köyün arka tarafındaki yıkık bir eve saklandık. Birkaç tuğla ile duvarın üzerinde küçük bir siper oluşturdum ve tuğlaların arasındaki boşluktan dışarı baktım.

Çok geçmeden ordu geldi. Tuhaf bir rüzgârda savrulan gri kum ve kurumuş yapraklar gibi ilerliyorlardı. Birbiri ardına gürültüler duyuldu. Gürültüler bir dalga gibi alçalıp yükseliyordu. Nefesimi tutup dalganın tekrar yükselmesini bekledim. Sonra ellerinde sopa olmayan askerleri gördüm. Gözlerini kendi ayak parmak uçlarına dikmiş, korkudan dehşete kapılmış halde koşuyorlardı. Bu yeni ve tuhaf sahne karşısında kanım donmuştu. Kişneyen atları, bayrakları, silahları, safları olmayan bir ordu. Sadece sıcak kumlar üzerinde sayısız çıplak Kedi İnsan dehşete kapılmış, deli gibi koşuyordu. Vahşilere benziyorlardı. Böyle bir şeyi daha önce hiç görmemiştim. Eğer safları belli ve düzenli ilerlediklerini görseydim korkmazdım.

Çok uzun bir süre sonra askerlerin sayısı yavaş yavaş azaldı. Düşünmeye başladım. Askerler yenildiyse Küçük Akrep neden gidip onları görmek için ısrar etmişti? Bunlar babasının askerleriydi. Yenilginin hesabını mı soracaktı? Bu mantıklıydı. Ama Küçük Akrep neden onlardan uzak durmak yerine onları karşılamaya gitmek istemişti? Bunun nedenini anlayamamıştım. Merak ettiğim için cesaretim geri gelmişti. Riske girip bir Kedi Askeri yakalamak istedim. Burada yıkık binalar dışında tek bir ağaç ya da arkasına saklanılabilecek bir şey yoktu. Dışarı çıkarsam beni hemen göreceklerdi! Uzun bir süre bekledim, askerlerin sayısı çok azalmıştı ama çok hızlı koşuyorlardı. Galiba geride kalanlar korkuyor öndekilere yetişmeye çalışıyordu. Onları kovalamanın bir faydası olmayacaktı, iyi bir fikre ihtiyacım vardı.

Evet, tabancamla ateş etmeyi deneyebilirdim. Eğer birini vurursam diğerleri buna dikkat etmezdi. Öndekiler de tabancanın sesini duysalar bile geri dönmezdi. Fakat vuracağım kişinin canlı yakalayabileceğim biri olması gerekiyordu. Dahası onu ölümcül olmayan bir yerinden vurmayı başarsam bile kurşun etin içindeyken ve acı çekerken sorgulayamazdım. Çünkü hiç subaylık yapmamıştım ve bu kadar acımasız bir şeye dayanamazdım. Bu iyi bir fikir değildi.

Askerlerin sayısı giderek azalıyordu. Korkmaya başlamıştım. Eğer biraz daha beklersem bir tane bile kalmayacaktı. Çıkıp birini canlı yakalamaya karar verdim. Zaten sayıları çok azdı ve birkaç Kedi Asker etrafımı sarsa bile beni yenme ihtimalleri zayıftı. Daha fazla erteleyemezdim. Tabancamı çekip dışarı koştum. İşler hiçbir zaman düşüncedeki kadar kolay olmaz ama asla düşüncedeki kadar zor da olmaz. Kedi Askerler beni görüp kaçacak olsalar peşlerinden bir gün koşsam da gölgelerini bile yakalayamazdım. Fakat askerlerden biri beni aniden görünce, yılan görmüş küçük bir kaplumbağa gibi donakaldı. Geriye yapacak pek bir şey kalmamıştı. Onu yakaladım ve bir domuz gibi taşıdım. Hiç ses çıkarmadı, hiç çaba göstermedi. Belki de çok koştuğundan yorulmuştu, korkunca da yarı ölü gibi oluyorlardı.

Onu yıkık eve götürdüm. Uzun süre gözlerini açmadı. Gözleri açılınca Küçük Akrep'i gördü. Sanki vücudundaki en yumuşak yerine bıçak batırılmış gibi ayağa kalkıp Küçük Akrep'e saldıracaktı. Onu kolundan yakaladım. Gözlerinden ateş çıkıyordu. Benim yanımdayken sinirlenebilir ama konuşmaya cesaret edemezdi.

Küçük Akrep askere hiç ilgi göstermemişti. Büyülü'nün elini tutmuş şaşkın bir halde öylece oturuyordu. Biliyordum ki eğer yumuşak ve nazik bir şekilde askeri sorgularsam bana cevap vermeyecekti. O yüzden onu korkutmalıydım. Onu korkuttum ve nasıl yenildiklerini sordum.

Sanki her şeyi unutmuştu. Uzun bir süre düşündükten sonra bir şeyler hatırlamış gibiydi: "Hepsi onun yüzünden!" dedi Küçük Akrep'i işaret ederek.

Küçük Akrep güldü.

"Konuş!" dedim.

"Hepsi onun yüzünden!" diye tekrarladı asker. Kedi insanların ne kadar lafebesi olduklarını biliyordum o yüzden sabrettim ve sinirlerini boşaltmasını bekledim.

"Biz savaşmak istemiyorduk fakat o bizi kandırdı. Düşman bize *ülke ruhu* vermek istedi ama o bunu engelledi! O bizi kontrol edebilir. Kırmızı ipli orduyu, bu orduyu, hepsini o gönderdi. Onlar *ülke ruhu*nu alıp güvenle geri çekildiler ve sadece biz kaldık. Yabancılar bize öyle bir saldırdı ki nereye kaçacağımızı bilemedik! Biz onun babasının askeriyiz. Bize sahip çıkacağına ölüme gönderdi! Bizden geriye tek bir kişi bile kalsa onun rahat ölmesine izin vermeyecektir! Babası aslında bizi geri çekecekti ama o buna da izin vermedi! Diğerleri güvenle geri çekildi ve yaralanmadılar bile. Geri döndükten sonra soygun yapacaklar. Bizde ise tek bir sopa bile kalmadı. Nasıl hayatımıza devam edeceğiz?" Konuşmaktan mutluydu. Ben ve Küçük Akrep tek bir kelime etmeden onu dinliyorduk. Küçük Akrep belki üzüntüsünden konuşmuyor, belki onu da dinlemiyordu. Ben askerin her sözünü ilginç bulduğum için onun daha fazla konuşmasını istiyordum.

"Toprağımıza, evimize, ailemize," diye devam etti asker, "hepsine el koydunuz. Bugün buna el koydunuz, yarın başka bir şeye el koyacaksınız. Bürokratların sayısı arttıkça halk daha da fakirleşiyor. Bizi soydular, kandırdılar, asker olmaktan başka çaremiz yoktu. Askerler siz bürokratlara soygunlarda yardımcı olurken siz bize çok az şey verdiniz çünkü bir daha yardım etmeyeceğimizden korktunuz. Yabancılar size savaş açtı. Sizin malınızı mülkünüzü soymaya geldiler. Siz de bizi bunları korumak için ölüme gönderiyorsunuz. Kör müsünüz? Kim sizin için hayatını feda eder ki! Biz iş yapmayı bilmiyoruz çünkü babalarımız da sizin yüzünüzden asker oldu. Çocukluktan beri tek bildiğimiz şey askerliktir. Askerlik dışında bir şey yaparak yaşayamayız!" derin bir nefes aldı. Bu fırsattan yararlanarak ona bir soru sordum:

"Onların kötü olduğunu biliyorsunuz. Peki, neden onları öldürüp kendiniz her şeyi ele almadınız?"

Asker başka bir yöne doğru baktı. Başlangıçta ne dediğimi anlamadığını sanmıştım ama aslında düşünüyordu. Bir süre sonra şöyle dedi:

"Devrim mi yapsaydık yani?"

Başımı salladım. Devrim kelimesini bilmesine şaşırmıştım ama elbette Kedi Ülkesinde çok sayıda devrim olduğunu unutmuştum.

"Ondan bahsetmeye gerek yok artık kimse inanmıyor. Her devrimde kaybeden biz oluruz. Bizim için kötü olmayan tek bir devrim bile olmadı. Mesela son seferde herkese eşit olarak arazi ve mülk paylaştırılacaktı. Herkes de bunu mutlulukla kabul etti ama çok küçük araziler verildi. On tane büyülü ağaç bile yetiştirilemeyecek kadar küçük yerler. Tarım yaparsak aç kalacaktık. Çaresizdik. Onlar, özellikle gençler sadece sözde çareler üretir ama karnımızın aç mı tok mu olduğunu sormazlar. Açlık sorununu çözmeyen çareler cahilliktir. Onların sözlerine inanmıyoruz. Bizim de bir fikrimiz yok. Bize kim büyülü yaprak verirse onun askeri oluruz. Artık asker olmamıza da izin verilmiyor. O zaman öldürmekten başka çaremiz kalmaz. Kimi görürsek öldürürüz! Bizi öldürmek için yabancılarla savaşa gönderdiler. Büyülü yaprak yememize bile izin vermiyor ve yabancılarla savaşmamızı istiyorlar. O zaman ya sen öleceksin ya ben!"

"Sırf onu öldürmek için mi geri geldiniz?" dedim Küçük Akrep'i işaret ederek.

"Evet, onu öldürmek için! O bizi savaşa gönderdi ve yabancıların verdiği *ülke ruhu*nu almamıza izin vermedi!"

"Onu öldürseniz ne olacak?" diye sordum.

Hiçbir şey söylemedi.

Tecrübelerime göre Küçük Akrep ilk akıllı Kedi İnsandı. Herkes bu yüzden ondan nefret ediyordu. O askere Küçük Akrep'in nefret edilmesi gereken en son kişi olduğunu anlatacak zaman yoktu. Küçük Akrep'i bütün bürokrat sınıfının temsilcisi zannediyorlardı ama o sınıfı devirmek için ellerinden bir şey gelmezdi. Onlar da hınçlarını almak için Küçük Akrep'i öldürmek istiyorlardı. Kedi Ülkesinin çöküşünün gerçek nedenini böylece anlamıştım. Biraz akıllı olanlar halkı devrime yönlendirmişti ama bir şeyler inşa etmek konusunda hiçbir bilgileri yoktu. Siyasi ve ekonomik sorunlar içinde boğuluyorlardı. Halk ise çok defa devrim yaşadıktan sonra sınıf farkındalıkları oluşmuştu ama hâlâ cahil ve bilgisizlerdi. Kandırıldıklarını çok iyi biliyorlardı ama başka çareleri yoktu. Yukarıdakiler ve aşağıdakiler, hepsi cahildi. İşte bu Kedi Ülkesinin ölümcül yarasıydı! Bu yarayı taşıyanlar ülkenin çöküşünü görseler bile dişlerini sıkıp ayağa kalkamaz, itiraz edemezdi.

Bu askere ne yapacaktım? Bu büyük bir sorundu. Onu serbest bıraksam belki de gidip diğerlerini çağıracak ve Küçük Akrep'i öldüreceklerdi. Bizimle kalsa iyi bir yol arkadaşı olamazdı. Gerçi bir sorunumuz daha vardı. Nereye gidecektik?

Geç olmuştu ve bir karar vermeliydik. Küçük Akrep'in yüzünden anlamıştım. Hızlı bir ölüm istiyordu. Onunla konuşmaya gerek yoktu. Büyülü'nün hiçbir fikri yoktu. Bunun ona bir faydası olmayacağını bilmeme rağmen elimden gelen her şeyi yapıp Küçük Akrep'in ölmesini engellemeye çalışacaktım. Bir insan olarak başka bir seçenek düşünemezdim. Kedi Şehrine dönmek çok tehlikeliydi. Batıya mı gitmeliydik? Orada tuzağa düşebilirdik ama belki de düşman bu tarafa doğru gelmiyordu. Bunu bilemezdik! Uzun süre düşündüm ve yabancılar şehrine gitmenin en iyi seçenek olduğuna karar verdim.

Küçük Akrep başını iki yana salladı. Evet, ölmek istiyordu ve yabancıların arasına giderek itibarını da kaybetmek istemiyordu. Askeri serbest bırakmamı istedi: "Nereye gitmek isterse gitsin!"

Başka çare yoktu, onu serbest bıraktım.

Hava yavaş yavaş kararmaya başlamıştı. Olağanüstü ve korkutucu bir sessizlik vardı! Etrafta hiç kimse olmadığını biliyordum ama uzaktaki cepheden geri çekilen pek çok mağlup asker vardı ve düşman bize doğru geliyordu. Bu sessizlik bir adada rüzgârı ve dalgaları beklemek gibiydi. Ortalık ne kadar sessizse tedirginlik o kadar artıyordu. Elbette Kedi Ülkesi yok olursa ben başka bir ülkeye gidebilirdim ama dostum Küçük Akrep'i düşününce içim parçalanıyordu! Yıkık bir odada kendi ülkesinin yok oluşunu beklemek kim bilir ne acı verici bir şeydi. Büyülü'ye de kıyamıyordum. Ancak bir ülke yok olurken bireyle halk arasındaki ilişkinin aslında ne kadar önemli olduğunu anlarız! Elbette bunun benimle bir alakası yoktu ama Küçük Akrep ve Büyülü için bir şeyler düşünmem gerekiyordu. Ancak bu şekilde onların acısını paylaşabilirdim. Onları teselli etmeye çalışmanın bir faydası yoktu. Ülkenin yok oluşu halkın cahilliğinin bir sonucuydu, hem onları nasıl teselli edebilirdim ki? Bir ülkenin yok oluşu bir trajedinin sonundaki rahatlama hissine ya da bir şairin doğrulukla ilgili mecazlarına benzemez. Bu gerçektir. Demir kadar sert bir tarihtir. Duygusal birkaç söz ile anlatılması mümkün değildir! Bir kitap okumuyordum. Çöküşün gürültüsünü duyuyordum! İki arkadaşımsa elbette bu gürültüyü benden çok daha iyi duyuyordu. Lanet ediyorlar ve belki de geçmişteki tatlı anıları düşünüyorlardı. Artık sadece geçmişleri vardı. Bir gelecekleri yoktu. O an onlar için insanlığın en büyük utancının kristalleştiği noktaydı.

Gök yine kapkaranlık, yıldızlar yine parlaktı. Her yer yine çok sessiz ve sakindi ama ülkelerinin yok olduğu bu anda gözlerini bir türlü kapatamıyorlardı. Uyanık olduklarını biliyordum, onlar da benim uyanık olduğumu biliyordu ama kimse konuşamıyordu. Sanki o yok edici parmaklar dilimizi yakalamıştı. Artık insanlarından da ülkelerinden de bir daha asla tek bir ses gelmeyecekti. Gezegendeki bir kültür daha böylece dilsiz kalacaktı. Sonsuza kadar bir daha asla uyanamayacaktı. Ruhuysa cehenneme gidecekti herhalde. Çünkü tarihteki kara bir lekeden başka bir şey değildi.

27. Bölüm

Galiba güneş doğmak üzereydi. Karanlıkta uyuyakalmıştım.

Dan! Dan! İki kez duyulan silah sesi! Duyduğumda artık çok geçti. Gözlerimi açtım ve kan gölü içinde iki arkadaşımın bedenlerini gördüm. Bana çok yakındılar. Tabancam Küçük Akrep'in yanında yerde duruyordu!

O andaki ruh halimi tasvir etmem mümkün değil. Her şeyi unutmuştum. Yüreğimdeki acıyı da tarif edemem. İki hayat dolu gencin, iki çift ölü gözü bana bakıyordu. Hayat dolu? Evet, bir süre kendime gelemedim. Artık nefes almadıklarını düşünemiyordum. Bana bakıyorlardı ama gözlerinde hiçbir ifade yoktu. Sanki yaptıklarını teyit etmemi ve benim bu sırrı çözmemi bekliyorlardı. Gözlerim yorulana kadar onlara baktım. Hâlâ beni aynı şekilde izliyorlardı. Bana çözülmesi imkânsız bir bilmece bırakıp gitmişlerdi ve ben her şeyi çoktan unutmuştum. Onları kurtarmak için hiçbir çare düşünememiştim. Onların yanında hayatın ne kadar zayıf ve çaresiz olduğunu fark ettim. Hiç gözyaşı dökmedim. Ben de onlar gibi ölüydüm sanki. Tek farkımız onlar yerde yatıyordu, bense ayaktaydım. Bilinçsizce dizlerimin üzerine çöktüm ve onlara dokundum. Bedenleri hâlâ sıcaktı ama bana dostça bir karşılık veremediler. Onlardan geriye sadece benim bildiklerim kalmıştı. Bunların dışındaki her şey unutulmuştu. Ölüm belki de sessiz ve güzel bir şeydi.

Büyülü'ye çok yazık olmuştu. Bu güzel kız ülkesinin yok oluşuna denk gelmemeliydi. Yüreğim paramparçaydı. Halkın suçu yüzünden kız kardeşler, anneler ve eşler acı çekiyordu. Tanrı olsaydım bu onursuz halk için kadınlar yaratmış olmaktan pişmanlık duyardım!

Küçük Akrep'i anlayabiliyordum. O yüzden Büyülü'ye daha çok üzülmüştüm. Her ne olursa olsun ölmemeliydi. Küçük Akrep'in ölmek için bir sebebi vardı ama onun yoktu. Ama ülkesiyle beraber ölmenin tartışılacak bir tarafı var mıdır? Halkın ve devletin bu dünyada hayatları kontrol etmek gibi bir güçleri vardır. Bu gücün kaybolması ölüm demektir. Ölmeyi tercih etmeyenler vücutlarını odun ya da taşa çevirmiş ve ruhlarını da cehenneme teslim etmiş olanlardır ancak. Büyülü ve Küçük Akrep'i şimdi çok daha fazla seviyordum. Onları uyandıramamak beni çok üzüyordu. Onlara saf ve temiz olduklarını, ruhlarının onlara ait olduğunu söylemek isterdim. Onları uyandıramamak beni çok üzmüştü. Onları dünyaya götürüp hayatın zevklerini tatmalarını isterdim. Hayallere dalmanın bir faydası yoktu. Hayal dışında sadece acı vardı. Ne kadar hayal kursam da kımıldamıyorlardı. Onların iyi bir dostu olduğumu unutmuşlardı. Ne kadar acı çeksem de onlar bunu bilmeyecekti. Yaşamla ölüm arasında birkaç kat gök vardır. Hayat her şeydir, ölüm de her şeydir. Yaşamla ölüm arasında sonsuz bir bilinmezlik vardır. Bir kuş ya da çiçek olmanın ne demek olduğunu ne kadar açıklayabilirsem, o anda arkadaşlarımdan biri olmanın ne demek olduğunu da o kadar açıklayabilirdim. Bir daha hiç sesleri çıkmayacaktı. Ölümün sessizliği kesin bir gerçektir. Ne yapacağımı şaşırmıştım. Onlar bir daha hiç kımıldamamaya karar vermişlerdi. Hayatın bir anlamı kalmamıştı.

Güneş doğana kadar öylece yanlarında kaldım. Bedenlerini gittikçe daha da net görüyordum ama ne yapacağım konusunda hiçbir fikrim yoktu. Işık Büyülü'nün yüzüne vurdu. Yine çok güzel ve tatlıydı ama konuşmuyordu. Küçük Akrep'in yüzünde hâlâ o sıkıcı ifade vardı. Sanki ölüm onun karamsarlığını yok edememişti. Büyülü'nün yüzünde en ufak bir korku işareti yoktu.

Artık onları koruyamazdım. Aniden kafamda bu fikir belirdi. Orada kalsaydım delirebilirdim. Onlardan ayrılmalı mıydım? Böyle düşününce bir anda gözyaşlarına boğuldum. Bu uçsuz bucaksız topraklarda nereye gidecektim? İki dostumu bırakıp tek başıma gitmek, dünyadan ayrılıp buraya gelmemden daha acı verici olurdu. Yabancı topraklardaki yalnızlık dayanılmazdır. Ayrıca ölüm yüzünden vedalaşmıştık ve onların ölümü sonsuza kadar peşimi bırakmayacaktı. Ne kadar uzun bir süre ağladığımı bilmiyorum. Onları tutarak bağırdım: Büyülü, Küçük Akrep, hoşça kalın!

Onları gömemedim. Eğer bir saniye daha kalsaydım oradan ayrılamayacaktım. Dişlerimi sıktım, tabancamı aldım ve yıkık duvardan atladım. Birkaç adım attıktan sonra dönüp arkama baktım ama kesinlikle geri dönmeyecektim. Orada öylece çürüseler de geri dönemezdim! Kendime lanet ettim. Acaba uğursuz biri miydim? Dünyadan benimle gelen arkadaşım burada ölmüştü. Şimdi de gözümün önünde iki arkadaşım daha ölmüştü. Bir daha asla arkadaş edinmemeliydim!

Nereye gidecektim? Elbette Kedi Şehrine dönecektim. Orası benim tek evimdi.

Yolda hiç kimse yoktu. Ölüm her yeri kuşatmıştı. Gök griydi, soluk sarı renkli yol üzerinde birkaç asker cesedi vardı. Beyaz kuyruklu kuşlar onları yiyor, keskin ve acı çığlıklar atarak bir aşağı bir yukarı uçuyorlardı. Çok hızlı yürüyordum ama gözlerimin önünde hâlâ Büyülü'nün gülüşü, kulaklarımda hâlâ Küçük Akrep'in sözleri vardı. Beni takip ediyorlardı. Kedi Şehrine varmak üzereyken kalbim daha hızlı atmaya başladı. Bu umut muydu yoksa korku mu? Bilemiyordum. Şehre ulaştım. Tek bir kişi bile yoktu. Sokaklarda orada burada bir sürü kadın yerde yatıyordu. Askerler buradan geçmişti anlaşılan.

"Çiçek de kaçtı!" Büyülü sanki kulağımın hemen yanında bunu söylüyordu. Evet, eğer Çiçek kaçmasaydı askerler onu da öldürürdü. Etrafa bakmadan koşarak ilerledim. Büyük Kartal'ın kafasının asılı olduğu yere ulaştım. Etlerini kuşlar parçalamış olsa da hâlâ bu bomboş şehri koruyordu. Ölü ve sessiz Kedi Şehrinin ruhuydu sanki. Küçük Akrep'in evine gittim. Hiçbir şey kalmamıştı. Duvarlar bile iki yerden itilip çökertilmişti.

Askerler Küçük Akrep'in evinden geriye hiçbir şey bırakmamıştı. Keşke bir şeyler alsaydım diye düşündüm. Ne olursa olsun, sadece bir hatıra. Gitmekten başka çarem yoktu. Buradaki tek bir tuğla, tek bir taş bile beni ağlatabilirdi.

Doğuya doğru yürüdüm. İnsanların o tarafta olduğunu biliyordum. Arkamı dönüp baktım, griliğin ortasında ölü bir şehir vardı!

Büyük Akrep'in büyülü ağaç ormanına gittim. Bu yolu biliyordum. Yolda o küçük köyden geçtim. Hiç kimse yoktu. Askerler buradan da geçmiş olmalıydı.

Büyülü ağaç ormanına vardım. Orada da hiç kimse yoktu. Bir ağacın altında oturup bir süre dinlendim. Devam etmeliydim. Bu sessizlik hareket etmemi zorlaştırıyordu. İleriye daha önce yıkandığım sahile gittim. Sisin içinden birilerinin batıya doğru ilerlediğini gördüm. Belki durum iyiye gidiyordur ve Kedi İnsanlar şehre dönüyorlardır diye düşündüm. İnsanların sayısı gittikçe artıyordu. Aralarında önemli kişiler ve askerler vardı. Nehir kıyısında dinlenirken onları izledim. Gitgide daha çok insan geliyordu. Askerler koşuyor sanki daha ileride bir şeyleri yakalamaya çalışıyorlardı. Az sonra askerlerin yolda birbirleriyle çatıştığını ve önemli kişilerin onları yönlendirdiğini gördüm. Kafam karışmıştı. Kedi İnsanlar arasındaki savaşlarda kolayca bir sonuca varılamazdı. Sadece tahta sopalarla birbirlerine vururlar ama birinin diğerini vurarak düşürmesi nadir görülen bir şeydi. Birbirlerinin etrafını sarmak için harcadıkları zaman, sopalarla birbirlerine vurdukları zamandan katbekat fazlaydı. Çoğunlukla birbirlerinden saklanmaya ve kaçmaya çalışırlar, birinin diğerine sopayla vuracak fırsatı olmazdı. Bu çatışma uzun bir süre devam etti. Hepsi düzensizlik içindeydi ve aralarındaki mesafe de sürekli açılıyordu. Bir grup savaşırken ilerliyordu. Galiba onları yöneten de bu kargaşadan faydalanarak askerleri batıya doğru yönlendiriyordu. Bu askerler nehir kıyısına daha yakındı. Liderlerinin kim olduğunu görmüştüm. Büyük Akrep'ti bu. Onun her zaman bir stratejisi vardır. Bir süre sonra onun askerleri öne geldiler ve tam tahmin ettiğim gibi kuşatmadan kurtulunca hızla yürüdüler.

Elime fırsat geçmişti. Uçarcasına koşarak Büyük Akrep'e yetiştim.

O da beni gördüğüne sevinmiş gibiydi. Ama konuşacak zamanı yoktu ve hızla koşuyordu. Nefes nefese nereye gittiğini sordum.

"Beni takip et lütfen! Beni takip et!" dedi samimiyetle ve devam etti: "Düşman Kedi Şehrine yaklaşıyor! Belki de çoktan vardılar, emin değilim!"

Biraz rahatlamıştım. Belki de savaşmaktan başka çareleri olmayan bir noktadaydılar ve hep beraber Kedi Şehrini korumaya gidiyorlar diye düşündüm. Fakat herkes düşmana karşı savaşmaya giderken neden birbirleriyle çatışıyorlardı? Yanlış tahminde bulunmuştum! Büyük Akrep'e eğer nereye gittiğini söylemezse onun peşinden gitmeyeceğimi söyledim.

Gerçeği söylemek istemiyordu aslında ama bana ihtiyacı vardı. Benim karakterimi de çok iyi bildiğinden gerçeği anlattı:

"Teslim olmaya gidiyoruz. Başkente en erken kim gider ve şehri düşmana teslim ederse ileride yönetici olma şansı daha yüksektir."

"Buyurun!" dedim ve devam ettim: "Benim seninle gidip teslim olmaya niyetim yok!" Ona başka hiçbir şey söylemeden arkamı dönüp yürümeye başladım.

Arkadaki askerler de Büyük Akrep'in peşinden ilerledi. Kırmızı ipli ordunun liderinin de aralarında olduğunu gördüm. Boynundaki kalın kırmızı ipi hâlâ duruyordu. Büyük bir heyecanla teslim olmaya gidiyorlardı.

Onlara bakarken önümdekilerin hepsi aniden durdu. Başımı çevirip baktım. Büyük Akrep düşmanla yüz yüze gelmişti. Büyük Akrep'in nasıl teslim olacağını görmek istedim.

Ön tarafa doğru koşarken arkadaki liderler de koşarak beni takip etti. Kırmızı ipli ordunun lideri çok hızlı hareket ediyordu. Bir kırlangıç gibi Büyük Akrep'in hemen önüne fırladı ve düşmanın önünde diz çöktü. Arka taraftaki liderler de diz çöktü. Tıpkı eskiden cenaze törenlerinde tabutun önünde diz çöken çocuklar ve torunlar gibi.

Kedi İnsanların karşısındaki düşman ordusunu ilk defa görüyordum. Çoğunun boyu Kedi İnsanlardan daha kısaydı. Yüz ifadelerinden pek de akıllı olmadıkları anlaşılıyordu ama bencil ve kötü niyetli oldukları belliydi. Onların tarihini ve halklarının karakterini bilmediğim için yorum yapamıyorum. Sadece bende bıraktıkları ilk izlenim böyleydi. Ellerinde demirden yapılmış kısa sopalar vardı ve onlarla ne yapacaklarını da bilmiyordum.

Kedi İnsanların liderlerinin hepsi diz çökmüştü. Düşman Kısa Boylu İnsanlardan biri, ki onların lideri olmalıydı, elini kaldırdı ve arkasında duran bir dizi asker hızla öne doğru ilerleyip ellerindeki sopalarla Büyük Akrep ve diğerlerinin kafasına vurdular. Açıkça görebiliyordum. Büyük Akrep ve diğerleri başlarını eğdi. Bütün vücutları titredi sonra yere düştüler ve bir daha kıpırdamadılar. Acaba sopalarda elektrik mi vardı? Bilmiyorum. Arkadaki Kedi İnsanlar liderlerinin öldürüldüğünü görünce çığlık atıp feryat ettiler. Sesleri boyunlarına bıçak dayanmış binlerce, on binlerce horozun çığlığına benziyordu. Çığlıklar atarak neredeyse sesten daha hızlı kaçtılar. Birbirlerine çarptılar, onlarcası yere düştü, birçoğu ezilerek öldü. Düşman onları takip etmedi. Büyük Akrep ve diğerlerinin cesetlerini ayaklarıyla bir kenara ittiler ve yavaş yavaş ilerlediler.

Küçük Akrep'in sözünü hatırladım: "Düşman mutlaka bizi yok edecek!"

Fakat Kedi İnsanlar için hâlâ bir umudum vardı. Teslim olanlar bile öldürülüyorsa o zaman bu onları isyan etmeye zorlamaz mı? Eğer hep birlikte karşı çıkarlarsa onların yok olacağını düşünmüyordum. Ben savaşa karşıyım ama tarihe bakınca savaş bazen kendimizi savunmanın tek yoluydu. Savaşmak kaçınılmaz ise savaş meydanına gidip orada ölmek herkesin sorumluluğudur. Vizyonu dar bir vatanseverlik hoş bir şey değildir ama kendini savunmak doğal bir haktır. Kedi İnsanların bu saldırıdan sonra zafer kazanamayacak olsalar bile bütün güçleriyle savaşacaklarını düşünüyordum. Düşmanla birlikte yürüdüm. Az önce ayaklar altında kalıp da ölmeyenleri ve kaçamayanları Kısa Boylu Askerler sopalarla vurarak öldürdüler. Bu Kısa Boylu İnsanların daha yüksek bir kültüre sahip olduklarını kabul edemem ancak Kedi İnsanlarla karşılaştırırsam, belki Kedi İnsanlar onlardan biraz daha aşağıda olabilir. Her halükarda bu Kısa Boyluların hiçbir iyi yönleri olmasa bile en azından bir ülke olma bilinçleri vardı. Ülke bilincine sahip olmak aslında bencilliğin bir toplumun tamamına genişletilmiş halinden başka bir şey değildir. Onlar en azından kendi toplumlarını ve ülkelerini bencilce düşünüyorlardı. Kedi İnsanlar ise sadece kendilerini düşünürdü.

Neyse ki Küçük Akrep ile birlikte yola çıkarken yanıma biraz büyülü yaprak almıştım. Yoksa açlıktan ölebilirdim. Kısa Boylu İnsanların ordusunu biraz uzaktan takip ediyordum. Onlardan yiyecek istemek bir yana, onlara yaklaşmaya bile cesaret edemiyordum. Benim onları gözlediğimi düşünüp yakalamaya çalışabilirlerdi. Uzay gemimin düştüğü yere kadar yürüdüler ve orada bir süre dinlendiler. Uzaktan onlara bakıyordum. Uzay gemisi dikkatlerini çekmişti ve işte bu onların Kedi İnsanlardan farklı taraflarıydı. Bu insanlar meraklıydı. Arkadaşımı hatırladım, ne yazık ki ondan geriye kalan kemikler de onların ayaklarının altında paramparça olmuştu!

Biraz dinlendiler. Sonra bir grup asker toprağı kazmaya başladı. Çok hızlı çalışıyorlardı. Aptal gibi görünüyorlardı ama tereddütsüz, gecikmeden, hiç tembellik etmeden çalışıp çok kısa bir sürede çok derin ve büyük bir çukur kazdılar. Bir süre sonra doğudan çok sayıda Kedi İnsan geldi. Arkalarında koyun sürüsünü güder gibi onları getiren birkaç Kısa Boylu Asker vardı. Büyük çukurun yanına kadar geldiler. Burada dinlenen askerler etraflarını sardı ve hepsini çukurun içine ittiler. Kedi İnsanların çığlıkları demirden bir yüreği bile paramparça edebilirdi ama Kısa Boylu Askerlerin kulakları demirden daha sert olduğundan, demir sopalarla vurarak onları çukurun içine atmaya devam ettiler. Kedi İnsanlar erkek ve kadın karışıktı. Bazı kadınların kucaklarında bebekleri vardı. Üzüntümü anlatmak imkânsız ama onları kurtarmam mümkün değildi. Gözlerimi kapattım ama o ağlamalar, çığlıklar bugün bile hâlâ kulağımda. Ağlamalar ve çığlıklar yavaş yavaş azaldı. Gözlerimi açtım. O kısa boylu canavarların çukuru toprakla kapattıklarını gördüm. Hepsini canlı canlı gömmüşlerdi! Bu kendilerini güçlendirmek için bir şey yapmayan Kedi İnsanların cezasıydı. Kimden nefret edeceğimi bilemiyordum ama bir ders almıştım. Kendini insan olarak görmeyen, insan gibi muamele görmeyi de hak etmez. Bir kişinin bencilliği çok sayıda yurttaşın canlı canlı gömülmesi gibi acımasız bir cezaya neden olabilir!

Gördüğüm her şeyi tasvir etsem ağlamaktan kör olabilirim. Bu Kısa Boylular gördüğüm en acımasız insanlardı.

Kedi Ülkesi tamamen yok olmuştu. Sineklerinden bile sadece birkaç tane kalmıştı.

En son bazı Kedi İnsanların gerçekten de karşı koyduğunu gördüm ama sadece üç beş kişilik gruplar halindeydiler. Ölümle burun burunayken bile nasıl işbirliği yapacaklarını bilmiyorlardı. Küçük bir dağda, kurtulan on kadar Kedi İnsanla karşılaştım. Burası Kısa Boylu İnsanlar tarafından işgal edilmeyen tek yerdi. Bunlar da daha üç gün olmadan kendi aralarında kavga etti ve yarısı öldürüldü. Kısa Boylu İnsanlar dağa geldiklerinde geride sadece iki Kedi İnsan kalmıştı. Bunlar da galiba Kedi Ülkesinden kalan son canlılardı. Düşman geldiğinde birbirleriyle kavga ediyorlardı. Kısa Boylu Askerler onları öldürmedi. Onları çok büyük bir tahta kafese kapattılar. İkisi kafesin içinde kavgaya devam etti ve birbirlerini ısırarak öldürdüler. Böylece Kedi İnsanlar kendi kendilerini yok etmiş oldu.

Mars'ta altı ay daha kaldım. Sonra bir Fransız keşif gemisi sayesinde sağ salim yüce, aydınlık ve özgür Çin'e geri dönebildim.

SON